2020年度教育部人文社会科学研究青年基金项目"粤港澳大湾区职业教育协同治理的障碍诊断及机制创新研究"（20YJC880105）

光明社科文库
GUANGMING DAILY PRESS:
A SOCIAL SCIENCE SERIES

·教育与语言书系·

民族职业教育政策研究

谢德新　邱佳丨著

光明日报出版社

图书在版编目（CIP）数据

民族职业教育政策研究 / 谢德新，邱佳著 . -- 北京：光明日报出版社，2023.3

ISBN 978 - 7 - 5194 - 7156 - 9

Ⅰ.①民… Ⅱ.①谢… ②邱… Ⅲ.①少数民族教育—职业教育—教育政策—研究—中国 Ⅳ.①G719.20

中国国家版本馆 CIP 数据核字（2023）第 062843 号

民族职业教育政策研究
MINZU ZHIYE JIAOYU ZHENGCE YANJIU

著　　者：谢德新　邱　佳

责任编辑：杜春荣　　　　　　　　责任校对：房　蓉　李佳莹
封面设计：中联华文　　　　　　　责任印制：曹　净

出版发行：光明日报出版社
地　　址：北京市西城区永安路 106 号，100050
电　　话：010-63169890（咨询），010-63131930（邮购）
传　　真：010-63131930
网　　址：http：// book. gmw. cn
E - mail：gmrbcbs@ gmw. cn
法律顾问：北京市兰台律师事务所龚柳方律师

印　　刷：三河市华东印刷有限公司
装　　订：三河市华东印刷有限公司
本书如有破损、缺页、装订错误，请与本社联系调换，电话：010-63131930

开　　本：170mm×240mm
字　　数：236 千字　　　　　　　印　　张：15.5
版　　次：2024 年 3 月第 1 版　　印　　次：2024 年 3 月第 1 次印刷
书　　号：ISBN 978 - 7 - 5194 - 7156 - 9
定　　价：95.00 元

内容提要

习近平总书记在党的十九大报告中鲜明提出，"铸牢中华民族共同体意识"，以及中办国办印发《关于全面深入持久开展民族团结进步创建工作铸牢中华民族共同体意识的意见》成为新时代我国民族工作和民族政策研究的基本遵循。民族职业教育政策作为教育政策和民族政策的重要组成部分，是公共政策在职业教育领域的重要表达，也是政府发展民族职业教育的理性工具，不仅为民族职业教育发展和民族技艺文化传承及创新提供重要的制度保障，也对铸牢中华民族共同体意识具有重要的作用。

本书包含八章内容。第一章对我国民族职业教育政策的研究意义、核心概念、国内外研究现状、研究思路及研究方法进行介绍和阐释。第二章从教育政策工具的内涵、特征、类型、优势与不足方面介绍我国民族职业教育政策的理论基础。第三章主要运用历史制度主义理论从演进历程、变迁动因和路径依赖三大方面，梳理和分析我国民族职业教育政策变迁的历史图景。第四章主要从教育政策工具类型、教育发展要素、教育政策价值这三个维度进行介绍，旨在构建我国民族职业教育政策的研究模型。第五章主要介绍我国民族职业教育政策文本选择与分析方法，在对我国民族职业教育政策文本分析单元进行编码的基础上，呈现我国民族职业教育政策文本量化的总体情况。第六章分别从教育政策工具类型、教育发展要素、教育政策价值概括我国民族职业教育政策的基本特征。第七章从高配置的政策工具的成效、教育发展的关键要素成效、政策价值取向的服务成效以及民族职业教育经费投入、民族职业教育科研体制、民族技艺文化传承与创新等方面总结归纳我国民族职业教育政策的主要成效与不足。第八章分别从消解政策工具使用的失衡、促进教育发展要素与政策价值取向有机融合、政策价值取向与政策工具选择保持一致、政策制定与民族地区高度契合等方面提出优化我国民族职业教育政策的对策与建议。

目 录
CONTENTS

第一章

绪　论

习近平总书记在党的十九大报告中提出，"全面贯彻党的民族政策，深化民族团结进步教育，铸牢中华民族共同体意识"①。

2019 年，中共中央办公厅、国务院办公厅在《关于全面深入持久开展民族团结进步创建工作铸牢中华民族共同体意识的意见》中指出，"新时代民族团结进步创建工作要坚持以铸牢中华民族共同体意识为根本方向""要加强中华民族共同体教育"②。党和国家对加强各民族交往交流交融、铸牢中华民族共同体意识的重视，成为新时代民族工作和民族政策研究的价值取向、指导思想、行动指南和基本遵循。

一、研究意义

（一）能对铸牢中华民族共同体意识发挥支撑性作用

党和国家历来高度重视民族工作，习近平总书记强调："要铸牢中华民族共同体意识，加强各民族交往交流交融，促进各民族像石榴籽一样紧紧抱在一起，共同团结奋斗、共同繁荣发展。"③ 教育作为民族交往交流交融的重要方式，通过民族人才培养、民族文化传承与创新等方式，对铸牢

---

① 习近平. 胜全面建成小康社会 夺取新时代中国特色社会主义伟大胜利：在中国共产党第十九次全国代表大会上的报告 [EB/OL]. （2017−10−27）[2022−07−10]. https：//www. gov. cn/zhuanti/2017−10/27/content_ 5234876. htm.

② 新华社. 中共中央办公厅 国务院办公厅印发《关于全面深入持久开展民族团结进步创建工作铸牢中华民族共同体意识的意见》[EB/OL]. （2019−10−23）[2022−07−10]. https：//www. gov. cn/xinwen/2019−10/23/content_ 5444047. htm.

③ 赵伦娜. 铸牢中华民族共同体意识与新时代民族教育的使命 [J]. 学术探索，2021（1）：150−156.

中华民族共同体意识具有基础性、先导性和全局性的作用。

民族职业教育是民族工作的重要内容，是民族教育事业的重要组成部分，它与中华民族共同体意识建立密切联系。中华民族共同体意识的生成，需要各民族在交往交流交融的过程中，实现政治、经济、文化、思想、价值和情感上的高度认同，从而对伟大祖国、中华民族、中华文化、中国共产党和中国特色社会主义强烈认同。我们从全球范围来看，以教育为视角在学校教育情境中探讨民族认同与国家认同的关系，在保障文化多样性的基础上以求维持国家统一安定，同时又保障社会文化多样性，亦是弥合超越了现有理论框架，通过丰富民族地区教育发展的理论以这样的方式为铸牢中华民族共同体意识提供了指引。[①] 在学校这一汇聚多民族文化的平台中，我们通过教育来实现文化的差异互补、求同存异，并通过教学活动来强化中华民族、中华文化、中国特色社会主义的认同，进而铸牢中华民族共同体意识。而民族职业教育正以其特有的形式影响着共同体意识的培育，它不仅为中华民族共同体成员的交流交往提供语言、创设空间，而且在增强自主意识、浓烈民族情感及保障物质利益等方面具有先导性、基础性和渗透性的作用。民族职业教育政策作为民族职业教育发展的制度安排和政策保障，对中华民族共同体意识产生发挥着无可替代的生成性作用。因此，我们研究民族职业教育政策，既是新时代民族政策研究的应有之义，也是铸牢中华民族共同体意识的必然要求。

（二）能助推民族地区加快实现社会主义现代化的进程

习近平总书记指出："现代化的本质是人的现代化。"[②] 在现代化的辩证统一过程中我们要以人为目的与动力。党的十九大报告明确提出建设社会主义现代化强国的战略部署，积极开展社会主义现代化建设试点，为全

---

① 袁同凯，朱箴煦. 发展民族地区教育事业 铸牢中华民族共同体意识 [J]. 西北师大学报（社会科学版），2020（1）：22-29.

② 新华社. 中央城镇化工作会议举行 习近平、李克强作重要讲话 [EB/OL].（2013-12-14）[2022-07-10]. https：//www. gov. cn/ldhd/2013/12/14/content_ 2547880. htm.

国现代化发展先行探路，与跑好全面建成小康社会的"最后一公里"同步进行。在以城带乡、共同富裕、乡村振兴的国家发展大背景下，职业教育对民族地区的经济、政治、文化的发展有重要推动作用。

民族地区作为国家脱贫攻坚的主战地，大力发展民族职业教育，是实施"发展教育脱贫一批"的具体举措，对提升民族地区贫困群体的人力资本、社会资本和文化资本，以及提高民族地区贫困人口增收致富能力、阻断贫困的代际传递具有重要作用。在全面建成小康社会和乡村振兴战略的实施过程中，党和政府运用教育行政资源强势介入民族职业教育领域，通过国家意志和集体行动来"扶民族职业教育之贫"和"依靠民族职业教育扶贫"，赋予了民族职业教育治理贫困和振兴乡村的时代使命和责任担当。同时，我国在决胜全面建成小康社会、决战脱贫攻坚的基础上，迈向建设社会主义现代化国家新征程，后扶贫时代我国民族地区的社会、经济、文化的高质量发展，迫切需要民族职业教育的"担当"与"作为"，从而服务民族地区的高质量扶贫，促进民族地区脱贫攻坚与乡村振兴平稳过渡和有效衔接，为2035年基本实现社会主义现代化夯实社会基础，助推共同富裕目标的实现。推进民族地区经济社会发展，缩小民族之间、地区之间的经济差距，是新时期民族工作的首要问题。因此，研究民族职业教育政策，既是全面建成小康社会和实施乡村振兴战略重大决策部署的积极响应，也是民族地区加快实现社会主义现代化的迫切诉求。

（三）能为修订完善我国民族职业教育政策提供参考

职业教育作为一种类型教育，与普通教育具有同等重要的地位。职业教育对我国经济社会发展的贡献日益显著，在民族地区具有独特的价值优势。民族职业教育政策作为教育政策和民族政策的重要组成部分，它是公共政策在职业教育领域的重要表达，也是政府发展民族职业教育的理性工具。

改革开放以来，我国制定了大量与民族职业教育相关的政策，对民族职业教育的发展起到了重要的引导、规范和促进作用。但我们需要指出的是，民族职业教育政策是政策制定者、执行者以及相关利益群体的理想追求，由于政策行为主体、政策环境等因素的影响，它实际上处于西蒙（H. Simon）所言在现实条件基础上选择最优化的手段来实现目标的"有限理性"。我们正确认识民族职业教育政策的理性限度，有助于促进其制定过程的规范化、民主化、制度化，增强其解释力和预测性，使其引领民族职业教育发展在有限理性的范围内达到较为理性的状态。因此，研究民族职业教育政策，既是新时代我国民族工作和民族政策研究的基本要求，又能与时俱进地为修订与完善我国民族职业教育政策提供重要的参考和借鉴。

二、核心概念与研究范围

（一）核心概念

1. 职业教育政策

政策是权威机构为实现各领域的目标所采取的一种政治行为或准则，为促进社会发展所采取的措施、办法，采用的条例、谋略等也属于政策。职业教育政策作为教育政策的子政策，同样具有公共政策的属性和特征。教育政策的宏观定义主要有两层意思：一是规定教育方针和解决微观教育问题的方案，以此引导和规范教育行为的一项准则[①]；二是由政府制定、颁布，用以指导、规范教育事业发展的一切价值准则与行为规范的总称[②]。

当前，学界对职业教育政策尚未形成较为统一的概念，但有不同的定义。就政策制定的角度而言，职业教育政策是为了贯彻大力发展职业教育的方针，解决职业教育问题，实现职业教育发展目标，而采取的规范和引导职业教育相关机构及个人行为的准则和行动的指南。[③] 就政策的分类视角而言，公共权力机关制定的职业教育政策应从职业院校的空间、形式、横向激励、设计办学类型等方面理解和剖析其深层次含义，形成解决职业教育问题，推动职业教育发展的行为准则和行动指南。[④] 可见，职业教育

---

① 徐建平，茅锐，江雪梅.教育政策与法规［M］.重庆：重庆大学出版社，2013：1.

② 褚宏启.教育政策学［M］.北京：北京师范大学出版社，2014：4.

③ 刘爱青.对职业教育政策的界定和划分［J］.职教论坛，2005（10）：19-21.

④ 周明星.职业教育管理学［M］.北京：高等教育出版社，2014：135.

政策是发展职业教育的行为准则和行动指南，是职业教育事业改革与发展的制度保障。综上，根据政策、教育政策的概念，结合学者对职业教育政策的理解，本研究认为，职业教育政策以服务职业教育的对象为宗旨，致力于解决职业教育各个层次类型在办学和发展过程中产生的公共问题，实现职业教育的目标和任务，协同职业教育的内外关系所规定的行为准则和行动依据。

2. 民族职业教育政策

民族职业教育政策是一个复合词。基于上述对职业教育政策的理解，我们按"民族职业教育政策"的属性来理解，它包括两个层面的含义：

一是"民族教育+民族职业教育+政策"。政策是有政府或其他权威人士为解决社会的公共问题所制订的计划和规划，具有明确的目的、目标或方向。[①] 纯粹意义上的民族教育可以理解为"养成心理上之自觉与自奋，能为民族之生存奋斗，其效乃百倍于法律或政治强制之力"[②]。从政治意义的视角出发，民族教育是指国家政权或政党在一定历史阶段，依据少数民族人口的教育问题而提出的对策或方案，而民族职业教育是指针对少数民族地区实施职业教育的一种教育活动。因此，"民族职业教育政策"是指国家政权或政党在一定的历史阶段，为解决少数民族职业教育问题所制订的具有明确目标的计划及落实民族地区职业教育的规划和具体措施。

二是"民族政策+职业教育政策+教育政策"。民族职业教育政策既是民族政策的一部分，也是教育政策、职业教育政策的一个分支，是民族政策和教育政策、职业教育政策交叉点，兼具民族、教育、职业教育的三重功能。因此，民族职业教育政策是指以民族政策为基准，重点处理民族教育分支（职业教育）的问题，实现大力发展民族职业教育的战略目标，从而为解决民族职业教育问题而制定的原则、方针、规范和具体行为的总和，着重强调政策的教育属性。本研究选取的民族职业教育政策以国务院直属机构发布的政策文件为主，不包括地方颁布的民族职业教育政策，主

---

① 吴光芸. 公共政策学［M］. 天津：天津人民出版社，2015：34.
② 邵元冲. 民族教育之内涵［J］. 建国月刊·（上海），1935（1）：1-6.

要倾向对政策文本内容的研究，而非政策运行的研究，故采用第二种理解模式。

3. 政策工具

由于学者的专业领域不同，他们对政策工具的解读也不同，但不少学者将其作为一种政策分析手段。有学者把政策工具定义为"影响政策过程以达到既定目的的任何事物"或"一个行动者能够使用或潜在地加以使用，以便达成一个或更多的目的的任何事物"①；也有学者对政策工具的分类或分组的标准进行描述性的解读②；还有学者认为"政策工具"仅仅是一种实现政策目标的工具，只具有正式和合法性特征，更倾向于一种工具理性的理解，缺乏政策工具与政策之间的内在联动。

"政策工具"中的"工具"涉及范围比较广，可表示为实现或者完成某个动作、某件事情，便于减轻负担等情况下起到的一种助推作用。林格林（Arthur B. Ringeling）认为"工具"是具有共同政治特性的影响和支配社会政策活动的集合。③ 从广义上理解，"政策工具"是促进教育政策实施，实现政策目标所使用的一种手段或方法。在狭义上，可以从三方面理解"政策工具"：一是工具的对象，政策执行者在法律和行政法规中相当于一种工具，即执行者共同实现政策目标的手段或一项活动，选择适于建立二者之间联系的过程；二是工具的性质，政策的颁布，有一定的权威性，属于国家意志，必须是科学合理，且适用于政策目标实现而选取的工具；三是工具的主体，既是政策制定和执行的监督者，亦是政策变革和调整的创新者。其中，政策工具的第三种属性与胡德对政策工具的定义相接近。他把政策工具看作一种"客体"或"活动"，即把政府想象成一套管理工具，政府做了什么，它的主体或公民是通过在许多不同的组合和背景

---

① 陶学荣，崔运武. 公共政策分析［M］. 武汉：华中科技大学出版社，2008：222.

② 李国正. 公共管理学［M］. 桂林：广西师范大学出版社，2016：237.

③ B. Guy Peters, Frans K M, Van Nispen. Public Policy Instruments［M］. Northampton：Edward Elgar Publishing, 1998：14.

下，应用一套管理工具来塑造人们的生活，以适应各种目的。①

综上，本书依据学者对政策工具的定义和政策工具的特性，结合民族职业教育政策概念，将政策工具定义为立足民族职业教育政策本身，政府依据政策发展的背景和环境，为实现民族职业教育的政策目标，采用科学合理的方法、原则、方针，规范政策导向的一种政策分析范式。

（二）研究范围

1. 时间跨度

在时间范围上，本研究主要选取改革开放以来，中央政府相关部委出台的涉及民族职业教育政策文本（涉及民族职业教育内容的民族教育政策、职业教育政策也在其中）作为研究对象，时间跨度大致为 1978 年至 2019 年。本研究若涉及改革开放以前的时代背景，可能论及 1978 年以前的政策，以体现政策发展的延续性和关联性。

2. 地域范围

"民族"一词涵盖世界的有限民族，即个体总是在团体里才有其存在的价值，也正体现出团体的有限性。本书提及的"民族"是从宏观层面来理解的民族，是在有限的范围里设定了小范围，指中国范围内的少数民族，且以中央政府出台的宏观民族职业教育政策为主，涉及民族地区的相关教育政策。本研究所选取的政策文本是改革开放以来中央部委颁布的政策文本，不包括地方颁布的政策文本。

3. 教育层次

我国职业教育包括初等、中等、高等职业教育的层次，县级办中等职业高中，市及以上办大中专类职业院校，高等职业教育则划分到高等教育的管理范围内。因此，就教育层次而言，本研究所指的民族职业教育政策文本涵盖各层次的职业教育政策文本内容，主要以中央部委颁布的政策文本内容为主。

---

① Christopher Hood. The tools of government ［M］. London：The Macmillan Press Ltd，1983：2.

三、文献综述

(一) 国内研究综述

我们从现有文献来看，我国职业教育政策研究方式多样，有定量研究，也有定性分析。民族教育政策研究比较注重双语教育、政策优惠等方面的内容，而涉及民族职业教育政策研究的文献不多，主要散见在职业教育政策和民族教育政策的研究中，是一个需要挖掘的研究领域。

1. 关于职业教育政策研究

21世纪初，我国职业教育研究进入快速发展阶段，其政策研究属于职业教育学与政策学的交叉性研究。[①] 研究方式逐步突破以往单一的经验范式，随着职业教育政策的研究热度上涨，研究视角逐渐开阔，开始走向多维视角的学理性探索，具体表现在四方面：

在政策文本方面，主要有宏观和微观两种政策类型，研究的思路主要遵循政策文本的设计、演变逻辑以及未来发展走向的路径。职业教育校企合作政策、职业教育国际化政策是宏观政策分析的代表[②③]，研究政策的演变逻辑是用来探寻未来政策的发展走向；以高等职业教育政策文本、职业教育政策话语、招生政策、地方政府政策、产教融合政策为微观政策分析的代表，如孙翠香选取"普职比大体相当"相关政策文本进行分析[④]，方绪军深入剖析"产教融合"政策文本设计的逻辑起点、路径以及结果[⑤]；

---

① 史婷婷. 终身学习视角下职业教育政策研究 [D]. 天津：天津大学，2011.

② 蔡文伯，王亚芹. 改革开放40年职业教育校企合作的价值嬗变与制度重构：基于国家政策文本的分析 [J]. 职业技术教育，2018 (9)：14-18.

③ 王忠昌. 改革开放40年我国职业教育国际化政策的变迁及展望：基于42份国家层面政策文本的分析 [J]. 职业技术教育，2018 (21)：15-21.

④ 孙翠香. 地方政府职业教育政策创新：基于"普职比大体相当"相关政策的分析 [J]. 教育与职业，2018 (23)：5-12.

⑤ 方绪军. 政策语境下职业教育产教融合的逻辑及启示 [J]. 中国职业技术教育，2018 (12)：13-18，55.

宋亚峰等人对职业教育政策话语的关注领域、聚焦点和演化路径进行深度剖析①，来审视政策文本与实践之间的适配性，进一步指出具体的政策内容取向与定位的现实偏差②。

在政策发展方面，职业教育政策研究主要体现在四方面。一是根据政策内容的特点，对职业教育政策发展的演进历程进行划分。如李倩将职业教育政策发展划分为中职教育结构调整（1978—1995）、职教政策多样化探索（1996—2010）、建立现代职业教育体系（2010年至今）三个历史阶段③；吕玉曼等人基于宏观社会经济政策的视角，将职业教育政策划分为调整单一的教育结构（1978—1990）、强调规模和效益（1991—1998）、促进就业和再就业（1999—2002）、服务经济发展（2003—2009）、注重人的生涯发展（2010—2016）五个阶段④。二是从历史制度主义分析范式⑤、结构调整⑥、倡导联盟框架理论等视角，对高等职业教育政策发展历程进行不同的划分⑦，从横向、纵向较为全面地对高等职业教育政策的变迁机理进行分析。三是以改革开放40周年为历史时间节点，结合宏观、微观的职业教育政策进行一系列的梳理，比较有代表性的如祁占勇等人较为全面

---

① 宋亚峰，王世斌，潘海生. 聚焦与演化：我国职业教育政策话语透视：基于1987—2017年教育部《工作要点》的计量分析［J］. 高教探索，2018（12）：114-121.

② 曾家. 我国高等职业教育政策的演进、问题与调适［J］. 现代教育管理，2016（3）：70-74.

③ 李倩. 改革开放以来我国职业教育政策：发展历程、变迁逻辑及未来展望［J］. 继续教育研究，2018（11）：93-98.

④ 吕玉曼，徐国庆. 改革开放以来我国职业教育政策的演变：基于宏观社会经济政策的视角［J］. 职教论坛，2016（34）：44-51.

⑤ 陈友力. 改革开放四十年中国高等职业教育政策的变迁：历史、结构与动力［J］. 教育学术月刊，2018（12）：12-21.

⑥ 蓝洁. 高等职业教育结构调整政策：变迁、反思与展望［J］. 职教论坛，2017（13）：11-16.

⑦ 赵利堂，谢长法. 我国民办职业教育政策变迁的内在逻辑：基于倡导联盟框架（ACF）的视角［J］. 教育发展研究，2016（23）：15-21.

地将我国职业教育政策①、企业参与职业教育办学政策②、职业教育产教融合政策③、中等职业教育政策④、农村职业教育政策的变迁历程进行系统梳理和分析⑤。四是对学科交叉类的职业教育政策发展的研究，如汤婷婷等人从扶贫视角将我国职业教育扶贫政策划分为四个阶段⑥，过筱等人将我国职业教育德育政策的演进划分为五个阶段⑦。

在政策执行方面，职业教育政策的执行一直是政策研究领域的热点，多数学者采用文献述评、问卷、访谈等研究方法来研究职业教育政策执行失真的问题。如李添翼等人指出中等职业教育国家示范校，存在政策监督机制不完善、专项资金使用不规范及项目管理水平不高等问题⑧，进一步指出当前职业教育政策执行监督的失效。一是以地区性差异的政策进行研究。如黄彬云等人发现，东部、中部和西部三大经济带，在职业教育资助体系、职业院校改革、校企合作、学费减免和补助、农村职业教育以及东西部合作等政策执行过程存在差异。⑨ 二是基于政策本身和执行者综合素质的研究。李桐认为政策执行环境的复杂性、监督机制的缺失、执行主体

---

① 祁占勇，王佳昕，安莹莹. 我国职业教育政策的变迁逻辑与未来走向 [J]. 华东师范大学学报（教育科学版），2018（1）：104–111，164.

② 祁占勇，王志远. 改革开放 40 年企业参与职业教育办学政策的演进与展望 [J]. 河北师范大学学报（教育科学版），2019（1）：83–89.

③ 祁占勇，王羽菲. 改革开放 40 年来我国职业教育产教融合政策的变迁与展望 [J]. 中国高教研究，2018（5）：40–45，76.

④ 刘淑云，祁占勇. 改革开放 40 年我国中等职业教育政策的演进逻辑与展望 [J]. 职教论坛，2018（7）：66–74.

⑤ 祁占勇，杨文杰. 改革开放 40 年来农村职业教育政策的演进逻辑与展望 [J]. 中国职业技术教育，2018（27）：43–50.

⑥ 汤婷婷，谢德新. 改革开放 40 年我国职业教育扶贫政策的回顾与前瞻 [J]. 中国职业技术教育，2018（33）：25–31.

⑦ 过筱，石伟平. 改革开放 40 年我国职业教育德育政策的演变与特点 [J]. 教育与职业，2019（3）：66–71.

⑧ 李添翼，董仁忠. 职业教育政策执行效能探微：中等职业教育国家示范校政策执行的调查研究 [J]. 职教论坛，2017（13）：62–68.

⑨ 黄彬云，赖勤，拉乌·拉莫斯. 职业教育政策执行中的区域差异 [J]. 中国职业技术教育，2018（27）：36–42.

间的利益冲突是导致职业教育政策执行失效的主要原因。① 三是对政策执行的内涵研究。孙翠香权衡了教育政策，制定"自上而下"和"自下而上"的关系，对职业教育政策执行的内涵进行了重新厘定。②

在政策体系方面，以人为中心，以终身学习为原则，为处境不利群体提供更多的教育和培训机会，是我国职业教育体系建设的逻辑起点。③ 表现在三方面：一是孙翠香指出从中观和微观层面对职业教育内外关系进行调整的职业教育政策体系④；二是以人的发展为政策价值取向，从政策产生的问题进行解析、反思和调整，如魏明认为多元和系统的发展模式、有效的制度供给是超越和促进新时代职业教育发展的现实路径⑤，焦后海等人认为完善现代职业教育体系必须以校企合作和产教融合为路径，以纵向衔接和横向融通为导向⑥；三是以体系构建、办学机制、人才培养、发展保障为政策体系建设导向，如陈衍等人从结果、过程、内部和外部等方面进行优化和创新，为地方现代职业教育体系建设探索自主之路⑦。

在政策内容制定方面，政策内容的变革紧随时代的发展，主要集中对政策质量保障体系建设、政策目标明晰、"双师型"教师政策规范、资助政策和类型化职业教育建设等方面进行探讨，进一步为政策文本提供新内容和新方向。如现代职业教育质量保障体系建设从职业教育质量指标、监

① 李桐，李忠. 职业教育改革与发展的政策支持：基于政策执行失效视角的考察 [J]. 职教论坛，2016（16）：38-44.

② 孙翠香. 职业教育政策执行：一个亟需厘清的概念 [J]. 职教论坛，2015（34）：7-13.

③ 谢珍珍. 改革开放 40 年职业教育立法与政策回顾 [J]. 中国职业技术教育，2018（31）：14-21.

④ 孙翠香. 改革开放 40 年我国职业教育政策体系述评 [J]. 职教论坛，2018（2）：70-80.

⑤ 魏明. 新时代我国职业教育政策模式的反思与超越 [J]. 中国职业技术教育，2018（12）：5-12.

⑥ 焦后海，柴然. 改革开放以来我国职业教育政策调整取向探析 [J]. 湖北成人教育学院学报，2019（1）：27-32.

⑦ 陈衍，李阳，柳玖玲，等. 地方现代职业教育体系建设政策移植与创新 [J]. 现代教育管理，2019（2）：102-107.

测体系、评价体系和合作机制四方面来建立国家资格框架，在明确政策目标、完善政策条款、细化政策内容以及监督政策执行等方面进行改革;①有学者认为中高职衔接政策内容存在目标规范过于宏观、实施主体规范不够清晰、措施规范可操作性不强、中高职衔接保障措施规范缺乏等问题;②职业教育"双师型"教师政策规范的内涵界定，资格认证制度、培养培训制度、激励制度等方面有所欠缺;③有学者基于欧盟建设资助体系的启示，认为我国职业教育学生资助工作应确立以投资人力资本为核心的资助政策思路，提升资助项目的整合性和广泛性，发挥多元主体在资助中的作用④。从层次到类型是中国职业教育改革的基本逻辑，也是其政策内容制定视角转变的主要依据。改革开放以来，从国家颁布的职业教育政策来反观现在的转向和改革，也体现出职业教育政策文本存在的限度问题，如李鹏、石伟平指出中国职业教育的类型身份认同迷失、类型特征不明显等问题⑤。因此，《国家职业教育改革实施方案》明确了职业教育的"类型身份"，并描绘了中国职业教育类型化改革的"未来蓝图"和改革行动的"施工路线"。

2. 关于民族教育政策的研究

我国民族教育政策研究主要以海南、黑龙江、新疆、四川、云南、甘肃、青海、湖南等省份作为研究对象，逐步形成了本领域的主要作者群、学术期刊群和研究机构，民族教育优惠政策、民族预科教育政策是民族教

---

① 林育丹，周汉辉，谭立峰. 现代职业教育质量保障体系构建：目标、内容及政策支持 [J]. 高等职业教育探索，2019（4）：19-23.

② 庞世佳，徐涵. 我国中高等职业教育衔接政策的内容分析 [J]. 职教通讯，2015（19）：16-20.

③ 程雷，薛瞧瞧. 职业教育"双师型"教师政策的内容分析 [J]. 学理论，2012（15）：186-187.

④ 谢珍珍，和震. 欧盟现行职业教育学生资助政策的内容、特点和启示 [J]. 教育与职业，2018（22）：52-58.

⑤ 李鹏，石伟平. 中国职业教育类型化改革的政策理想与行动路径：《国家职业教育改革实施方案》的内容分析与实施展望 [J]. 高校教育管理，2020（1）：106-114.

育政策研究领域的核心。① 它们主要涉及民族教育政策、民族教育政策与其他民族政策相协调、民族地区各类教育发展等主题②，本研究下面将从四方面进行梳理。

在政策文本方面，本研究采用内容分析方法，解读政策价值取向、政策设计的不足或取得的经验，为完善政策提供可操作性的指导是政策文本研究的主要目的。一是政策内容分析注重文献作者类别和运用的研究方法。如于春江解读 1994—2009 年的民族教育政策文本③；车峰从政策工具的视角选取四份政策文本进行量化研究，总结了我国民族教育政策的发展特点④。二是从政策文本出发，一般以梳理政策发展历程为主，以内容分析为辅的研究逻辑。如李祥等人选取民族教育的相关政策内容进行分析，将民族教育政策变迁的基本脉络划分为追赶阶段（1987—2001）、跨越阶段（2002—2013）、内生培育阶段（2014 年至今）⑤；陈立鹏等人通过对民族教育政策内容梳理，指出民族教育政策的建设方向⑥。

在政策执行方面，本研究主要聚焦民族教育政策实施成效及局限等方面。如陈立鹏指出我国民族教育政策在民族团结教育、人才培养、管理服务、教师队伍建设、投入保障力度、对口支援等方面的实施成效较为显

---

① 任玉丹，韦小满. 改革开放 40 年来我国民族教育政策研究的可视化分析 ［J］. 民族教育研究，2018（5）：24-30.
② 宋亚峰. 改革开放 40 年民族教育政策研究热点及前沿分析 ［J］. 北方民族大学学报（哲学社会科学版），2019（3）：159-165.
③ 于春江. 1994—2009：民族教育政策研究文献分析 ［J］. 河南社会科学，2010（2）：148-151.
④ 车峰. 我国民族教育政策的嬗变与展望：基于政策文本的量化分析 ［J］. 西南民族大学学报（人文社科版），2017（12）：223-228.
⑤ 李祥，王路路，陈凤. 我国民族教育政策变迁的脉络、特征与展望：基于《教育部工作要点》的文本研究 ［J］. 民族教育研究，2019（1）：19-29.
⑥ 陈立鹏，任玉丹. 改革开放 40 年来我国民族教育重大政策梳理 ［J］. 中国民族教育，2018（11）：22-27.

著①，在民族教育政策线性执行方式上存在"适应不良、水土不服"等问题②。同时，冯新新从行政生态视角剖析了民族教育政策执行研究范式，认为在研究力量、角度、方法、结果等方面存在局限。③ 对此，高承海等人认为构建包容开放的民族教育体系是打破独立性和封闭性，提高教育质量和促进民族团结的重要途径和措施。④

在政策建设方面，民族教育政策研究多以宏观视角为主，微观视角的研究较少，且以新中国成立、改革开放为研究的时间起点。一是重点研究民族教育的发展现状、政策建设等问题，如陈立鹏、张学敏等人以回顾政策发展演变的视角，总结我国民族教育政策建设发展取得的成绩及存在的问题；⑤⑥ 二是总结梳理民族教育政策价值取向的特征和演进历程，如欧以克等人总结出我国民族教育政策价值取向呈现出间接价值向直接价值转变，实然价值向应然价值转变，显性价值向显性、隐性价值统一转变⑦的现象；王谦指出民族预科教育政策呈现出社会本位、优先与优惠发展的价值取向（1978—1984），社会本位以兼顾个人本位和效率为主，同时兼顾公平的取向（1985—1999），强调质量与差别化的价值取向（2000—2016）；⑧ 三是从政策价值取向的角度提出民族教育政策的建议，如曾昭华

① 陈立鹏，任玉丹. 改革开放 40 年我国民族教育政策成效显著 [J]. 中国民族教育，2018（12）：11-13.

② 贾利帅. 我国民族教育政策嵌入式执行治理研究 [D]. 重庆：西南大学，2016.

③ 冯新新. 民族教育政策执行研究范式探析：行政生态视角 [J]. 内蒙古师范大学学报（教育科学版），2018（8）：5-12.

④ 高承海，党宝宝，万明钢. 我国民族教育政策：问题与建议 [J]. 当代教育与文化，2016（1）：31-37，48.

⑤ 陈立鹏. 改革开放 30 年来我国民族教育政策回顾与评析 [J]. 民族研究，2008（5）：16-24，108.

⑥ 张学敏，石泽婷. 民族教育发展与中华民族共同体意识建设的内生逻辑：新中国 70 年民族教育及其政策回溯与前瞻 [J]. 西南大学学报（社会科学版），2019（4）：5-18，197.

⑦ 欧以克，付倩. 改革开放以来民族教育政策价值取向演变分析 [J]. 民族高等教育研究，2019（1）：19-23，93.

⑧ 王谦. 改革开放以来民族教育政策价值取向演变研究 [D]. 重庆：西南大学，2016.

在优惠性的民族教育政策的基础上，提出完善优惠政策的建议①，即党和政府对民族教育管理机构、民族教育经费、民族教育办学、政策优惠、教育支援等方面加大支持力度②；四是借鉴国际民族教育政策体系建设的经验，如马来西亚、新加坡、泰国、越南、日本、俄罗斯、美国、加拿大、澳大利亚主要将民族精神融入民族教育内容中，如阿依提拉·阿布都热依木③等人，或者直接借鉴成功经验，如仲天宝④等人借鉴西方国家教育政策，以此来促进本国民族教育发展。

在政策文化方面，民族教育政策对民族文化具有规约和调控作用，民族文化的发展内含时代性、地域性以及价值性三个维度，从时间维度的关联俱进，彰显生态和谐的时代意识，关注空间维度的互融互适，强调生态和谐的地域意识，重视文化内容的品质追问，可以深化生态和谐的价值取向，组建民族教育政策与民族文化走向生态和谐的协同路径⑤；民族教育政策与民族传统文化是相互影响、相互作用的关系系统，在逻辑上，民族传统文化是人类进化的"自组织"文化，民族教育政策是人类发展的"他组织"文化；在现实中，民族文化融入民族教育政策中是提升民族教育政策的效应以增加各民族文化的自我生发能力的有效途径，弘扬民族教育政策正能量以规避低俗民族文化滋生和扩散的价值追求⑥；从多元文化主义的视角分析我国民族教育政策在构思设计、制定实施等过程中遇到的现实

① 曾昭华. 坚持和完善优惠性的民族教育政策 [J]. 中南民族学院学报（哲学社会科学版），1993（4）：116-118.
② 孟立军. 论新中国民族教育实践的成就 [J]. 民族教育研究，2001（1）：15-21.
③ 阿依提拉·阿布都热依木，古力加娜提·艾乃吐拉. 俄罗斯民族教育政策价值取向的时代转向 [J]. 民族教育研究，2018（4）：135-139.
④ 仲天宝，车琳. 西方少数民族教育政策对我国少数民族教育政策的启示 [J]. 教育教学论坛，2017（6）：73-74.
⑤ 蒋珍莲. 生态和谐：民族教育政策与民族文化协同路向 [J]. 贵州民族研究，2019（4）：196-200.
⑥ 蒋珍莲. 论民族教育政策与民族传统文化的协同生成 [J]. 民族教育研究，2018（4）：32-37.

困境，探索优化我国民族教育政策设计的路径①。

3. 关于民族职业教育政策的研究

我国关于民族职业教育政策研究的文献不多，多以文本、时间两个维度展开研究，主要有两方面：

在政策文本方面，民族职业教育政策文本研究主要集中在四方面：一是选取比较有代表性的民族职业教育政策法规作为研究对象。多数政策文本的选取主要集中在改革开放之后，并根据政策发展的特点进行时间阶段的划分。二是民族职业教育政策对民族地区发展影响的研究。如曹隽等人通过对民族职业教育政策的考察，认为国家制定民族地区职业教育政策为其发展提供了制度保障。② 其中，坚持离农与适农互促、深化中等职业教育结构改革、以政府拨款为主渠道、注重教师队伍建设等方面是民族职业教育政策发展的主要特征。③ 三是民族职业教育政策文本存在的问题。我国民族职业教育政策存在的问题和不足限制了民族地区职业教育的发展④，如政策实施主体界定模糊，人民群众参与积极性不足，政策适应性倾向明显，缺乏引领性，制定层级不高，权威性不强⑤，其中，政策制定层级是核心问题。四是民族职业教育政策完善的建议。注重从政策执行的视角去优化，如李祥指出要从转变政府职能、提升民族地区职业院校办学活力以及强化市场机制参与等方面进行变革，以增强民族地区职业教育政策与实践的适应性。⑥

---

① 孙德刚. 多元文化共存下的民族教育政策定位研究 ［J］. 贵州民族研究，2015（7）：200-203.
② 曹隽，刘丹. 改革开放 40 年我国民族地区职业教育政策观察 ［J］. 中国职业技术教育，2018（34）：23-29.
③ 祁占勇，王锦雁. 改革开放 40 年民族职业教育政策的演进逻辑与展望 ［J］. 青海民族研究，2018（3）：35-40.
④ 祁占勇，王锦雁. 改革开放 40 年民族职业教育政策的演进逻辑与展望 ［J］. 青海民族研究，2018（3）：35-40.
⑤ 李祥，刘莉. 民族地区职业教育政策四十年：历程回顾与趋势展望 ［J］. 终身教育研究，2018（3）：11-16.
⑥ 祁占勇，王锦雁. 改革开放 40 年民族职业教育政策的演进逻辑与展望 ［J］. 青海民族研究，2018（3）：35-40.

在政策发展方面，民族职业教育政策文本研究主要集中在三方面：一是以时间维度为划分政策的发展阶段。依据民族地区职业教育发展的特点，祁占勇等人将国家层面的民族职业教育政策划分为改革中等职业教育结构的恢复阶段，以促进职业教育质量提升为主的发展阶段，以推动民族品牌产业发展为主的提升阶段；① 李祥等人为深入了解民族职业教育政策设计的逻辑，将其政策划分为萌芽期、探索期、形成期、发展期、转型期五个阶段；② 谢德新等人则从政策变革的视角，将其政策划分为恢复、调整、适应和快速发展四个阶段③。二是以政策层级来划分民族职业教育政策。有部分学者从不同层级和类型对民族职业教育政策进行实践研究，如刘杨等人从中央层面的政策，指出职业教育助推精准扶贫，精准脱贫带动职业教育发展。④ 另外，有些学者分别对不同政府因素进行研究，如李春蓉根据我国职业教育政策的演变过程，指出政府在执政理念、职能转变、机构改革、法律法规、财政投入等方面对职业教育政策调整起着重要的导向作用。⑤ 三是从政策变迁的历史出发研究政策机制。本研究多采用文献研究、历史研究、文本分析法等方法，对政策机制进行分析，旨在梳理不同社会时期职业教育政策背景、演进逻辑以及存在的问题。如李雪飞对我国近 30 年的职业教育政策发展情况进行了梳理，研究分析了不同时期的政策背景、政策内容以及政策的实行情况，最后简要阐述我国职业教育政策的发展趋势⑥，这为本书的研究奠定了基础。

① 祁占勇，王锦雁. 改革开放 40 年民族职业教育政策的演进逻辑与展望 [J]. 青海民族研究，2018（3）：35-40.

② 李祥，刘莉. 民族地区职业教育政策四十年：历程回顾与趋势展望 [J]. 终身教育研究，2018（3）：11-16.

③ 谢德新，邱佳. 回顾与研判：改革开放以来我国民族职业教育政策的变迁逻辑与趋势展望 [J]. 中国职业技术教育，2019（16）：49-55.

④ 刘杨，李祥. 民族地区职业教育精准扶贫：政策实践与理论反思 [J]. 当代职业教育，2017（5）：15-19.

⑤ 李春蓉，李滨滨. 改革开放以来职业教育政策演变的政府因素分析 [J]. 湖北职业技术学院学报，2012（3）：23-26.

⑥ 李雪飞. 改革开放以来我国职业教育政策变迁研究 [D]. 桂林：广西师范大学，2017.

4. 关于政策工具及教育政策工具的研究

在政策工具方面,本研究主要集中于政策工具的分类、选择和优化。一是政策工具分类的研究。关于政策工具的分类最常见的是麦克唐纳和艾莫尔的政策工具分类方法,如徐赟将"双一流"政策工具分为命令性工具、激励性工具、能力建设工具、系统变化工具和劝告工具[①];李湘等人则借鉴英格拉姆和施耐德政策工具分类方法,从权威工具、激励工具、能力建设工具、符号和规劝工具以及学习工具 5 个维度来阐述民办高校分类管理的障碍[②]。二是政策工具选择的研究。习勇生认为政府在选择政策工具时,应参照政策工具属性的认知度、政策问题的识别度、政策目标的达成度、政策环境的适应度等方面来提出政策工具选择的建议[③];赖秀龙认为政策工具选择应与政策目标相适切,与政策环境相适应,实现政策工具之间的相互协调一致[④]。三是政策工具优化的研究。黄文伟在现有政策系统和网络背景下,指出需要扩大政策工具类型,强化政策工具组合,开展政策工具创新等方法;[⑤] 张静则从政策工具和政策内容的角度提出招生政策的优化建议,即保持政策工具内部的协调与平衡,处理招生政策的价值理性与工具理性冲突,加强政府对招生工作的统筹力度;[⑥] 蓝洁等人认为影响政策工具选择的重要因素是政策执行的多属性和层级性,对此,均衡合理地使用文本中的政策工具是化解其政策执行问题的旨归[⑦]。

---

① 徐赟. "双一流"建设中政策工具选择与运用的问题及对策 [J]. 教育发展研究,2018 (1):26-32.

② 李湘,曾小军. 政策工具视角下民办高校分类管理的障碍及突破 [J]. 浙江树人大学学报 (人文社会科学),2016 (6):20-25.

③ 习勇生. "双一流"建设的政策工具选择研究 [J]. 黑龙江高教研究,2017 (11):31-35.

④ 赖秀龙. 义务教育师资均衡配置的政策工具分析 [J]. 教育发展研究,2010 (23):42-47.

⑤ 黄文伟. 广东省高职教育质量政策的工具选择与评价 [J]. 职业技术教育,2014 (1):43-47.

⑥ 张静. 广西中等职业教育招生政策优化研究 [D]. 南宁:广西民族大学,2016.

⑦ 蓝洁,唐锡海. 地方加快发展现代职业教育的政策文本量化分析:基于政策工具的视角 [J]. 职业技术教育,2016 (12):37-42.

在教育政策工具方面，本研究主要梳理政策工具在职业教育政策、民族教育政策中的运用情况。一是职业教育政策工具的研究。在职业教育政策分析中引入政策工具的时间并不长，如李进等人以上海市为例，初步归纳出职业教育政策工具有适用对象多样、涉及内容丰富、公益导向鲜明和聚焦教学质量等特征；① 李运华等人认为职业教育政策工具的选择，整体存在失衡，存在政策工具与三螺旋主题的组合错配等问题；② 车峰等人指出职业教育政策价值取向长期偏颇，鼓励号召和舆论宣传政策工具的效果不明显。③ 二是民族教育政策工具的研究。这类文献主要集中在改革开放以来的民族政策、双语教育政策、政策工具执行力等量化分析上，如郝亚明等人认为在我国民族政策工具中，能力建设工具始终发挥着核心作用，但存在权威工具的运用频率有所下降、象征及劝诫工具的运用有所上升等问题；④ 车峰围绕民族教育政策工具适切性和提高发展要素配置水平两方面，提出政策改进的建议与展望；⑤ 扶松茂利用自愿型、强制型与混合型政策工具及其细分项目，对民族教育规划纲要进行问题的查询；⑥ 黄萃等人提出少数民族双语教育政策的完善必须进一步优化政策工具组合⑦。

① 李进，夏人青，严军，等. 上海职业教育政策演变述论：基于 1980—2013 年文本的分析 [J]. 教育发展研究，2017（5）：46-52.

② 李运华，王滢淇. 新时代我国职业教育政策分析：基于政策工具视角 [J]. 教育与经济，2018（3）：24-30.

③ 车峰，孙萍. 改革开放以来我国职业教育发展的政策工具 [J]. 现代教育管理，2016（3）：65-69.

④ 郝亚明，赵俊琪. 改革开放以来中国民族政策的变迁：基于共词分析方法和政策工具的视角 [J]. 中南民族大学学报（人文社会科学版），2018（3）：16-22.

⑤ 车峰. 我国民族教育政策的嬗变与展望：基于政策文本的量化分析 [J]. 西南民族大学学报（人文社科版），2017（12）：223-228.

⑥ 扶松茂. 国家及五个自治区政府中长期民族教育规划的政策工具分析 [J]. 云南行政学院学报，2012（5）：119-122.

⑦ 黄萃，赵培强，苏竣. 基于政策工具视角的我国少数民族双语教育政策文本量化研究 [J]. 清华大学教育研究，2015（5）：88-95.

（二）国外研究综述

1. 关于职业教育政策和民族教育政策的研究

在职业教育政策方面，国外学者对职业教育政策的研究主要集中于职业与培训政策方面，研究方法多以实证调查为主。如学者通过考察埃塞俄比亚和东非国家的教育和培训政策的包容性状况，以访谈残疾学生的特殊教育和培训需求为例，得出国外的教育和培训政策或法律和实施文书没有充分解决残疾人的职业教育的结论。① 对此，有学者指出职业教育政策研究的重要性一直是被忽视的，且并不认可政策研究的结果可以为职业教育领域所需提供帮助。② 而后有学者通过讨论尼日利亚的技术和职业教育培训（TVET），分析政策的主要和次要信息来源，认为切合教育与社会需求对弥合政策文件与实践之间的差距有一定的作用。③ 随着政策研究方法的多样化，越来越多的学者意识到关于职业教育和培训政策制定（VET）需要有良好的量化信息支持。因此，有学者根据其政策相关性和对欧洲 2020 年目标的重要性，在欧洲职业培训中心（CEDEFOP）选择了一套以 31 个统计指标来量化职业教育与培训和终身学习的关键方面，这些指标以 2010 年为基准年，为 27 个欧盟成员国和克罗地亚、冰岛、挪威、瑞士、土耳其等提供"统计概览"④。另外，可以发现国外的学者较少关注对教育政策的个人政策偏好的研究，主要是因为现有的比较调查只提供了非常粗略的教育政策措施。为了解决研究的差距，有学者对西欧 8 个国家的教育政策细

---

① Malle, Abebe Yehualawork. Inclusiveness in the Vocational Education Policy and Legal Frameworks of Kenya and Tanzania [J]. Journal of Education and Learning, 2016（4）: 53-62.

② Schaefer, Carl J. Policy Research and Vocational Education [J]. Viewpoints in Teaching and Learning, 1981（4）: 36-39.

③ Akanbi, Grace Oluremi Akanbi, Grace Oluremi. Prospects for Technical and Vocational Education and Training（TVET）in Nigeria: Bridging the Gap between Policy Document and Implementation [J]. International Education Journal, 2017（2）: 1.

④ Lettmayr, Christian F. On the Way to 2020: Data for Vocational Education and Training Policies: Indicator Overviews [M]. Luxembourg: Publications Office of the European U-nion, 2013.

节进行了代表性的公众舆论调查，重点关注人们对教育公共支出相对于其他社会政策的偏好以及不同教育部门的分布，认为个人教育背景、党派意识形态和生育孩子与偏好的变化呈显著相关。①

在民族教育政策方面，国外针对少数民族教育政策的研究多集中在语言、双语教育和基础教育上，研究方法多采用问卷调查法。如学者采用问卷调查和访谈的形式，研究博茨瓦纳少数民族基础教育的承诺程度、学校治理中的学校—社区伙伴关系以及家长对课程交付方式的参与程度，研究发现，由于政策环境和学校管理实践的原因，致使学生成绩较低，家长参与孩子的教育积极性不高；② 学者为了寻求有意义的少数民族融合的相关和可持续框架，通过研究哥伦比亚的双语教育政策，发现政策文件没有考虑到哥伦比亚少数民族和移民社区的需求；③ 有学者指出这些政策适用于印度的多语言，但在某些方面忽略了语言的多样性，使得涉及语言规划的政策实施以及课堂中语言的实际使用较为单一。④ 另外，对于贫困的少数民族地区，需要政策更新和实施少数民族普通教育政策，提高少数民族地区的人力资源水平，以满足国民的要求。⑤

① Busemeyer, Marius R. Li garritzmann, Julian L. Academic, vocational or general? An a-nalysis of public opinion towards education policies with evidence from a new comparative survey [J]. Journal of European Social Policy, 2017 (4): 373-386.

② Pansiri, Nkobi Owen. Improving commitment to basic education for the minorities in Bot-swana: A challenge for policy and practice [J]. International Journal of Educational Devel-opment, 2008 (4): 446-459.

③ Raúl Alberto Mora, Tatiana Chiquito, Julián David Zapata. Bilingual Education Policies in Colombia: Seeking Relevant and Sustainable Frameworks for Meaningful Minority Inclusion [J]. Bilingualism and Bilingual Education: Politics, Policies and Practices in a Globalized Society, 2019 (1): 55-77.

④ Cynthia Groff. National-Level Language and Education Policies in India: Kumaunis as Lin-guistic Minorities [J]. The Ecology of Language in Multilingual India, 2018: 45-79.

⑤ Le Van Lol. Policies on Support of General Education for Ethnic Minorities in Vietnam in the Current Content [J]. American Journal of Educational Research, 2018 (12): 1678-1687.

2. 关于教育政策工具的研究

从宏观政策角度进行教育政策工具的探讨是其研究的特征，从国际比较的视角展开横向研究，结合教育实际的评论性和历史性的研究是常用的研究。这与国内关于教育政策工具的研究视角有一定差异。如国外着重对政府对教育的实施细则使用的工具和规则进行了深入解析，厘清了新政治形势中政府、社会和市场之间的工具关系，识别和检视全球化对其带来的影响有一个参考的依据。① 此外，针对挪威、英国和瑞典三个国家的政策工具规则输入和问责机制存在的变革问题进行了深入的分析。② 也有研究者将经典的教育政策框架与批判性话语分析（CDA）结合起来，为政治意识形态在教育政策研究中的运作提供了一种方法。③ 国外学者分析了如何将政府作为概念工具应用于教育政策的研究，认为政府性的理论框架是作为一种通用的分析工具运作；④ 里格比实证分析了儿童早期教育政策领域中各州采用的一系列不同政策工具，验证了政策工具特征改变儿童早期教育政策决定因素的假设。⑤

综上，我们通过文献梳理发现，在研究时间上，将政策工具引用到教育领域的时间较早，并积累相关的研究经验；在研究视角上，构建的分析框架比较宏阔，如能再结合比较教育的研究方法，教育政策的分析则更为合理；在研究内容上，除政策文本的分析外，还包括对政策环境、制度变迁等方面的考察。总体来说，在研究方法或研究内容方面，国外对教育政

---

① Ka-Ho Mok. Globalization and governance: educational policy instrument and regulatory arrangements [J]. International review of education, 2005 (4): 289-311.

② Ingrid Helgoy, Anne Homme. Policy tools and institutional change: comparing education policies in Norway, Sweden and England [J]. Journal of public policy, 2006 (2): 141-165.

③ Allison Mattheis. A mashup of policy tools and CDA as a framework for educational policy inquiry [J]. Critical Policy Studies, 2017 (1): 57-78.

④ Olena Fimyar. Using Govementlity as a Conceptual Tool in Education Policy Research [J]. Educate, 2008 (1): 3-8.

⑤ Elizabeth Rigby. Same Policy Area, Different Politics: How Characteristics of Policy Tools Alter the Determinants of Early Childhood Education Policy [J]. Policy Studies Journal, 2007 (4): 653-669.

策工具的研究比国内更为成熟，这为本书的研究奠定了重要的基础。

（三）研究述评

1. 现有文献的成就

一是职业教育政策研究。在国际比较方面，主要以德国、美国、新加坡等取得成功经验的国家为范例进行研究；在历史方面，主要以改革开放为时间节点，从宏观和微观的视角研究职业教育领域的各类具体政策。其中，职业教育政策和高等职业教育政策的文献较多，中等职业教育政策、职业教育扶贫政策、校企合作政策、产教融合政策、职业教育德育政策以及农村职业教育政策研究的文献资料相对分散；在政策内容方面，职业教育政策内容变革主要以内容规范、质量保障体系以及对类型化职业教育的探讨为主要内容。

二是民族教育政策研究。与职业教育政策研究相比，民族教育政策研究的时间起点早，在研究方法、内容、思路方面基本上形成较为完整的体系，且多数研究集中在政策优惠、预科教育、双语教育等方面，研究热点集中在民族职业教育的社会服务、自身发展，以及发展不同类型的职业教育等方面。① 其中，在民族教育政策中，主要从民族团结、文化传承与创新等方面对民族文化进行探讨，比职业教育政策与民族地区的文化研究更为深入。

三是国内学者借鉴政策工具理论的研究。国内在民族教育政策、职业教育政策文本研究方面，成果较为丰硕，从不同维度对一定时段的教育政策文本进行归纳总结，对政策研究过程的认识更加直观；国内学者选取具有标志性的政策文本进行量化研究，建构二维分析框架，来分析各教育政策中政策工具的配置情况和存在的问题，这为本书的研究提供实际参考。

四是国外学者对职业教育政策的研究。民族教育政策的研究方法呈现多样化，国外学者侧重使用问卷和访谈的研究方法，在政策理论研究和内

---

① 宋亚峰，马君. 我国民族职业教育研究热点及前沿分析：基于中国知网（CNKI）数据库（1987—2016 年）收录相关文献关键词共现的计量与可视化分析［J］. 职业技术教育，2017（34）：63-68.

容分析方面的研究相对较少，但其研究成果的创新性和应用型可能更强。

2. 现有文献的不足

同时，现有文献也存在不足之处。第一，政策研究方法较为单一，多数学者运用政策文本内容分析法，来探寻政策发展的演进逻辑，在研究方法的综合运用方面有待进一步加强。第二，政策研究的实践转化有待加强，职业教育政策和民族教育政策理论研究如何更好地与现实相结合，所提出的问题解决策略，更具有针对性和实效性，需要进一步加强。第三，政策研究与政策制定存在分歧。民族教育政策研究是一项相对复杂的工作，相对政策制定的预见性决策结果而言，政策研究者与政策制定者非常有必要保持一定的互动。第四，政策研究内容与现实存在一定程度的脱轨现象。随着时代的发展，我国民族职业教育政策内容的研究应及时更新，如铸牢中华民族共同体意识的理念应是民族职业教育政策研究的新方向和新内容，但相关的研究涉足较少。

由此反思我国民族职业教育政策的研究，需要加强的地方主要包括三方面：第一，研究领域相对局限，基本是宏观层面的政策研究，微观层面的民族职业教育政策研究需要加强；第二，研究方法比较传统，新的研究方法的迁移和尝试不足，尤其是引入政策工具的分析范式来进行研究，是一个可以挖掘的方面；第三，政策研究的理论深度有待提升，缺乏对政策实践经验的总结，没有形成理论与实践的交流与对话，多数停留在对政策文本的分析上，需要走出文本和走进实践相结合。

由鉴于此，本书尝试在研究内容和研究视角方面进行一些创新，运用政策工具理论，构建政策文本的三维分析框架，对我国民族职业教育政策进行文本内容的量化分析，希望在研究视角上有所突破，在研究内容上有所更新，进而丰富和充实我国民族职业教育政策的研究。

四、研究内容、思路及方法

（一）研究内容

除绪论外，本书包括七方面的内容：一是从教育政策工具内涵、特征、类型、优势与不足方面介绍我国民族职业教育政策的理论基础；二是主要从教育政策工具类型、教育发展要素、教育政策价值这三个维度进行介绍，旨在构建我国民族职业教育政策的基本分析模型；三是从恢复阶段、调整阶段、适应阶段和快速发展阶段对我国民族职业教育政策的演进历程进行回顾与梳理；四是主要介绍我国民族职业教育政策文本选择与分析方法，在对我国民族职业教育政策文本分析单元进行编码的基础上，呈现我国民族职业教育政策文本量化的总体情况；五是分别从教育政策工具类型、教育发展要素、教育政策价值概括我国民族职业教育政策文本的基本特征；六是从高配置的政策工具的成效、教育发展的关键要素成效、政策价值取向的服务成效以及民族职业教育经费投入、民族职业教育科研体制、民族技艺文化传承与创新等方面总结归纳我国民族职业教育政策文本的主要成效与不足；七是分别从消解政策工具使用的失衡、教育发展要素与政策价值取向有机融合、政策价值取向与政策工具选择保持一致、政策制定与民族地区高度契合等方面提出优化我国民族职业教育政策文本的对策与建议（见图1-1）。

（二）研究思路

本书的研究思路是从改革开放以来我国民族职业教育政策文本量化分析出发，提出研究政策在职业教育中发展的重要指向，全面系统地分析政策文本的基本特征，从政策工具的配置、教育发展要素和政策价值三个维度进行分析，提出完善我国民族职业教育政策的建议。

我国民族职业教育政策文本的量化研究主要分为两条主线：一是从理论层面出发，探究教育政策工具的研究概况、内涵、类型、特征、优势及不足，以此构建三维分析框架，深入分析我国民族职业教育政策的发展与少数民族地区的经济发展现状之间的关系，进而思考民族职业教育与民族职业教育政策之间的协同发展路径；二是从实践层面出发，通过政策工具的选择分析，政策文本的内容分析，政策制定的合理性、规范性、科学性以及政策执行效果的验证等步骤来探寻如何选取符合民族职业教育政策分析的政策工具，来完善民族职业教育政策的建设。两条研究主线最终合二

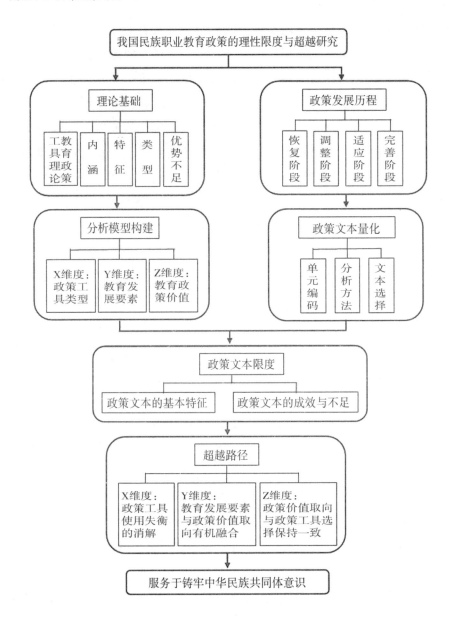

图 1-1　研究框架图

为一，提出既符合政策工具选择的科学性，又切合政策内容实践性的政策建议。基于研究的内容和思路，本书将具体方法和内容进一步细化，基本步骤为搜集政策文献资料，获取研究所需的数据，分析及数据处理，归因分析数据及现有数据验证，最后提出政策建议。

（三）研究方法

本书将围绕着研究内容和研究目标，综合运用教育学、民族学、社会学、管理学等学科理论开展研究，主要运用到的研究方法如下：

1. 文献分析法

我们通过从中央政府相关部委网站、北大法宝、北大法律信息网等相关网站搜集政策文本，并使用中国知网、超星读秀、百度学术等查阅职业教育政策、民族教育政策、民族职业教育政策、教育扶贫政策、政策工具等重要文献，梳理现有相关研究成果，为本书的研究提供理论基础。

2. 内容分析法

我们通过对改革开放以来我国民族职业教育政策进行整理、筛选和统计，根据政策工具理论的知识基础，将其文本内容进行内容单元编码的分析与归类，描述选取政策总体目标与倾向，并在分析归类的基础上，解读不同政策中所隐藏的利益分配趋向及政策工具使用情况，总结归纳民族职业教育政策存在的限度。

3. 历史研究法

通过对改革开放以来我国民族职业教育政策进行梳理，我们全面了解其政策发展变迁的总体历程和主要特征，并从宏观、中观和微观层面分析我国民族职业教育政策演进的动力机制和深层原因，从而预测我国民族职业教育政策的发展趋势，并提出相应的建议。

4. 比较研究法

本书突破传统的政策文本二维的比较分析，通过对改革开放以来我国民族职业教育政策文本进行三维的比较分析，X-Y维度、Y-Z维度和X-Z维度，更好地认识政策文本内容的价值取向，以及政策工具类型的配置和使用情况，精准把握我国民族职业教育政策的理性限度，从而提出超越的可能路径。

五、研究重点、难点及创新点

(一) 研究重点

本书通过政策工具理论的视角，分析民族职业教育政策文本存在的问题，对民族职业教育的整体设计、演进逻辑和管理改革等方面有宏观的了解。本书进一步深入分析民族职业教育政策制定者的偏好、价值取向和政策话语的总体趋势，以及民族职业教育政策的特殊性，通过目前民族地区职业教育发展的现状来审视民族职业教育政策制定的合理性、规范性和科学性，从教育政策制定者的视角提供完善民族职业教育政策文本的建议。

(二) 研究难点

本书涉及公共政策学、民族学、社会学、管理学、教育学等学科理论，对政策的把握能力有限，在研究和写作上对政策的认识和理解有一定的难度，还不够透彻准确。另外，本书关于民族职业教育的政策文献资料比较分散，如何比较全面和系统地搜集相关资料以充实本研究，在民族职业教育发展方面提出有参考价值的建议，是本书需要突破的难点。

(三) 研究创新点

本书的创新点主要体现在两方面：第一，在研究视角上，我国民族职业教育政策研究具有职业教育和民族教育的双重属性，选择民族职业教育政策文本进行量化分析，验证教育政策工具配置的合理性，在组织与建构中存在过益、缺失与冲突问题，是从交叉视角突破单一政策文本研究界限的重要转变；第二，在研究方法上，以政策文本内容分析为主，将政策工具运用到我国民族职业教育政策上，构建符合民族职业教育政策的三维分析框架，系统地剖析民族职业教育政策的内容及存在的问题，提出优化和完善我国民族职业教育政策的建议。

第二章

我国民族职业教育政策的理论基础

公共政策分析的兴起，最早可以追溯到 20 世纪 60 年代。到了 20 世纪 70 年代，公共政策分析作为一种新职业出现在美国，逐步成为大学教育中的一个专业门类和政府部门中的专门职业，公共政策分析的重要地位逐渐得以彰显。政策分析是运用科学理论方法，去解决政策涉及国内、国际及国家安全等方面事物的选择和实施问题的过程①，具备对某一项政策、个案和对不同时间、空间的政策解释的功能优势②。在进行公共政策分析时，需注意三点：一是科学的理论方法；二是考虑发展变化的政策环境；三是在政策出台、执行、效果、意向等方面提供预见性和切实可行的政策建议。本书借助政策工具理论，尝试构建我国民族职业教育政策文本的分析框架，为我国民族职业教育政策研究提供新的视角。

一、教育政策工具的应用

政策工具作为公共政策分析的一种手段和模式，它先于公共政策制定出现。教育政策内容以身体、知、情、意、自制力五个维度为主，将各个阶段的教育内容和学习时限进行了严格划分，且对教育经费的来源和使用有了粗略规划。据此，我们可以发现，政策工具隐含在政策内容中，且以各种政策内容的分类作为施行教育的一种工具，培养社会所需的综合性人才。我国"政策工具"研究的兴起，是基于文本内容话语体系转变而出现的新事物，隐含在政策文本内容中。

---

① 陈庆云. 公共政策分析 [M]. 北京：中国经济出版社，1996：45.
② 胡宁生. 现代公共政策学 [M]. 北京：中央编译出版社，2007：274.

20 世纪 70 年代末至 80 年代初，西方的政策科学开始进入中国，"政府工具"一词逐渐演变为"政策工具"。社会科学领域引进政策工具源于查探线索，即以讨论个人或公共组织与社会进步之间的介质因素为主，针对"影响社会进步的方式和途径"提出大量的假设。政治、经济是促进社会发展的主要动力，政策工具逐渐被运用到社会科学中的经济学、政治学、法学等学科领域中。在经济学领域，将政策工具与财政建立联系，使之成为既定的经济利益、报酬、价格和社会福利政策的一种手段或工具，是经济学领域的集中体现。在法学领域，1911—1912 年，美国法学家罗斯科·庞德（Roscoe Pound）发表《社会学法学的范围和目的》的纲领性论文，首次阐述了法律作为"社会控制"工具论的观点，并在 1942 年出版的著作《通过法律的社会控制》中再次强调这一观点。在政治学领域，1953 年，达尔（Robert A. Dahl）和林德布洛姆（Charles E. Lindblom）在合著的《政治、经济和福利》中，较早阐述了政策工具的基本原理，即通过论述政治经济政策结构的变量因素，来划定适合用于分析连续性的变量、特定的问题或目标的政策工具，强调社会工具的发现、创新和变革是发挥公共政策效用的前提条件。① 此后，政策工具逐渐扎根于政治学研究领域，且呈现出两个不同的发展特点：一是侧重教育政策属性的一致性研究，即研究基础主要是建立在政治文化的变化及意识形态的转变关系上。二是注重挖掘政策文本的结构—功能属性，以政策工具为形成其优势的条件，挖掘其中存在的不足，提供改进的路线指导，为工具途径的产生和发展做出了贡献。②

20 世纪 80 年代以后，政策工具被广泛运用到各个学科，尤其是在政策科学和公共行政学领域中的论著不断涌现。其中，比较有代表性和影响力的著作是胡德（Christopher Hood）的《政府工具》，开篇讲述政府工具及政府作为工具的相关内容，为公共政策和政治实践提供了全新的视角和

---

① Robert A. Dahl, Charles E. Lindblom. Politics, economics, and welfare［M］. New York：Harper& Row Publishers，1953：6-8.
② 吴光芸. 公共政策学［M］. 天津：天津人民出版社，2015：72.

权威的分析。到了 20 世纪 90 年代，美国政治学家盖伊·彼得斯（B. Guy Peters）和弗兰斯·冯尼斯潘（Frans K. M. Van Nispen）合编的《公共政策工具：对公共管理工具的评价》是最有影响力的著作，该书的问世填补了公共政策领域的空白，对推进公共决策的科学化和民主化，具有现实的理论意义和实践意义。① 2015 年以后，德国、荷兰和美国等国家广泛关注政策工具理论，中国学者也积极将"政策工具"理念和分析范式运用到我国公共政策的相关研究领域。已然，政策工具成为公共政策分析的重要手段，为解决公共政策问题提供了理论工具和技术指导。

民族职业教育政策是教育政策和民族政策在我国公共政策的重要体现。我们从前文对教育政策工具领域研究文献的梳理发现，政策工具在民族教育政策、职业教育政策、教师教育政策、创新创业政策等方面的研究，比较注重"政策工具"的结构功能，我们通过政策工具解构相关教育政策文本内容，剖析政策文本的特征与问题，从而提出完善的方向。

二、教育政策工具的内涵与特征

（一）教育政策工具的内涵

"政策工具"与"统治工具""政策手段"关系密切，它是达成政策目标或政策结果的手段。作为政策工具的下位概念，教育政策工具尚未形成较为统一的定义，其内涵可与教育政策的概念结合起来理解。

《教育政策原理》曾指出："教育政策应当和少数确定的概念相适合，不该做矛盾趋势的暂时调和""民主政治国家的发达，如认为不是偶然发生，其基础细节在一些基本原则上，那么国家一定要有一种教育政策，以适合于这些原则"。② 由此可知，教育政策以国家意志作为保障，肩负着推动社会发展和国家进步的历史使命。因此，教育政策是一种对教育发展过程中滋生出的公共教育问题的解决方案，或者是一种历史产物和行动准

---

① 汝鹏，盖伊·彼得斯，弗兰斯·冯尼斯潘. 公共政策工具：对公共管理工具的评价 [J]. 公共管理评论，2007（1）：174-179.
② ［美］汉斯. 教育政策原理 [M]. 陈汝衡，译. 北京：商务印书馆，1934：4.

则，是响应时代发展的基本任务和方针的工作方向和举措。① 因此，教育政策工具的内涵，可从三方面进行理解。第一，明确政策工具在教育政策中的地位及作用。对教育政策而言，政策工具就像是加速其反应的催化剂，对教育政策目标实现与提高政策成效有一定的促进作用。只有将职业教育发展规律与教育政策制定结合，并选取匹配的政策工具，政策工具才能成为加快两者反应的催化剂。第二，厘清政策工具与政策本身的主客关系。权衡政策工具的功能时效性，明确它是实现政策目标的重要手段，而不是解决所有政策问题的唯一工具，因为工具的种类很多，政策问题涉及的范围也很广。对此，教育政策研究者要具备拓宽政策工具使用渠道的能力，突破其使用的限度。第三，政策工具服务对象的多元性。在教育政策制定的过程中，政府越来越注重多元主体的参与，这是教育政策改革与发展完善的趋势。

至此，教育政策工具是党和政府依据中国教育改革与发展的现实需要，制定教育发展的准则、规划，以及相应的法律法规，用动态的政策工具来引导、审视相对静态的教育政策的不足之处。反之亦然，政策工具对选择针对的政策问题做出相应的调整，两者形成一体，相辅相成，是目前对教育政策工具内涵的主要理解。

（二）教育政策工具的特征

在不同语境里，学者对政策工具的使用，却有着共同的理解，即达到一个具体政策目标可以利用不同的范围、手段或工具。② 政策工具开始凸显自身的工具理性和价值理性，为此，教育政策工具主要有四个特征。

一是学理性。政策实践是将政策内容实施的过程。政策研究者积极参与到政策工具的操作环境，与政策实践者保持密切联系，是深入政策研究的重要环节，也是参与式的政策体验过程。如在相关职业教育法律法规的制定、执行、评估、终结等过程中，除了政府人员外，也包括相关领域的

---

① 徐蕉艳，苏丹. 教育政策法规［M］. 北京：兵器工业出版社，2000：1.
② ［美］B. 盖伊·彼得斯，弗兰斯·K. M. 冯尼斯潘. 公共政策工具：对公共管理工具的评价［M］. 顾建光，译. 北京：中国人民大学出版社，2007：160.

专家、学者、企业等主体。这种学术与实践的密切结合，使得政策的预见性和可行性增强，各领域政策的问题减少，因此，也激发了政策研究的积极性，尤其是为研究者参与这一情景提供了一个深入体验的机会，进而在运用政策工具时更能体现教育政策学理性探索的实践作用。

二是服务性。政策工具又称为"政府工具"（tools of government），这一词尤为凸显政策制定者和执行者的权威。随着时代的发展，政府工具的主体趋于多元化，进而在名称上逐渐频繁使用"政策工具"，更能体现教育政策的多主体性。从形式上来讲，政策是内容，工具是手段；从制度层面来讲，政策是政府颁布具权威性和强制性的一项规章制度。两者结合为"政策工具"，它的产生，就具备了服务的功能，服务社会公共问题的解决，服务社会秩序的稳定，公民基本人权的保障，政治、经济的和谐发展离不开社会的稳定。① 为营造一个良好的公民生存环境和稳定的社会背景，政策工具的研究有其时代意义和必要性。

三是导向性。随着社会的发展，在出台的政策与时代的协同发展上时常伴随着新旧矛盾，也就大大增加了新政策与旧政策之间过渡的难度和复杂性。政府职能的转变和扩张，使得政府管理的主导权威凸显和管辖范围扩大，往往伴随着政策执行失真、失效、偏颇等弊端。因此，我们运用科学的实证分析对政策问题精准识别是研究的基础。政策工具作为政府施行政策的重要手段，调整或创新政策工具的运用方式，通过政策制定来为社会问题的解决提供方案。因此，规划好政策目标实现的路径，对提升政策工具在教育政策文本的效能研究，具有一定的导向意义。

四是时效性。长期以来，政策工具研究得到了政治和意识形态方面的支持。充分保障民众的权益、满足人民的需求、解决生存的基本问题是一项政策制定的前提，政策的出台和实施需要做预期的评估和效果分析。如果群众对出台的政策满意度不高，这说明政策出现了问题，就要求对政策失败进行更多的反思。荷兰的吉尔霍德（Geelhoed）就在一次会议中，提

---

① 俞可平. 论国家治理现代化［M］. 修订版. 北京：社会科学文献出版社，2014：31.

出导致政策失败的原因是对政策工具知识的缺乏和不足，且是重要的原因之一。[①] 这一针见血地指明了问题的关键，即政策工具的选择必须具备时效性，维持政策工具与政策问题的内在一致性，试图在实践中创新和完善现有的政策工具箱。

三、教育政策工具的类型与选择

（一）教育政策工具的类型

以教育政策工具内涵为分析的起点，是选取契合民族职业教育政策工具类型的必要条件。学者们从不同的角度对教育政策工具进行分类，并在分类的基础上进一步探讨教育政策工具。根据政策工具研究的发展历程，政策工具分类具有广延性、灵活性和多样性的特点，契合政策研究的领域，合乎科学研究的规范，是目前选取政策工具作为政策研究的参考依据。本书通过归纳已有的政策工具分类研究，主要有 16 种分类情况（见表 2-1）。

表 2-1 政策工具分类情况一览表

序号	研究者	分类标准	核心要素	评价
1	基尔申 （E. S. Kirschen, 1964）	贯彻经济政策的手段为要素	经济政策工具	提出 64 种实施经济政策的手段，但并未加以系统化的分类，也没有对这些工具的起源与影响加以讨论

---

① 吴光芸. 公共政策学 [M]. 天津：天津人民出版社，2015：73.

序号	研究者	分类标准	核心要素	评价
2	彼得斯（Peters，2007）、德伦（Deolen，1989）	以拓扑学分类	旧：法律工具、经济工具、交流工具 新：管制性工具、财政激励性工具、信息转移工具	分类标准虽然直观，但过于粗糙
3	莱斯特·萨拉蒙（Lester Salamon，1981）	在规制性工具和非规制性工具的基础上增加支出手段和非支出手段	财政支出	简单明了，但模糊
4	奥黑尔（M. O Hare，1989）	政策行动的类型与货币化程度	直接（间接）的货币政策；直接（间接）的非货币政策	标准具有较强分析价值，但区分比较模糊
5	布鲁斯·德林和理查德·菲德（G. BruceDoen and Richard Phidd，1992）	以政策性工具的强制性程度	从自律到全民所有，即自律是强制性程度最低的政策，全民所有是强制性程度最高的政策	标准具有较强分析价值，但分析比较模糊

序号	研究者	分类标准	核心要素	评价
6	库什曼（Cushman, 1941）、洛伊（Lowi, 1972）、达尔和林德布罗姆（Dahl and Lindblom, 1953）	倾向于将这些工具归入一个宽泛的分类框架中，涉及政府规则与不涉及政府规则	政府规制或干预行为	分类比较倾向于对复杂的政策手段进行笼统划分，规制的标准有时难以界定，区分模糊
7	罗斯韦尔（Roy Rothwell）和泽格维尔德（Walter Zegveld, 1981）	按照政策产生影响的着力面不同	供给型、需求型政策工具，环境型政策工具	影响力较大
8	麦克唐纳和艾莫尔（L. M. McDonell and R. F. Elmore, 1987）	按政策工具目标进行划分	命令、劝诫、提高能力、制度变迁	不同核心要素之间存在重叠
9	施耐德和英格拉姆（A. Schneider and H. Ingram, 1990）	类似按最终目的	权威工具、激励工具、能力建设工具、符号和规劝、学习	不同核心要素之间存在重叠

序号	研究者	分类标准	核心要素	评价
10	克里斯托弗·胡德（Christopher Hood，1986）	动员的资源和要素	四种广泛的"政府资源"，即信息、权威、财力和可利用的正式组织来处理公共问题	实际的管理资源可能超过所列举的四种
11	林德尔和彼得斯（Lynadll F Urwick and B·Guy Peters，1992）	按照政策工具的多元性	命令条款、财政补助、管制规定、征税、劝诫、权威、契约	不同的核心要素存在重叠
12	迈克尔·豪利特和M.拉米什（M. Howett and M. Ramesh，1995）；《公共政策研究》	依据政策工具的强制性	自愿性工具（非强制性工具）、强制性工具和混合性工具	分类框架更具解释力，更合理，目前比较常用政策工具广义分法
13	欧文·E. 休斯（2001）；《公共管理导论》	按照政府的经济干预程度	供应、补贴、生产、管制	这种主要从经济角度入手，不同的核心要素存在重叠

序号	研究者	分类标准	核心要素	评价
14	萨瓦斯（Savas，2002）；《民营化与公私部门的伙伴关系》	按照政府的具体措施手段	政府服务、政府间协议、契约、特许经营、补助、凭单制、市场、自我服务、用户付费、志愿服务等	分类较多，但是界定不清晰，比较模糊
15	张成福、党秀云（2006）；《公共管理学概论》	按政府介入的程度对政策工具进行分类	政府部门直接提供财货与服务、政府部门委托其他部门提供、签约外包、补助或补贴、抵用券、经营特许权、政府贩售特定服务、自我协助、志愿服务、市场运作	不同的核心要素存在重叠，存在模糊现象
16	吴光芸（2015）；《公共政策学》	按照政府利用市场资源的手段	市场化工具、工商管理技术和社会手段	比较适用分析经济政策

注：表格的内容是经各类公共政策书籍整理而得。

我们可以发现，已有的政策工具分类总体呈现四种分类方式：

一是早期的分类倾向于列举政策类型或按照学科领域分类。如基尔申虽然把政策工具详细地列举为 64 种经济手段，但缺乏分析比较的理论价值；再如彼得斯等人将政策工具划分为法律工具、经济学工具和交流工具。我们直观上似乎可以看出法律工具和经济学工具之间的差别，但随着经济学工具范围不断扩大，许多经济法律所涉及的价格规制优势和经济性工具难以区分，尤其是在学科交叉不断发展中，新学科法经济学需明晰政策工具的划分界限研究。

二是根据政策决策目的对工具进行分类。比较典型的应该是麦克唐纳和艾莫尔、施耐德和英格拉姆的政策工具分类方法，这种政策工具的分类虽然看似比较具体，但仍然在政策工具的使用范围界定上存在局限，甚至存在重叠的现象。如一些政策工具具有激励目的，但也会起到学习或提高能力的作用。因此，这一问题也是本研究在选取合适的政策工具时需要清楚划分界限的研究。

三是按照政策工具需要动员的要素资源类型进行分类。如克里斯托弗·胡德，这样的分类不仅具有一定的系统性，而且还具有较高的分析价值。政策工具作为政策分析的一种手段，这种分类标准能轻松通过教育政策的制定，促进教育政策资源的合理配置，但是难以对政策的执行过程和评价标准进行深入分析。

四是按照政策工具的属性进行分类。这种分类方式既可以是描述性的，也可以是分析性的。其优点是容易操作，而且不会形成过多的信息重叠问题，缺陷则在于该分类只能提供描述性信息，却难以进行深入的理论分析。但也有一些分类是对政策工具的内在属性特征进行分析性描述的，如布鲁斯·德林和理查德·菲德、迈克尔·豪利特和 M. 拉米什等对政策工具的分类①。

在类型多样的政策工具分布的情况下，政策工具类型划分的评价标准的选择需要考虑三个因素：一是对现实工具对象是否容易区别和界定、是否具体和可描述；二是工具类型之间是否存在重叠；三是是否基于有价值的理论基础②。我们根据上述分类经验的讨论和总结，表明无论哪一种分类标准都有优缺点。相对而言，对政策工具的属性进行划分是富有启发性

---

① 赵德余. 公共政策共同体、工具与过程 [M]. 上海：上海人民出版社，2011：74-77.
② 赵德余. 公共政策共同体、工具与过程 [M]. 上海：上海人民出版社，2011：74.

的，按照强制性程度对政策工具进行分类是值得深入探讨的。如果能将不同的分类标准结合起来考察政策工具的类型，则会获得更深刻的见解。结合民族职业教育政策的特点，本书尝试结合多种分类标准，综合运用各学者提出的政策工具分类法，进一步对民族职业教育政策进行综合性分析和考察。

（二）教育政策工具选择走向

通过对政策工具在教育政策应用研究分析的基础上，结合表2-1政策工具的分类情况，得知中国学者在教育政策研究中，主要倾向于选择英格拉姆和施耐德、麦克唐纳和艾莫尔、豪利特和M.拉米什提出的政策工具分类模型[1]。这说明其提出的政策工具分类，能较好地运用到我国教育政策的分析中，但在"公共治理"范式下，具体的政策工具选择已经不是简单的"目的—工具"的技术性选择，还要综合考虑社会环境、地方惯例、决策者的价值观以及目标群体等多重因素，做到灵活运用多元化工具，以提高其治理效能。[2]

从目前的研究来看，各学者对教育政策工具类型的选择仍处于探索阶段，如胡德提出的四项原则；彼得斯根据影响政策工具选择的因素，提出"5 I"框架；萨拉蒙提出政府选择政策工具的各关键维度；施耐德和英格拉姆着重强调政策环境；豪利特和M.拉米什提出国家能力和政策子系统两个因素。国内学者则围绕政策问题的本质和环境系统为变量进行探讨。这些探索并未明确提出能够对我国教育政策进行全面分析的政策工具类型。对此，在政策工具分类多样化的基础上，我们必须注意三点：一是要了解各政策工具的背景，如从表2-1中可以发现，新政策工具的分类是基于学者对某个领域的实证研究或调查，依据存在的问题和改革的意向，提出适合政策发展的政策工具；二是在政策工具分类之后，需要对政策工具

---

① 车峰，孙萍. 改革开放以来我国职业教育发展的政策工具 [J]. 现代教育管理，2016（3）：65.

② 刘超洋. 政策工具视角下京津冀职业教育协同发展政策分析 [J]. 教育与经济，2019（4）：31-36.

的使用范围、情境、意义、功能等进行区分，以便制定一个清晰的标准，对选取的政策工具进行区别和排他，减少研究中存在的灰色地带和降低量化的偏差；三是避免政策工具的选择和使用形成路径依赖。政策工具的使用和选择应是动态调整的，并非一定要制定新的教育政策，可以赋予政策灵活性，这有助于调整政策工具的功能导向以及变革对工具的观念，进而提出创新性的政策设计建议。

因此，从学者的研究经验以及结合政策工具的选择注意事项来看，若要保证政策工具在民族职业教育政策分析中的针对性和深入度，教育政策工具选择应遵循五个原则。一是权威性。选取的政策工具内容能体现政策本身具有的强制性和发展性，要有代表性。二是倾斜性。能对政策内容的倾斜性进行全面描述，包括补偿、招生倾斜、降分录取和资助政策的配套实行等方面的内容。三是特色性。政策工具不仅要在挖掘、保护和传承民族文化的工作中发挥重要效用，而且要凸显政策特色建设的指向性。四是开发性。既要为民族地区的职业教育发展提供政策优惠、技术指导或物质上的支持，又要引导和鼓励贫困群体提高自力更生的能力和自我学习的能力。五是多元性。政策工具能在促进职业教育管理向职业教育治理转变上发挥优势，有利于形成多元主体合作办学的格局。

四、教育政策工具的优势与不足

（一）教育政策工具的优势

教育政策工具类型的多样性决定了教育政策分析的多维性。民族职业教育政策文本中的内容是复杂多样的，如何运用教育政策工具这一"磁铁"将零散、不成体系的多份政策中的"导体"，即对民族职业教育的内容进行抽离，并统计到相应的分析领域的过程，是发挥教育政策工具优势的重要表征。同时，如何去定义各个内容的主题，是民族职业教育政策研究合乎科学规范的基点。总之，借助教育政策工具的视角来剖析我国民族职业教育政策，其优势主要体现在三方面。

第一，拓宽政策的研究视角。本书从单纯研究政策工具的性质、分类、用途发展，来探讨政策工具选择在政策环境和政策执行过程中的调整取向，再过渡到政策文本的设计层面，是政策工具在政策研究视角范围进一步扩充的集中体现。这也就要求政策工具的创新应充分考虑政策资源、政策问题、政策目标以及政策环境（包括经济、政治、文化和社会环境）和政策工具特质等因素。① 这与民族职业教育政策内容复杂性的特征形成互助机制。

第二，赋予政策制定的预见性。通过相应政策内容与教育政策工具一一对应的形式，能从文本量化的过程中，掌握教育政策的整体设计思路，窥探政策制定主体的意图以及对未来规划的隐性说明。在此基础上，本书对当前民族职业教育的发展与下一步的规划能有一个较为准确的参考，政策的设计更为贴切时代的变迁与现实状况。依据政策环境变化来调整政策工具的选择，对把握政策工具选择走向、指导政策执行和政策文本的分析有着重要的意义。

第三，规范教育政策的分析范式。教育政策属于公共政策的重要组成部分，公共政策分析对政策实施指导的重要作用不言而喻。基于政策工具理论的视角分析政策文本，可以说是一个从政策文本内容、过程、成效等方面进行合理化分析的过程，在丰富教育政策研究上，进一步规范了教育政策的分析范式，使得民族职业教育政策文本的解构和分析更为规范。

（二）教育政策工具的不足

凡事具有两面性，与教育政策工具优势相对立的即为不足。政策工具分类的多样化，表面上拓宽了对政策工具选择的范围，实际上却加大了对教育政策工具的选择难度和自由度。由于政策工具在教育政策分析中适用性研究的模糊，引用的政策工具不能说是最贴切的，只能说是合适的。从研究的视角而言，教育政策工具的不足主要体现在两方面。

第一，教育政策工具选择的无限性。在众多的教育政策工具中，选取适用于民族职业教育政策的工具有一定困难。因为不同的教育政策，所要

---

① 朱春奎. 政策网络与政策工具：理论基础与中国实践 [M]. 上海：复旦大学出版社，2011：136-137.

实现的政策目标不同。然而，选取哪种政策工具，从而更好地分析相应的民族职业教育政策的实然目标，引出应然的政策规划，是在选取教育政策工具时应该考虑的问题。正是因为教育政策工具选择的无限性，导致教育政策分析的有限性，即不管分析哪种教育政策文本，都不宜选择过多的政策工具。

第二，教育政策工具使用范围的不确定性。根据目前的研究，很多学者虽然提出了政策工具的分类，但是对各政策工具的使用范围和功能并未做规定。如在政策工具引入教育政策分析综述中，可以发现很多学者缺乏对政策工具使用范围的合理性验证。因此，利用政策工具的视角分析教育政策，容易陷入"云里雾里"的状态，忽视政策工具本身的工具理性和价值理性，甚至各政策工具之间出现"不分彼此"的现象，即存在不确定性。

第三章

我国民族职业教育政策的演进逻辑

随着国家和民族地区经济社会的发展，我国民族职业教育政策不断地完善。在改革开放以来的 40 多年历程中，我国民族职业教育政策出现重要的历史事件和关键节点，对政策变迁发挥了重要的推动作用。作为新制度主义的重要流派之一，历史制度主义重点关注中观层面的制度，在中层理论上开辟了重要的理论场所。① 历史制度主义强调影响制度的结构要素，且影响民族职业教育政策发展的因变量，主要包括社会经济发展、政治体制、文化意识、观念意识等，以及对政治结果产生影响的各政治变量的结构关系或排列方式。将历史制度主义理论运用到我国民族职业教育政策的制度分析中，有助于较好地呈现其政策变迁的历史图景，进而分析其变迁的动因以及路径依赖，从而为后续我国民族职业教育政策的完善，提供相应的参考。

一、民族职业教育政策变迁的基本历程

改革开放以来，我国民族职业教育体制机制不断完善，这深刻影响着民族职业教育决策者、执行者和研究者的价值取向和教育立场。为了更好地理解和把握我国民族职业教育政策的演变逻辑，根据政策出台的先后时间和阶段性特征，本书大致可把改革开放以来我国民族职业教育政策的演进历程划分为形成期（1978—1998）、发展期（1999—2010）、成熟期（2011 年至今）三大阶段。

---

① 何俊志，任俊峰，朱德米. 新制度主义政治学译文精选 ［M］. 天津：天津人民出版社，2007：172.

（一）民族职业教育政策的形成期（1978—1998）

新中国成立初期，在进行社会主义改造以及恢复国民经济建设的过程中，党和政府开始重视中等职业技术教育的发展。1949 年 12 月，第一次全国教育工作会议提出，"为了培养大批中级建设干部，中等学校在今后若干年内应该着重地向中等技术学校发展"①。1952 年 3 月，政务院发出《关于整顿和发展中等技术教育的指示》，要求各级各类中等技术学校实行专业化与单一化，正规的、速成的、业余的各种技术学校或训练班适当配合发展，并在这一时期确定了模仿苏联模式的职业教育发展思路。到了1965 年，农业中学及其他职业中学共有 61626 所，在校生达到 1400 万人。②"文革"期间，我国职业教育遭受破坏，几乎陷入瘫痪状态。十一届三中全会后，这种状态才发生根本性扭转。1992 年 4 月，国家教委颁布《关于加强少数民族与民族地区职业技术教育工作的意见》，这是改革开放以来我国第一个专门发展少数民族和民族地区职业教育的指导性文件。这一阶段，我国民族职业教育政策致力于中等职业教育结构的改革发展和民族职业教育扶贫的启动。

1. 中等职业教育结构的改革发展

改革开放初期，为满足国民经济发展对技术技能人才的需求，我国尽快恢复中等专业学校、技工学校、农业中学和职业学校的运行，改变中等教育结构单一化的状况。1978 年 4 月，邓小平在全国教育工作会议上，提出了改革中等教育结构的要求，扩大农业中学、中等专业学校、技工学校的比例。③ 1980 年 10 月，国务院批转教育部、国家劳动总局的《关于中等教育结构改革的报告》，要求实行普通教育与职业、技术教育并举的政策，适应社会主义现代化建设的需要。1983 年 5 月，教育部等四部委的《关于改革城市中等教育结构、发展职业技术教育的意见》强调，改革中等教育

---

① 郭静. 中等职业教育的发展走向：基于新中国成立以来中等职业教育发展轨迹的归因分析 [J]. 中国职业技术教育，2016（34）：136.

② 王昆欣. 中国百年职业教育发展回眸 [J]. 教育与职业，2004（29）：69.

③ 邓小平. 邓小平文选（1975—1982 年）[M]. 北京：人民出版社，1983：105.

结构、发展职业技术教育既是刻不容缓的任务，又是长期的历史任务，是我国实现"四化"奋斗目标的智力开发的重大措施。1985 年 5 月，《中共中央关于教育体制改革的决定》指出，要调整中等教育结构，实行中学的分流、升学、短期培训，要求"现有中等专业学校和技工学校扩大招生，并将一批普通高中改为职业中学，或增设职业班"①，力争用 5 年左右的时间，使大多数地区的中等教育结构趋于合理，即普职大体相当。这一时期，我国相继发布《关于加强民族教育工作的意见》（1980）、《中华人民共和国民族区域自治法》（1984）、《关于教育体制改革的决定》（1985）、《普通中等专业学校招生暂行规定》（1988）、《关于颁发〈技工学校招生规定〉的通知》（1990）等，对职业教育的发展提出了相关要求，如使青少年在中学阶段分流、有计划地把普通高中改为职业高中等，这对扭转民族地区包括中等职业教育在内的中等教育发展失衡的局面起到了重要作用。

1990 年年底，各类职业学校已发展到 1.6 万多所，在校生超过 600 万人，同时全国建有就业训练中心 2100 余所，每年培训接待人员 90 多万人；高中阶段各类职业技术学校和普通高中的招生数之比已接近 1∶1，中等教育结构单一的状况有了较大改变。少数民族中等技术学校、职业中学的数量和在校生的数量，从 1980 年的分别占全国中等职业学校总数和在校生总数的 5.2% 和 3.2%，增至 1990 年的 7.3% 和 5.1%，比重分别增加了 2.1% 和 1.9%。② 在民族自治地区，普通中等专业学校数量和在校生人数，分别由 1979 年的 545 所和 7.5 万人增加到 1990 年的 648 所和 25.25 万人，普通中等专业学校的数量增加了 103 所，在校生人数增加了 17.75 万人。③

1992 年 10 月，国家教委、国家民委在《关于加强民族教育工作若干问题的意见》中强调，要积极发展多层次、多种形式的职业技术教育和成

---

① 金东海. 少数民族教育政策研究［M］. 兰州：甘肃教育出版社，2002：82.

② 国家民族事务委员会经济司，国家统计局国民经济综合统计司. 中国民族统计年鉴（1996）［M］. 北京：民族出版社，1996：357.

③ 国家民族事务委员会经济司，国家统计局国民经济综合统计司. 中国民族统计年鉴（1996）［M］. 北京：民族出版社，1996：339-341.

人教育，尤其是在少数民族较多的县（旗），要集中力量办好一所起骨干示范作用的中等职业技术学校，人口稀散的地方，可办在地区（州、盟）所在地；同时，要重视举办比较切合民族地区经济发展水平的初级职业技术教育；少数民族人口较多的乡（镇），要办好农（牧）民文化技术学校，积极开展短期实用技术培训。这个文件成为指导我国民族职业教育工作、促进民族职业教育向规范化方向发展的重要文件，做到从实际出发发展民族职业教育，做到了充分考虑民族特点和地区特点。

2. 民族职业教育扶贫的启动

本书需要指出的是，我国民族地区的职业教育承载着一项重要的政治任务和社会功能，即服务于民族地区小康社会的建设。随着相关政策陆续出台，我国民族地区单一的教育结构也开始转变，中等职业教育事业不断向前发展，也间接推动了民族地区职业教育的扶贫进程，且为后期的民族职业教育扶贫体系的构建奠定了基础。这一时期，我国民族职业教育参与"扶贫"的行动，主要体现在三方面。

一是注重培养初中级层次结构的技术技能实用人才。在改革中等职业教育结构的进程中，已明确了这一培养目标，如《关于九省区教育体制改革进展情况的通报》指出，在边远山区以短期职业技术培训为主，以主要劳动力为培训对象，开展各种实用性技术培训，为民族地区职业教育的发展提供指导。1992年10月，国家教委在《关于对全国143个少数民族贫困县实施教育扶贫的意见》中，明确强调招收少数民族贫困县学生，以着重培养初、中级的定向技术骨干和部分急需人才作为民族地区教育扶贫的主要任务；同月，国家教委民族地区教育司的《全国民族教育发展与改革指导纲要（试行）》进一步要求，根据民族生产生活实际需要与传统技艺资源优势，培养多类型、多层次的初中级实用技术定向人才。1998年2月，国家教委在《关于加快中西部地区职业教育改革与发展的意见》中，从职业教育层次结构需求角度，重申技术技能人才的培养定位，要通过以多种形式培养初中级技术技能人才为重点。这些涉及民族地区职业教育扶贫的政策文本，不仅指明了我国民族职业教育肩负的使命，而且回答了民族职业教育应该"如何培养人？培养什么样的人？"的基本问题。

二是突出振兴农业产业的农业技术与科技。当时的职业院校根据民族地区的经济社会和教育发展水平，在专业设置上有所侧重和倾向，旨在使民族地区的学生掌握一门实用的技术技能，服务于推动民族地区产业发展。我们通常认为的政策倾斜主要是在考试录取、培训与就业方面，对边疆、少数民族聚居地区的少数民族考生给予一定倾斜。除了具体的政策倾斜之外，国家出台相关的民族职业教育政策来给予支持，在一定程度上也是对民族地区的政策倾斜。1984年9月，中共中央、国务院在《关于帮助贫困地区尽快改变面貌的通知》中要求，重视包括民族地区在内的贫困地区的教育和智力投资，重点发展农业职业教育，加速培养适应山区开发的各种人才。1987年10月，国务院在《关于加强贫困地区经济开发工作的通知》中，明确指出要通过发展农业职业教育来增加贫困地区的智力投资，将返乡青年作为农村职业技术教育和成人教育发展平台的推动者和引领者，将培训农民掌握专业技术落到实处，加速适应山区开发的人才需求。1991年10月，国务院发布《关于大力发展职业技术教育的决定》，明确提出，"要重视并积极帮助老、少、边、山、穷地区发展职业技术教育"。1992年4月，国家教委发布《关于加强少数民族与民族地区职业技术教育工作的意见》，这成为民族地区职业教育发展的专门性政策，强调发展民族地区职业教育的目的是"为加快少数民族与民族地区的经济开发"，明确提出培养素质较高的新型农（牧）民的目标，在办学方向、办学方式、管理办法、师资培训等方面做了相应的规定。在科教兴农方面，1992年10月，《关于对全国143个少数民族贫困县实施教育扶贫的意见》进一步要求实施燎原计划，通过统筹普通教育、职业教育与成人教育的发展，采取"三教统筹""农科教统筹结合"等措施，促进农业、科技与教育的结合，落实科教兴农的方针。我国民族职业教育在坚守扶农业产业技术之贫的同时，其侧重点也随着国家扶贫战略的实施进行相应的调整。如《关于加强贫困地区经济开发工作的通知》（1987）中要求每个贫困户有一个劳动力掌握一到两门实用技术，到《国家八七扶贫攻坚计划（1994—2000 年）》（1994）强调要使大多数青壮年劳动力掌握一到两门实用技术。

三是彰显职业教育解决民族地区人才匮乏的优势。1984 年 5 月，《中华人民共和国民族区域自治法》对民族地区各级各类学校的办学形式、学制、招生、录取等进行说明。1992 年 10 月，国家教委、国家民委在《关于加强民族教育工作若干问题的意见》中，对设置民族自治地区的大专和中专院校有相关规定，提出根据少数民族的人口密集度，可分区建立适应区域经济发展水平的初级职业技术教育学校或短期实用技术培训班。同时，《全国民族教育发展与改革指导纲要（试行）》（1992）进一步提出，要加强普通中小学或小学高年级里的劳动课和劳动技术课等职业技术教育要素，促进大多数民族区域经济发展水平的学文化和学技术的早期结合。1992 年 11 月，国家教委在《关于加强民族散杂居地区少数民族教育工作的意见》中，提出可通过设置职业学校的附属民族职业培训班，实施形式灵活多样、学制可长可短的技术培训。《关于加快中西部地区职业教育改革与发展的意见》（1998）也明确了职前和职后的各种职业培训。根据民族地区经济社会发展的需求，结合职业教育培养技术技能人才的优势，来拓宽民族地区人才的供给渠道，为民族地区的脱贫致富打下了重要基础。

3. 民族职业教育政策体系的形成

随着我国职业教育在宪法、民族区域自治法、教育法等法律中地位得以确认，其作用日益受到国家的重视，民族职业教育政策文本历经恢复发展阶段后，不断得以调整和完善，逐渐向专门化、体系化的方向发展。如《国务院关于大力发展职业技术教育的决定》（1991）、《中国教育改革和发展纲要》（1993）等强调职业教育的社会地位，指出它是工业现代化和生产社会化的重要支柱。值得注意的是，在《关于对全国 143 个少数民族贫困县实施教育扶贫的意见》（1992）中，通过招收少数民族学生，把少数民族贫困县的初、中级技术型人才培养作为民族地区教育扶贫的主要任务。随后，国家教委颁布《关于加强少数民族与民族地区职业技术教育工作的意见》，这是改革开放以来国家颁布的第一个专门发展少数民族和民族地区职业教育的指导性文件①，与同年颁布的《关于对全国 143 个少数民族贫困县实施教育扶贫的意见》《关于加强民族教育工作若干问题的意见》《全国民族教育发展与改革指导纲要（试行）》《关于加强民族散杂居地区少数民族教育工作的意见》等政策文本共同构成民族职业教育政策体系。

这一时期，我国民族职业教育政策根据民族地区经济社会发展的需要，从办学形式、办学层次和规模、师资培训或培养、经费投入等方面做出了相应的制度安排。其主要特点：一是着重改革中等教育的结构，即1980 年颁布的《关于中等职业教育改革的报告》是改革开放以来最重要的一次体制改革，既解决了"文革"导致中等职业教育基础薄弱的问题，又从根本上进行中等职业教育结构改革的探索。二是逐渐将少数民族文化融入职业教育办学中，开始注重民族文化的传承和发展。历史制度主义认为，制度不是产生政治结果的唯一因素，这一阶段的文化意识、观念意识等政治变量构成了民族职业教育政策变迁制度变量的结构因素。三是立足民族地区实际，加快改革，以便更好地适应转型期对高层次人才的需求，如开设以民族传统技艺为主，多层次、多形式的职业教育培训机构或职业教育培训班。四是国家在政策上的大力支持和倾斜使民族职业教育呈现规模化发展态势，即在教育经费和师资培训方面，大幅度地向民族地区倾斜，实施民族地区职业教育的对口支援计划，逐步提升职业教育的层次结构和发展模式。五是职业教育法的颁布指引着民族地区职业教育步入依法治教的阶段，初步形成民族职业教育与其他教育相互沟通、协调发展的格局。②

这个时期，虽然高考制度恢复发展，但招生录取人数保持较低水平。

---

① 汤婷婷，谢德新. 改革开放 40 年我国职业教育扶贫政策的回顾与前瞻 [J]. 中国职业技术教育，2018（33）：25-31.

② 谢德新，邱佳. 回顾与研判：我国民族职业教育政策的变迁逻辑与趋势展望 [J]. 中国职业技术教育，2019（16）：49-55.

随着经济复苏和社会发展，职业技术人才的短板逐渐显现①，发展民族职业教育已经成为一项紧迫的工作。我国民族职业教育在摸索中发展，民族职业教育政策体系逐步形成。

（二）民族职业教育政策的发展期（1999—2010）

21世纪初期，我国民族职业教育为民族地区经济社会的发展注入了重要的活力。它在教育扶贫中的作用和优势逐渐受到重视，是改善社会民生、改变贫困面貌、提高贫困人口生存生活能力的重要工具，成为民族地区扶贫脱贫致富，全面建设小康社会的重要方法和途径。这一阶段，我国民族职业教育政策处于注重职业教育层次的提升、特色发展和民族职业教育扶贫规模化的发展中。

1. 民族职业教育层次的提升

21世纪初，党和国家做出"西部大开发"的战略决策部署。在西部大开发过程中，党和国家对民族教育的关注上升到前所未有的高度，也对民族职业教育培养人才的数量和质量提出了更高的要求。为适应地方经济对应用型人才的迫切需求，缓解经济快速发展与人才紧缺的矛盾，由地方举办的新型高等学校，即专科层次、三年学制的职业大学应运而生。②

1999年1月，教育部、国家计委在《试行按新的管理模式和运行机制举办高等职业技术教育的实施意见》中，根据"两基"普及情况、高校办学条件、普通高中升学压力和就业状况等方面进行综合考虑，宁夏、广西、新疆、西藏、内蒙古、贵州、云南和青海未列入试办高等职业教育的范围，还没开始高等职业教育的建设。2000年7月，国家民委、教育部在《关于加快少数民族和民族地区职业教育改革和发展的意见》中，提出要"充分认识职业教育在民族地区经济社会发展中的战略地位和作用"，以及"始终坚持为少数民族和民族地区服务"的重要思想，民族职业教育的发

---

① 李祥，刘莉. 民族地区职业教育政策四十年：历程回顾与趋势展望 [J]. 终身教育研究，2018（3）：11-16.

② 姜大源. 论中国高等职业教育对世界教育的独特贡献 [J]. 中国职业技术教育，2015（36）：10-18.

展要与民族区域的特点相结合，注重中等职业教育发展的同时，适当发展高等职业教育，进一步提高劳动者素质。这一时期，我国民族地区的职业教育层次开始提升，即由以中等职业教育为主，到兼顾中、高职共同发展的转变。① 2001 年 9 月，《关于西部大开发若干政策措施的实施意见》要求，通过多种方式大力支持西部发展各具特色的职业教育，支持西部地区办好一批示范性高等职业学校。2002 年 8 月，国务院《关于大力推进职业教育改革与发展的决定》要求，采取切实措施，加快农村和西部地区职业教育发展，职业教育要更好地服务于农村、西部地区和民族地区，促进当地经济社会和文化的发展。这一时期，民族地区职业教育相关政策广泛涉及办学方式、师资建设、经费保障、学生就业、质量提升、课程开发等方面，民族地区职业教育政策体系基本形成。2002 年 7 月，国务院发布《关于深化改革加快发展民族教育的决定》，要求"西部职业教育开发工程""高等职业技术教育工程"等要向少数民族地区和西部地区倾斜，进一步加大对民族职业教育的扶持力度，加强民族职业教育基地建设，深化民族职业教育教学改革，提高技术技能人才培养质量，这为我国民族职业教育的发展提供了重要的政策保障。

2. 民族职业教育特色的发展

2005 年 5 月，教育部贯彻落实《关于进一步加强民族工作加快少数民族和民族地区经济社会发展的决定》，强调要支持民族地区高等职业教育的发展，要求在实训基地建设、专业设置等方面彰显民族区域特色。2006 年后与民族地区职业教育发展相关的教育政策更加凸显民族特色和地方特色，注重民族职业教育特色的发展。2009 年 4 月，国务院在《关于职业教育改革与发展情况的报告》中，强调要"加大对少数民族地区、边远山区和人口稀少农村地区职业教育的支持力度"。2010 年 7 月，党中央、国务院颁布《国家中长期教育改革和发展规划纲要（2010—2020 年）》，强调民族教育对加快民族地区经济社会发展的重要意义，提出要重视和支持民

---

① 管德明，赵峰. 关于完善高等职业教育层次结构的思考 [J]. 江苏高教，2001 (4)：83-85.

族教育事业，进一步办好民族地区职业院校，稳固技能人才的输出，特别提出要逐步实行中等职业教育免费和学生生活补助制度，整合现有培训项目，健全县域职业教育培训网络，推进农村实用人才带头人素质提升计划和新农村实用人才培训工程，重点实施现代农业人才支撑计划。同年11月，教育部在《中等职业教育改革创新行动计划（2010—2012）》中强调，扶持、改革发展一批具有民族特色的中等职业学校。这些政策对我国民族职业教育的发展具有指导性意义，我国民族职业教育进入全面化发展阶段。通过这些政策的实施，截至2010年，我国少数民族中职学校在校生人数121.15万人，是2000年23.88万人的5倍多，占全国职业学校学生总人数的比例由4.75%上升至6.66%。① 这一时期，民族地区职业教育政策还重点关注工学结合、校企合作与顶岗实习的人才培养模式，并将民族文化与民族技艺传承创新纳入职业教育政策中，民族特色职业学校建设成为民族地区职业教育发展的重点内容。

3. 民族职业教育扶贫规模化的发展

2000年年底，全国农村贫困人口的温饱问题已经基本解决。2001年6月，国务院颁布《中国农村扶贫开发纲要（2001—2010年）》，加快推进我国贫困地区脱贫致富的进程，把扶贫开发事业推向新的阶段。与此同时，2000年7月国家民委、教育部的《关于大力发展少数民族和民族地区职业教育的意见》，2002年7月国务院的《关于深化改革加快发展民族教育的决定》，2003年11月教育部、财政部、劳动保障部的《关于开展东部对西部、城市对农村中等职业学校联合招生合作办学工作的意见》等多项涉及民族地区、西部地区、农村地区的职业教育扶贫政策相继出台。这一时期，我国民族职业教育政策发展中的扶贫领域逐步从起步进入规模化，具体内容主要有三方面：

一是加大经济投入，实现人才培养的层次由初中级向更高层次人才过渡。顺应民族职业教育层次提升的需求，2005年10月，教育部关于贯彻

---

① 王丽丹. 试论我国少数民族职业教育发展的现状及对策 [J]. 中国成人教育，2013（10）：64-66.

落实《〈中共中央国务院关于进一步加强民族工作加快少数民族和民族地区经济社会发展的决定〉做好民族教育工作的通知》要求，大力推进民族地区职业教育的改革与发展，既要大力推进中等职业教育管理体制的改革，也要支持民族地区高等职业教育的发展，提高少数民族贫困学生接受职业教育层次与增加类型的多样性，适应新时期地区经济社会发展的人才需求。2010年11月，教育部的《中等职业教育改革创新行动计划（2010—2012年）》强调，整体规划要重点支持主要招收农村学生的职业学校，推动农村劳动力转移与农村实用技术培训，重点支持开展东部对西部、城市对农村对口支援、联合招生的职业院校，通过加大扶持、多方投入、合作办学、对口支援等多种方式建成国家优质院校，提高贫困地区中等职业教育人才培养质量。

二是提升培训层次，实现劳动力转移与当下产业的需求相匹配。农业作为国民经济社会发展的基础核心产业，也是广大农民谋生的重要产业。《中国农村扶贫开发纲要（2001—2010年）》（2001）强调坚持农科教结合，通过建立针对性的各种不同的职业技术学校和短期培训班，提高农民掌握先进实用技术的能力。教育部关于贯彻落实《〈中共中央国务院关于进一步加强民族工作加快少数民族和民族地区经济社会发展的决定〉做好民族教育工作的通知》强调，民族地区职业教育的改革与发展要承担起建设社会主义新农村和转移培训农村劳动力的两大使命，使得贫困家庭的学生接受多类职业教育，实行多渠道脱贫致富。2005年10月，国务院在《关于大力发展职业教育的决定》中，明确要求职业教育要为农村劳动力转移服务，通过实施国家农村劳动力转移培训专项工程，有针对性地提高进城农民工的职业技能，合理有序地促进农村劳动力转移，协助其在城镇等发达地区稳定就业。

三是加强以资助学，提升培训联动就业服务能力。改革开放以来，国家对欠发达地区的教育尤为关注，特别是民族地区，长期实行民族地区教育优先发展的战略。在发展民族地区职业教育领域方面，为了解决贫困地区职业技术教育学生的经济难题，国家通过细化"以资助学"，完善全面资助贫困学生学习与生活的政策体系。《关于大力推进职业教育改革与发展的决定》（2002）要求发达地区与欠发达地区进行职业教育对口支援，东部地区与西部地区的大中城市应适当减免西部地区和农村学生的学费，或提供优秀奖学金、助学贷款、创业贷款等多项资金帮扶措施。《关于开展东部对西部、城市对农村中等职业学校联合招生合作办学工作的意见》（2003）在分类缓缴学费、分期付费、降低收费标准、全免学费等方面，提出了多项层次化的收费措施，完善了校际联合招收培养收费制度。2004年9月，教育部等七部门在《关于进一步加强职业教育工作的若干意见》中强调，资助学生是职业教育专项经费三大主要使用途径之一，并鼓励行业、企业、团体、公民等积极捐款资助贫困生就学，通过奖学金、助学金、贷学金、培训费补贴等多种形式管理资助经费的使用。在保证民族地区学生能接受职业教育的基础上，进一步开展培训联动就业的服务。《关于大力推进职业教育改革与发展的决定》（2002）强调，职业院校和成人院校肩负起技术推广、教育培训、扶贫开发等多项责任，建立符合县、乡、村需要的农民文化、科技、教育三级开放培训体系。《关于进一步加强职业教育工作的若干意见》（2004）强调，充分发挥发达地区与欠发达地区对口帮扶的带动与辐射作用，要求做好合作办学与联合培养的同时，积极帮助贫困地区的学生在发达地区就业。《关于大力发展职业教育的决定》（2002）指出，通过实行分阶段、分地区的灵活办学模式，在培养期间让学生留在发达地区接受优质职业教育资源，接触当地的就业市场，协助他们高质量就业。

为适应国家战略实施的需要，我国民族职业教育实行相对集中和规模化的办学。在管理主体上，在民族职业教育政策的制定过程中，中央政府处于主导地位，把持民族职业教育的决策与发展，由教育部、国家民委等部委负责总体规划和制度设计。此外，还进一步加强民族职业教育基地建设，扩大民族职业教育院校的办学规模与提升职业教育层次。这说明党和国家对民族职业教育工作的日益重视，使民族职业教育体系越来越完善，逐渐形成具有中国特色的民族职业教育制度。

这一阶段，我国民族职业教育政策主要以提升职业教育层次为主，具体体现在两方面：一是以重点发展中等职业教育为主，兼顾高等职业教育发展，旨在进一步提升劳动者的素质水平；二是以国家扶持为主，创办示范性高等职业学校，在专业设置或产教融合的过程中彰显民族文化特色。国家在政策上扶持民族地区高等职业教育的发展，提升职业教育的办学层次，为中高职衔接奠定了重要基础，并进一步完善我国民族职业教育体系。① 值得一提的是，我国已成为第一个完成贫困人口减半的发展中国家，提前实现了百年发展目标，基本消除了区域性的绝对贫困。在党和国家致力于解决贫困问题的过程中，我国民族地区的职业教育发展迅速，相关的政策也不断发展完善。

（三）民族职业教育政策的成熟期（2011 年至今）

2011 年 12 月，中共中央、国务院出台《中国农村扶贫开发纲要（2011—2020 年）》。它作为我国扶贫开发的纲领性文件，明确了我国全面建成小康社会、消除绝对贫困的时间表和路线图。习近平总书记强调："脱贫、全面小康、现代化，一个民族都不能少。"② 民族地区作为我国打赢脱贫攻坚战的主战场，以及是全面建成小康社会的重中之重，在民族地区实施精准扶贫脱贫战略，面临着贫困人口多、贫困程度深、致贫因素复杂、减贫速度慢、脱贫任务重等问题。国家大力发展民族地区的职业教育，挖掘职业教育内在的经济属性和地域特性，旨在加快民族地区脱贫致富的速度。③ 这一时期，民族职业教育政策逐步进入成熟运行阶段，民族职业教育助力精准扶贫脱贫的实施、职业教育对民族文化的传承与发展有着很大的作用。

---

① 谢德新，邱佳. 回顾与研判：我国民族职业教育政策的变迁逻辑与趋势展望［J］. 中国职业技术教育，2019（16）：49-55.

② 新华社."一个少数民族也不能少"：记习近平总书记在宁夏考察脱贫攻坚奔小康［EB/OL］.（2020-06-12）［2022-07-20］. https：//www. gov. cn/xinwen/2020-06/12/content_ 5518796. htm.

③ 许锋华. 精准扶贫：民族地区职业教育发展的新定位［J］. 高等教育研究，2016（11）：64-69.

1. 民族职业教育助力精准扶贫脱贫的实施

党的十八大以来，党和政府将"精准扶贫"作为扶贫工作的基本扶贫方略，构建起扶贫对象瞄准到人、扶贫项目安排到需、扶贫资金使用到位、扶贫措施精准到户、扶贫派人匹配到村的工作方向布局，并建立起发展生产脱贫一批、易地搬迁脱贫一批、生态补偿脱贫一批、发展教育脱贫一批、社会保障兜底一批的多方力量、多种举措互相支撑和有机结合的"五个一批"扶贫格局。民族职业教育作为扶贫开发的重要组成部分，是精准扶贫脱贫的重要方式。它把"扶志""扶智""扶技"相结合起来，通过"治贫""治愚"来提高贫困群体的人力资本、社会资本和文化资本，发挥阻断贫困代际传递的多重价值。在国家脱贫攻坚与乡村振兴中，民族职业教育的作用受到前所未有的重视，党和政府先后颁布16项职业教育扶贫政策，彰显其在扶贫政策体系中的地位，通过"扶职业教育之贫"来更好地实现"依靠职业教育扶贫"，提高民族职业教育扶贫的精准度。

扶持民族职业教育发展，提高精准扶贫脱贫的基础能力。基础能力建设是政策工具的重要组成部分，对民族职业教育政策施行有着关键的推动作用。2011年6月，国家民委等六部门联合在《扶持人口较少民族发展规划（2011—2015年）》中强调，大力发展民族职业教育，加强中等职业教育基础能力建设，实施中等职业学校国家助学政策和免学费政策，广泛开展新型农民培训。2012年7月，国务院办公厅印发《少数民族事业"十二五"规划》要求，加快发展民族地区职业教育，加大符合当地产业发展需求的优势特色专业建设支持力度，办好适应当地经济发展方式转变和产业结构调整要求的职业院校，国家实施的职业教育项目向民族地区倾斜。2013年7月，教育部等七部门在《关于实施教育扶贫工程的意见》中，强调要提高职业教育促进脱贫致富的能力，明确职业教育要培养覆盖新型农民和二、三产业技术技能人才，并鼓励使用"教育券""培训券"等政策工具，激发学习动机，调整培养内容，增强培训效果。2014年5月，国务院扶贫开发领导小组办公室等七部门在《建立精准扶贫工作机制实施方案》中，要求地方相关部门"提升贫困户新成长劳动力就业技能和创业能力，稳就业、拔穷根，阻断贫困代际传递"①。同年 6 月，国务院在《关于加快发展现代职业教育的决定》中，要求加快发展民族地区的职业教育，加大对农村和贫困地区职业教育发展的支持力度。② 紧接着，教育部等六部门在《现代职业教育体系建设规划（2014—2020 年）》中倡议中央和省级政府、发达地区应通过扶持、支援欠发达地区发展地方职业教育或计划性接收培养等措施，充分发挥职业教育精准服务基本公共需求和地区产业的扶贫功能，进一步重申要充分发挥职业教育在扶贫开发中的重要作用，加大对贫困地区、革命老区、民族地区、边疆地区职业教育的扶持和支援力度，提升职业教育服务脱贫致富的能力，提高职业教育扶贫的精准度。

2015 年 6 月，国务院扶贫开发领导小组办公室等三部门在《关于加强雨露计划支持农村贫困家庭新成长劳动力接受职业教育的意见》中指出，把职业教育作为实现精准扶贫的一项硬任务，引导和支持贫困家庭劳动力接受职业教育，通过提素质、学技能，达到稳就业、增收入，从而实现脱贫致富，阻断贫困的代际传递。同年 11 月，中共中央、国务院在《关于打赢脱贫攻坚战的决定》中指出，重点支持革命老区、民族地区、边疆地区、连片特困地区发展符合自身实际需要的职业教育，加大职业技能培训工程的实施力度，着力提高培训的针对性和有效性，确保贫困家庭劳动力至少掌握一门致富技能，实现靠技能脱贫的愿望。2016 年 11 月，国务院印发的《"十三五"脱贫攻坚规划》针对贫困家庭中有转移就业愿望劳动力、已转移就业劳动力、新成长劳动力的特点和就业需求，开展差异化技能培训，提高贫困家庭农民工职业技能培训精准度。同年 12 月，教育部等六部门在《教育脱贫攻坚"十三五"规划》中指出，鼓励职业院校面向建

---

① 国务院扶贫开发领导小组，中央农办，民政部，等. 关于印发《建立精准扶贫工作机制实施方案》的通知［EB/OL］.（2014-05-12）［2022-07-20］. https：//www. cee. edu. cn/n161/n245/n313/n6499/c262270/content. html.

② 中国政府网. 国务院关于加快发展现代职业教育的决定［EB/OL］.（2014-06-24）［2022-07-20］. http：//www. scio. gov. cn/gxzt/xwfbzt/2014/gxbjxzyjyggyfzqkxwfbh/zcfg_ 19795/202209/t20220920_ 388904. html.

档立卡等贫困家庭开展多种形式的职业教育和技术技能培训，全面提升贫困地区人口就业创业、脱贫致富能力，确保贫困家庭劳动力掌握实用技术技能。2017 年 1 月，国务院在《国家教育事业发展"十三五"规划》中强调，加大职业教育脱贫力度，突出精准扶贫，确保建档立卡的贫困家庭子女至少掌握一门实用技能，提升自我发展的"造血"能力。2017 年 9 月，教育部办公厅在《职业教育东西协作行动计划滇西实施方案（2017—2020 年）》中，要求实施东部四省（市）滇西招生兜底行动计划，实施职业教育基础能力提升计划，提升校长治校能力、提升教师能力、提升专业优化、提升教科研能力、补充新教师等。为确保民族地区如期完成"发展教育脱贫一批"的任务，2018 年 1 月，教育部、国务院扶贫办在《深度贫困地区教育脱贫攻坚实施方案（2018—2020 年）》中要求，继续实施民族地区"9+3"免费教育计划，加快民族地区职业教育的发展。可见，职业教育扶贫脱贫能力、职业教育精准扶贫、职业技术技能培训等成为职业教育扶贫政策的关键词。这既是积极响应国家全面建成小康社会的战略需要，也是贯彻落实精准扶贫政策的具体化行动①。

继续开展职业教育对口支援和帮扶，注重职业教育东西协作专项行动计划。2014 年 1 月，中共中央、国务院在《关于创新机制扎实推进农村扶贫开发工作的意见》中指出，鼓励东部地区对口支援贫困地区职业院校，实施中等职业教育协作计划，支持贫困地区初中毕业生到经济较发达地区接受中等职业教育。2016 年 10 月，教育部、国务院扶贫办联合发布《职业教育东西协作行动计划（2016—2020 年）》，以职业教育和培训为重点，以就业脱贫为导向，实施东西职业院校协作全覆盖行动、东西中职招生协作兜底行动，支持职业院校全面参与东西劳务协作。同年 12 月，《关于进一步加强东西部扶贫协作工作的指导意见》开展职业教育东西协作行动计划和技能脱贫"千校行动"，积极组织引导贫困家庭子女到东部省份的职业院校、技工学校接受职业教育和职业培训。2017 年 5 月，《贯彻落实职

---

① 汤婷婷，谢德新. 改革开放 40 年我国职业教育扶贫政策的回顾与前瞻［J］. 中国职业技术教育，2018（33）：25-31.

业教育东西协作行动计划（2016—2020 年）实施方案》要求发挥职业教育在精准脱贫中的特殊优势，以教育促产业、以产业助脱贫，完善职业教育扶贫工作机制，以职业教育助推精准脱贫，以精准脱贫带动职业教育发展。同年 9 月，为进一步贯彻落实打赢脱贫攻坚战的决策部署，《职业教育东西协作行动计划滇西实施方案（2017—2020 年）》要求发挥职业教育在"五个一批"中的精准扶贫和脱贫攻坚作用，完善滇西职业教育东西协作的内容和模式，进一步提高脱贫致富的能力，实现滇西地区贫困人口就业脱贫与东部劳动力缺口补充的有效对接。2018 年 1 月，为了攻克深度贫困堡垒，率先在"三区三州"实施职业教育东西协作行动计划，《深度贫困地区教育脱贫攻坚实施方案（2018-2020 年）》再次强调，要全面落实东西职业院校协作全覆盖行动、东西协作中职招生兜底行动和职业院校参与东西劳务协作，广泛开展公益性职业技能培训，实现脱贫举措与技能培训的精准对接。可见，国家通过专门的行动计划和具体的实施方案，更加聚焦深度贫困地区的贫困治理问题，加快推进职业教育扶贫的东西协作模式，是职业教育精准扶贫的具体行动①。

2. 民族特色职业教育的民族文化传承与发展

民族职业教育不仅是精准扶贫脱贫的重要手段，也是传承与发展民族文化技艺的重要载体，它除了"扶智""扶技"外，还承担着"扶志"和"扶艺"的责任。民族职业院校作为民族职业教育的实体，是民族文化技艺传承与发展的重要阵地。

2013 年 5 月，教育部、文化部、国家民委在《关于推进职业院校民族文化传承与创新工作的意见》中指出，推进职业院校民族文化传承与创新是发挥职业教育的基础性作用，是提高技术技能人才培养质量、服务民族产业发展的重要途径，对增强民族文化自觉和文化自信、建设优秀传统文化传承体系、弘扬中华优秀传统文化具有重要意义。其重点任务是推动民族文化融入学校教育全过程，推动民间传统手工艺传承模式改革，服务相

---

① 汤婷婷，谢德新. 改革开放 40 年我国职业教育扶贫政策的回顾与前瞻［J］. 中国职业技术教育，2018（33）：25-31.

关民族产业转型升级与发展，加强非物质文化遗产传承人才培养，促进民族地区专业设置调整与优化。这是我国专门针对职业院校传承与创新民族文化的重要文件，在一定程度上反映了党和国家重视民族文化传承与创新的同时，也开始重视职业院校在民族文化技艺传承与发展中的意义，由过去注重民族职业教育工具理性，到如今兼顾民族职业教育的价值理性。

随后，《关于实施教育扶贫工程的意见》（2013）、《关于加快发展现代职业教育的决定》（2014）等政策，要求把民族文化融入职业教育的全过程，将民族技艺、特色产品、工业、文化等纳入职业教育体系建设，设置民族特色化和产业化前景的民间传统技艺专业，发展集民族工艺传承创新、高技能人才培养、产业孵化于一体的职业教育，改善民族地区职业院校办学条件，建设一批民族文化传承创新示范专业点。2015 年 8 月，国务院在《关于加快发展民族教育的决定》中明确指出，鼓励支持职业院校加强与文化企事业单位合作，将民族优秀文化列入学科专业，开展教学和研究，挖掘民族优秀文化资源，抢救、保护和传承非物质文化遗产。2016 年 12 月，国务院在《“十三五”促进民族地区和人口较少民族发展规划》中要求优先改善和保障民族地区的民生，加快中等职业教育发展，优化中职学校布局，重点打造一批具有民族特色、区域特点的职业学校，加强符合民族特色优势产业和经济社会发展需要的应用型特色专业建设，建立健全分类分专业的中职学校生经费标准，建立稳定投入机制，完善产教融合、校企合作机制，实现初高中未就业毕业生职业技术培训全覆盖。《关于加快中西部教育发展的指导意见》（2016）、《“十三五”脱贫攻坚规划》（2016）、《国家教育事业发展“十三五”规划》（2017）等政策强调，要加大对少数民族和民族地区的倾斜力度，支持民族地区职业学校的建设，发展民族优秀传统文化、现代农牧业等特色优势专业。2017 年 8 月，据教育部公布的《中等职业学校专业目录（2010 年修订）》，文化艺术类在原有民族传统工艺专业的基础上，新增了民族音乐与舞蹈、民族乐器修造、民族美术、民族服装与服饰、民族织绣、民族民居装饰、民族工艺品制作等专业，体现出职业教育越来越注重民族特色文化的传承与发展。

这一时期，为了更好地适应民族地区经济社会的发展需要，国家注重教育公平和发展民族特色的职业教育，加大对民族地区职业教育的扶持力度。经过一系列的政策调整和改革，我国民族职业教育政策体系日趋完善，并大致呈现出三个特点。一是注重资源的投入和建设。对民族地区职业院校开设民族文化传承示范专业点、建设"双师型"教师队伍、多元化办学、基础能力建设等方面给予扶持。二是积极推行民族地区中职学生的助学政策和免学费政策，加大对民族地区贫困学生的资助力度。三是引导优质特色学校建设项目向民族地区倾斜，提升职业教育服务当地特色优势产业、民族文化和民族工艺的力度，加快民族地区的区域协调发展，打赢民族地区的脱贫攻坚战，同步实现小康社会。据统计，我国民族自治地区的中等职业学校数量从 2015 年的 11457 所增加到 2016 年的 11538 所，中等学校、职业中学数量分别增加了 22 所和 59 所，职业中学的招生人数增加了 0.52 万人。①② 这些政策的实施，切实提高了民族职业教育的质量和管理水平，为培养和造就大批少数民族技术技能人才、推动少数民族地区经济社会发展、促进民族团结和维护国家统一做出了重要贡献。

二、民族职业教育政策变迁的主要动因

民族职业教育政策的变化和教育实施是多种因素的结果。而这是一个受职业教育制度、政治制度和社会制度影响，受地方政府和职业教育学院影响的中层制度设计。我国民族职业教育政策的影响机制和变迁动因，主要体现在"背景—制度"结构、"制度—变量"结构、"制度—行为"结构这三个层面。

（一）背景—制度结构：宏观制度下的政策选择

历史制度主义认为制度即规则，对差异化的集体生活起着明确制度逻

---

① 国家民族事务委员会经济发展司. 2016 中国民族统计年鉴 [M]. 北京：中国统计出版社，2017：378-380.

② 国家民委，国家统计局. 2017 中国民族统计年鉴 [M]. 北京：中国统计出版社，2018：372-374.

辑、筛选制度内容、评价制度效果的整体作用。① 历史制度主义强调制度背景的重要性，该理论认为不同国家的政策选择都会受到本国宏观制度背景的影响，关注的焦点是如何深刻揭示某项具体制度在其所发生的宏观制度背景作用下而发生的变革。②

民族职业教育政策是一项综合性的职业教育政策，为民族地区发展独特的行业产业和开展特色的技术技能培训提供基础，是一套全面的正式和非正式的规则和程序，包括职业教育对口支援、全面资助、就业指导，利用职业教育手段解决社会问题的多样化和复杂化的体制机制，民族职业教育政策为实现社会公平教育、培养高技能人才发挥政策安排作用。因此，民族职业教育政策与国家政治、经济、社会环境等体制机制有机结合。民族职业教育领域政治变革的体制背景可以以经济体制等为特征。换言之，政治、经济和社会条件的变化将对同期的民族职业教育和培训政策产生重要影响，并在民族职业教育政策框架内产生巨大变化，如大型宏观经济管理制度、资金制度、招生接待制度、产教融合与校企业合作制度。

1. 民族职业教育改革

改革开放以来，随着我国民族职业教育政策的不断推进，民族职业教育的权力发生了变化，民族职业教育的自给程度随着教育财权的上移和管理事权的分散而下降。同时，民族职业教育的项目支付名义上迅速扩大，掩盖了政府与职业院校之间的界限，对职业教育和社会发展的长期激励形成了其依赖财政制度的效果。这种资金分配制度，进一步增强了中央政府对民族职业教育资源配置的权力，形成了政府管理民族职业教育的基本形式，特别是财政性发展制度。民族职业教育政策是国家职业教育培训专项转移中心设立的管理载体，职业教育领域的政府治理模式反映在民族职业教育政策变迁的背景下。

---

① 张阿贝. 21 世纪澳大利亚职业教育市场化进程对我国职业教育市场化的启示 [J].
   高教探索，2021（1）：91-97.
② 张海清. 制度如何形塑政策：基于历史制度主义的视角 [J]. 中国行政管理，2013
   （6）：55-59.

历史制度主义认为，政治结果的差异源自政治制度的多样性和制度变量之间的结构性关系。① 也就是说，主要在政治、经济、社会三个领域，每个地区的风格不同，或者这三个领域不同的先后顺序和强弱比例的组合，都会通过制度间接影响管辖区域的政策转换。政治体制是政策变迁最大的影响因素，例如，民族职业教育政策总是在一定的政治体制下制定和实施，这表明政治因素对民族职业教育政策变迁具有重要的影响。我国民族职业教育政策改革的政治环境主要有三方面的动力：

一是自上而下的民族职业教育政策改革模式。我国建立了高度集权的政治体制，高度集权的政治体制反映在政策领域即形成了自上而下的政策模式。② 自上而下的政治环境通过决策者和阶级定位来扩大影响力，包括教育发展方向的引导和对教育政策产生影响的提案的采纳。也就是说，政治环境影响教育政策提案的选择，政治环境决定教育方向、办学承诺、资源配置等。具体来说，少数管理层人员直接决定民族职业教育的任务分配和人员任命，根据上级部门的指导，各级部门逐层下发通知、执行命令、制定政策、落实工作。如在我国西部大开发战略的实施过程中，西部地区社会经济的发展，要求提高民族生活质量水平，这为我国民族职业教育政策体系的建立提供了重要的历史机遇。十八大以后，我国民族职业教育改革迎来了纵向深化发展的时期，民族职业教育作为全面依法治国和全面建设社会主义现代化国家中的重要领域，受到国家教育发展的高度重视。它在脱贫攻坚、精准扶贫、乡村振兴战略中，能有效促进民族地区经济社会的发展，进而消除贫困，成为现代职业教育体系建设的重要组成部分。职业教育是民族地区脱贫致富的重要途径，这就要求国家加强民族职业教育，通过民族职业教育体制改革，促进民族地区农村建设，为民族经济社会发展提供人力资本保障。因此，经济发展的程度与民族职业教育的质量直接相关，而政治形势对民族职业教育所获得的教育资源有较大影响。民

① 陈家刚. 全球化时代的新制度主义 ［J］. 马克思主义与现实，2003（6）：15-21

② 朱家德，胡海青. 建国以来我国高校毕业生就业政策的变迁逻辑：基于历史制度主义的分析 ［J］. 中国高教研究，2010（4）：66-70.

族职业院校作为育人机构和国家职业教育机构，所执行的政策是公共政策的重要组成部分，政策价值和内容成为培养技能人才的重要参考指标。由于民族地区的教育资源不足、职业教育开发动向弱、行业产业服务能力不高等原因，需要在职业教育资源分配政策方面进行扶持与倾斜。在民族职业教育政策方面，党中央、国务院以及相关行政部门直接确立政策或任命专门的政策委员会，为政府部门提出建议并做出决定，民族职业院校教师、学生和社会利益团体，无法为政策的制定献言献策，缺乏政策的认同感。

二是行政分权的民族职业教育政策执行模式。政策执行是测试政策制定的科学性和可行性的关键步骤，是考验政策制定效果的重要环节，也是决定政策实施效果的关键环节。我国建立了高度集权的政治体制的同时，还配套了等级分权的行政体制，两者相互嵌入共同实现国家治理的整体动态平衡。[1] 在政策执行层面，执行单位需要进行纵向和横向的沟通。纵向包括各政府部门之间、政府部门与群众之间，横向包括政府部门与行业企业等单位之间的沟通联系。其中，不同部门的服务意识可能不同，部分政策的沟通情况与最终的落实成效之间有一定的差异。因为与服务意识较强的部门进行沟通，双方主体会采取比较耐心和开放的态度，以避免观念意识和方案实施方面的矛盾，将凝聚更多的共识，整合更多的观点资源，以备政策调整的不时之需。通常情况下，被动沟通、沟通障碍、信息阻断等政策沟通的问题，更容易发生在服务意识薄弱的层级单位之间，这是我国公共政策普遍面对等级执行环节的背景。民族职业教育政策的执行环境，除具有以上的执行环境特征外，还存在社会组织缺乏融入等级分权单位方面的执行环境问题。[2] 改革开放以来，由于众多企业的社会性质以及企业与教育单位的关系发生改变，民族职业院校需要进行更多的资源整合，民

---

① 丁轶. 等级体制下的契约化治理重新认识中国宪法中的 "两个积极性" [J]. 中外法学，2017（4）：860-890.

② 孙翠香. 新时代的新使命："产教融合" 政策分析 [J]. 教育与职业，2018（18）：11-17.

族职业教育的规制性政策、民族职业院校面临更多未知的困境。随着工业企业的迅速发展，技术技能人才成为民族地区摆脱贫困、实现小康的重要资源。但是，在民族职业教育迅速发展的情况下，职业院校之间缺乏相对稳定的关系。可见，经济体制引发的经济和社会改革活动，对民族职业教育的政策制定和推行有着重要的影响。在民族职业教育政策分权实施过程中，民族职业院校和企业行业虽然积极探索产教融合、校企合作的办学模式和育人模式，但现行的体制机制影响着我国民族职业教育政策的制度变迁。

三是跨区域的民族职业教育政策联合模式。民族职业教育不仅与普通教育在人才培养上有较大的区别，而且本区域的职业教育跨区域的单位协调要求更高。随着中央行政分权的实行，地方政府在取得更多自主权的同时，地方政府间自然降低了均衡协调的标准。[①] 通过考察民族职业教育政策的制定主体，我们可以发现，民族职业教育政策存在多个单位共同制定与颁布的情况，民族地区与发达地区有较大规模的合作。面对职业教育与产业相关性不高、教育行业管辖差异较大的情况，民族职业教育政策从部分责任主体逐渐实现了多部门合作的协同模式。政策制定的参与主体逐渐由教育部、国家发展和改革委员会、民政部、财政部、人力资源和社会保障部、国务院扶贫办等多个国家部委共同组成。此外，在民族职业教育政策的完善期，政府颁布的政策具有"东西对口帮扶""滇西对口帮扶"等针对性的帮扶特征。

我们通过民族职业教育政策政治环境的分析，可以看到，政治环境对民族职业教育政策的影响，贯穿政策制定到政策实施的整个过程。我国民族职业教育政策自上而下的政策制定、行政分权的政策执行、跨区域的政策联合，既规范了政策制定与执行的权力分配结构，也限定了政策执行的自主化空间。

---

① 罗峰. 竞争与合作：地方间关系的历史钟摆［J］. 社会主义研究，2012（2）：35-40.

2. 职业教育的高质量发展

随着政府对民族职业教育政策影响力的扩大，民族职业教育质量的改善影响着政府和民族职业院校的关系。近年来，政府采取以高质量职业教育发展为特征的民族职业教育治理政策，将教育领域的问题与社会产业行业发展问题联系起来，使民族职业院校投身到"地位经济"中，如最为常见的便是"本科层次职业教育""职业院校地位经济"。"职业院校地位经济"的本质是学校运营绩效导向的质量评价，所有可定量评价的指标都是衡量政府财政资源分配的重要基础。我国职业教育领域的"本科层次职业教育办学"等政策，是在职业教育高质量发展的背景下，职业教育治理的典型表现。职业教育高质量发展影响着民族地区职业院校的办学质量，民族职业院校实施优质资源开发，职业教育的社会适应性、国际竞争力提升等相关要素，逐渐进入我国民族职业教育的治理政策之中。特别是在"本科层次职业教育"中实施定期考核、试点院校名单动态调整、提升国际化水平、注重标准引领等计划，顺应政策设计的结果。

3. 民族职业教育思想进步

政策学研究认为，历史社会文化作为政策制定的关键影响要素，是公民评价政策接受度的重要依据，更是政策制定群体的重要考量内容。[①] 历史制度主义吸纳了社会学制度主义的社会文化与理性制度主义的理性选择的综合观点，指出历史社会文化是制度影响的最核心的影响要素。随着经济发展和社会进步，人民生活水平不断提高，对职业教育的需求从原来的"有学上"到现阶段的"上好学"的转变，这对职业教育的质量提出越来越高的要求。近年来，民族职业教育的社会价值和经济服务功能越来越受到决策者的重视。正如黄炎培先生所说，职业教育为"谋个性之发展""为个人谋生之准备""为个人服务社会之准备""为国家及世界增进生产力之准备"。[②] 我国民族职业教育思想进步的动力，主要体现在以下两

---

① 柯平，邹金汇，李梦玲，等. 基本公共文化服务均等化的合理价值取向研究 [J]. 国家图书馆学刊，2017 (5)：3-9.

② 田正平，李笑贤. 黄炎培教育论著选 [M]. 北京：人民教育出版社，1993：339.

方面：

一是强调以教育公平为基础的社会公平。教育公平是社会公平的核心组成部分，是保障社会阶级流动的关键，具有不可替代性。① 教育公平实质上旨在确保所有适龄学生在教育的起点、教育过程和教育结果方面享有平等的权利和机会。此外，民族职业教育还需要强调教育质量的公平。我国通过实施额外补助和贷款等系列专门针对公平就学的保障项目，使更大范围的受教育者获得可能的入学机会。同时，通过实施以民族贫困地区为重点的教育资金扶贫计划，将加强民族贫困地区硬件教育资源建设，探索民族职业院校信息技术使用与创新开发等，缩小不同地区教育资源的差距。但是，上述教育补助、贫困支援的重点是义务教育阶段，民族地区职业教育的费用和资源要求也高于义务教育。回顾过去中等职业教育的经费投入状况，其生均经费低于普通高中生的数量。② 我国职业教育正在尽可能平衡民族地区和发达地区教育的公平性，但人们对职业教育和普通教育之间的质量公正需求也在不断增加。

二是等级化定义民族职业教育的教育价值。无须讳言，中国古代的"万般皆下品，唯有读书高""劳心者治人，劳力者治于人"，以及"重学轻术"的观念影响深远。同时，在我国高考的升学教育体系里，成绩较高的学生升入更高一级的普通教育，而成绩较低的学生则大多进入职业院校，形成教育体系的直接分流。通常情况下，升学考试成绩的差异是通过普通知识考试来测试的，但在这个过程中，强化了对职业院校学生成绩差、品行不良等的刻板印象，致使他们较易出现自我否定的情况。2019年，在《国家职业教育改革实施方案》中，明确将职业教育确定为一种类型教育，与普通教育并无地位高低之分。同时，建立"职教高考"制度，完善职业院校的考试招生办法，更好地选拔和培养不同智力结构类型的人

---

① 姜添辉. 马克思的社会阶级论对教育公平研究的影响 [J]. 陕西师范大学学报（哲学社会科学版），2019（2）：102–111.

② 邹文芳，胡瑾缔. 改革开放以来我国职业教育经费保障的回顾与展望 [J]. 职教通讯，2021（2）：62–71.

才；采取专项质量提升措施，实施"项目制"治理，建设高水平高职院校和专业（群），提高职业院校人才培养质量。无疑，这对消除民族地区传统价值观念中的等级教育将会有较大作用。

教育均衡发展这种公平价值取向，为民族职业教育的均衡发展奠定了坚实基础，有利于民族地区和发达地区职业教育的分类发展。但是，部分民族地区可能仍有不重视职业教育发展的思想观念和价值倾向，没能较好地引导社会对职业教育的舆论与评价朝正向发展。"人人皆可成才、人人尽展其才"的社会环境和氛围，还有待于进一步营造。

4. 民族职业教育政策变迁的制度条件

民族职业教育政策与环境系统的有机结合，可以形成强组合关系和弱组合关系。强组合关系是指政治、经济、社会环境的变化，将使有机结合的民族职业教育政策功能显著变迁；弱嵌入关系是指政治、经济、社会环境的变化，将有机结合的民族职业教育政策功能弱化，而不是使其功能完全丧失。民族职业教育政策与政治、经济、社会环境的有机结合关系见表3-1。

表3-1 民族职业教育政策变迁的制度影响情况

民族职业教育政策 变迁的制度	有机结合的影响程度		
	政治环境	经济环境	社会环境
宏观管理制度	高	低	低
筹资制度	中	中	低
师资制度	高	中	中
招生制度	高	中	高
校企合作制度	低	中	低

从表3-1可知，我国民族职业教育政策的宏观管理制度与政治环境关

系密切，对经济环境和社会环境的影响有限；民族职业教育政策的筹资制度与政治环境、经济环境结合度较高，与社会环境的结合度较弱；民族职业教育政策的师资制度和招生制度与政治环境都呈现高度紧密的结合状态，与经济环境较为紧密地结合，与社会环境分别呈现出中度紧密与高度紧密的影响关系；而民族职业教育政策的校企合作制度与政治环境、经济环境、社会环境都没有高度紧密地结合。由于我国民族职业教育政策具有教育制度和经济制度的双重体制特点，宏观管理制度作为民族职业教育政策的管理层次，与我国的国家形态、政治体制和行政体制密切相关。从某种程度上说，它是民族职业教育政策领域的政治制度和政治发展的具体体现，所以政治环境的变化将直接导致民族职业教育政策宏观管理制度的变化。我国民族职业教育政策体系与宏观经济体系和区域经济发展水平紧密关联。公有制与私有制的经济形态、中央与地方财政权责关系、民族职业教育经费产权制度安排、产业技术技能需求等都将直接影响民族职业教育政策的制定模式和水平。一个地区经济发展水平、财政收入水平、农民收入水平等是社会公民评价职业教育技术技能人才的重要指标①，所以受到社会环境的影响程度较低。职业院校的教师和学生，是民族职业教育政策的重要能动性要素主体，其主体地位在师资制度和招生制度中得到充分体现。在民族职业教育的教师编制、薪资、项目审批等方面，国家通过行政权力和财政权力来实现资源的调度，进而调节民族区域师资和生源的分布。民族区域的经济发展程度，基本决定了本地区职业教育发展可以调度的各项资源；社会氛围则从思想观念层面，影响职业院校和家庭的入学、就业等选择。民族职业教育校企合作、产教融合，主要受到区域产业经济发展水平的制约以及企业合作意向的影响。

由上可知，我国民族职业教育政策的变迁与经济、政治、社会等密不可分，并且政策与环境的关联强度，直接影响政策变迁动力机制的大小。在我国民族职业教育政策变迁中，政治环境制度的推动力较大。我国虽然

---

① 都永浩，丁岚峰，左岫仙. 职业教育服务少数民族和民族地区精准扶贫精准脱贫研究：以黑龙江省为例 [J]. 黑龙江民族丛刊，2017（1）：50-57.

传统文化的根基较为深厚，但其文化环境与职业教育的紧密度较低，对民族职业教育发展的影响较为有限。值得一提的是，我国民族职业教育政策的变迁动力主要是政治与文化的推动力，经济环境并未起到决定作用。

（二）制度—变量结构：以人才需求变迁为核心的要素制约

历史制度主义通常把制度和其他各项因素一同归属到因果链当中，起到寻找一项制度变迁中其他重要因素的推动作用。我国民族职业教育政策变迁与产业经济发展有重要关系，其核心要素是民族经济社会发展对技术技能人才的需求。

民族职业教育与产业行业之间关系密切，民族职业教育发展是产业转型升级的支撑。在经济发展和产业转型的背景下，人才需求结构不断变化，这对职业院校人才培养模式的改革提出了要求。产教融合政策的形成、发展和改革则是对这种变化的回应。产教融合政策反映了不同主体的诉求，政府部门希望汇集众多的技术、人才、资本等资源，企业希望获得发展所需的政府支持、人才供给等保障，民族职业院校希望提高师资队伍建设水平、提升人才培养质量、扩大社会服务、强化就业保障等，最终形成合力，培养满足企业所需要的技术技能人才，为产业转型发展和经济社会建设提供支撑。

经济基础是职业教育发展的物质保障，产业基础是职业教育发展的质量保障。民族职业教育与产业行业之间具有密切关系①，是推动产业转型升级成为民族职业教育政策变迁的关键动力，支持民族职业院校育人是企业行业的重要社会责任。经济基础影响着民族职业教育政策内容的选择，也影响着民族职业教育政策目标的形成。我国民族职业教育政策与经济环境相关的人才需求，其变迁的动力主要有两方面：

一是东、中、西部地区经济发展水平整体上递减。我国三大经济带的划分与经济发展水平高低和自然地理环境状况密不可分，其资源占据和自然条件存在较大差异。东部沿海地区充分利用其临海临港的区位优势、重

---

① 周应中. 新中国70年职业教育产教融合政策变迁逻辑：历史制度主义的视角［J］.职业技术教育，2019（33）：12-17.

商擅海的发展优势，以及特区、免税区等国家重要战略决策，率先进行改革开放，形成自上海、浙江、福建到广东的超速发展经济带。交通运输便捷、信息交流便利、商业贸易繁荣，为东部沿海地区的城市提供了较低的运输成本与交易费用，降低了企业的生产运营成本，提高了产品的市场价格竞争力，形成了地域性资源聚集效应。中部地区主要处在我国大陆板块的中心区域，其西北地区主要为高原地形，南部地区主要是丘陵地带。中部地区由于大部分是平原地形，利于粮食的生产，成为我国重要的粮食生产基地。此外，其煤炭、石油等能源和各种矿产资源极为丰富，占有全国80%的煤炭储量①，重工业基础较好，地理上承东启西。我国西部地区拥有大面积的土地资源，但主要是高原、沙漠或盆地，其气候类型主要表现为缺水高寒，这既不利于发展农业，也无益于西部地区的开发。虽然西部在经济发展与管理水平上，与东、中部地区存在较大差距，但矿产资源丰富，拥有多种类型的稀缺性资源，具有较强的发展潜力。

二是城乡经济发展的差异。城乡差异一般是指城市与农村各自以社会化生产、小农生产为特点的双重社会经济结构②，由于从传统的农业经济逐渐转变为现代工业经济，必然出现城市与农村生产、生活方式不对称、不均衡的发展转型问题。城市经济主要是以材料类、化工类、机械类等产业发展为标志的大工业生产形式，其产业产出作为促进教育、道路等基础建设的设施保障；民族地区的农村经济主要是小农经济，其基础设施发展比较滞后，主要是植物生产、动物生产等自产自销的产业。随着市场对资源配置能力的不断加强，民族地区农村劳动力不断流向城市，导致民族地区农村发展"空心化"、劳动力弱化，以及留守人口等问题。民族地区农村贫困问题，进一步拉大贫富差距、城乡发展差距，实施支持民族地区农村发展，实现共同富裕的政策成为迫切的需要。

---

① 陈琳琳，杨宇，洪辉，等. 中国能源工业空间分布、基地识别与演变特征［J］. 资源科学，2016（12）：2256-2269.

② 康金莉. 20 世纪中国二元经济模式变迁与比较研究：基于三农视角［J］. 财经研究，2017（9）：98-109.

　　我国区域经济发展水平、城乡经济发展状况，对技术技能人才的需求有重要影响。我国民族职业教育政策的变迁也受到区域社会发展情况、社会意识形态建设等方面的影响。

　　首先，政府对民族职业教育的态度与判断，很大程度上是基于经济社会发展对技术技能人才的需求。我国经济增长和产业转型发展影响民族职业教育政策变迁的基本态势。在我国民族职业教育政策中，人才培养目标从"实用型人才""技能型人才"的表述，到"高素质技术技能人才""工匠精神""复合型人才"等新需求、新理念的提出，政策内容也做出了相应的变革，具有代表性是对民族职业院校专业群建设的重视。其次，民族职业教育的区域均衡发展，也是影响政策制定和实施的重要因素。在政策选择上，国家充分考虑民族地区和非民族地区的发展现状与需求，经费划拨落实到具体的院校和专业，更好地促进民族职业院校的发展。最后，民族职业教育的发展方向也会影响政策的制定和推广。2011 年，教育部将中等职业教育和高等职业教育划归职业教育与成人教育司，明确管理体制的归属权限，减少职业教育发展的阻力；2014 年，开始重视现代职业教育体系的建设；2019 年，职业教育的类型地位得以明确。党和国家制定职业教育和普通教育"双轨"运行的政策，逐步加强民族职业教育发展特色的探索。此外，我国民族职业教育政策也受到社会意识形态的影响，如"双高计划"强化了"立德树人"的根本任务，把"加强党的建设"作为职业院校的重要任务。与其他教育事业一样，坚持党对职业教育的全面领导，是我国民族职业教育政策的重要特征和主要优势，把"立德树人""铸牢中华民族共同体意识"作为职业院校的重要责任，它们在民族职业教育政策中的地位越来越显著。

　　发展民族职业教育是实现共同富裕的本质要求。民族地区与发达地区经济产业发展结构不平衡，导致民族地区职业教育发展滞后，这成为我国扶持民族职业教育发展的重要背景。人们对此形成了较一致的共识，解决和突破这一矛盾的根本出路，应是在发展民族地区经济的基础上走农村城市化道路，实现城乡良性互动，逐步减少农村人口①，转移民族地区剩余劳动力，增加城镇人口，转变生产增长方式，提高劳动生产率，优化第一产业结构，促进第二、三产业的发展，从而提高民族地区的经济效益和社会效益。民族地区的农业现代化与工业化紧密联系，两者必须协调一致，形成一种有序发展的良性态势，这是实现民族区域城乡协调发展、共同发展的需要，也是转变扶贫开发方式、及时调整扶贫政策的需要。

不同的经济环境对民族地区的产业发展影响不同，对职业教育人才培养的需求也不同。这就要求民族职业院校或对口支援职业院校，根据民族地区的经济环境对人才需求的变化进行灵活调整，设置不同的专业、不同的教学内容，培养不同的技术技能型人才。同时，在制定民族职业教育政策时，相关决策机构和决策主体要根据区域特点，充分考虑民族地区经济社会发展形势和职业教育存在的主要问题，科学合理地规划与当地经济社会发展相适应的民族职业教育发展蓝图。

（三）制度—行为结构：制度形塑下主体间"委托—代理"关系

1. 主体间"委托—代理"

制度同行为之间的关系不是单向制衡或二元对立的关系。制度通常以相同的价值、观念、规范等对人员形成影响，相关人员能够通过制度设计达到交易成本下降的效果，从而提升组织行动效率。同时，相关组织人员也能够利用相应的组织形式落实制度要求，甚至反作用于制度设计，达到制度变迁的目的。

民族职业教育政策制定机构与实施主体之间的互动，促成了政府与民族职业院校之间"委托—代理"关系的产生，成为落实民族职业教育政策的重要形式。政策制定方（政府）是这一形式的委托方，希望承包方（民族职业院校）能够按照契约所规定的内容贯彻落实政策。有时因为政策实施结果等难以预料，双方无法制定一个完整的合同来规范所有行为和权限，因此该政策具有不完全合同的特征。在这种情况下，如何分配合同约

---

① 叶裕民. 中国统筹城乡发展的系统架构与实施路径［J］. 城市规划学刊，2013（1）：1-9.

定以外的剩余控制权，是对各方产生激励效果的重要内容。因此，在一定程度上，对政策权力的争取，可以说是对"剩余控制权"的把握。有了政策支撑意味着在具体领域得到国家的支持，也可以利用合同不完备的特点，实现合同之外的领域发展（如加大民族职业院校环境建设、争取更多的教学资源、提升院校建设排名水平等）。所以，为了争取到相应的政策权利，民族职业院校进行改革，涉及学院组织结构、行动模式等众多方面。不能忽视的是，民族职业院校的众多改革制度也会产生"马太效应"。为了避免消极影响，民族职业院校作为政策行为主体，也会尝试以不同的形式将信息反馈给作为委托方的政府，对政策内容做出适当的调整。所以，政策也会在具体的执行过程中，通过定期评估、动态调整等进行适时调整。

2. 主体行动参与者

我国民族职业教育政策的行动者，包括参与民族职业教育政策的相关制定者（群体）、执行者（群体）及受益者（群体）。美国学者约翰·金登认为，根据参与方式的不同，政策行动者可分为政策直接的参与者和间接的参与者。[①] 政策直接的参与者主要是指在民族职业教育政策的变迁过程中，执行服务与被服务的对象或群体。就民族职业教育政策的具体运转过程来看，政策的直接参与者包括中央与地方政府各级行政部门官员、民族职业院校或培训机构、接受民族职业教育的群体等。政策间接的参与者是指在民族职业教育政策的变迁过程中，第三方的利益相关者等对象或群体，如培训民族地区职业教育对象的家庭人员、提供民族职业教育培训的社会福利组织、专家智囊团等。为此，本书将从决策人物、行政人员、地方民族职业教育培训人员、接受民族职业教育培训的民族贫困群体等直接参与者，与专家智囊团、民族地区学生家庭等间接参与者，这两个层面分析其在参与过程中对民族职业教育政策运行的推动作用。

首先是直接参与者。民族职业教育政策变迁的直接参与者，按照整体

---

① ［美］约翰·金登. 议程、备选方案与公共政策［M］. 丁煌，方兴，译. 2 版. 北京：北京大学出版社，2006：27-52.

的民族职业教育政策运行，参与者作为阶段主导参与其中的顺序为：决策人物、行政人员、民族职业院校培养人员、接受民族职业教育培训的民族贫困对象。尽管政策的运用是整体性的，政策涉及的相关对象存在于政策运行的全过程，但作为宏大的政策执行过程，明确的阶段权责分工是不可避免的。①

一是决策人物。政策制定群体、决策人物是国家政府中政策变迁评估与担责的主要人物。我国的最高权力机关是全国人民代表大会，肩负着包括立法权、决定权、任免权等在内的政策制定、政策评估等职责。与此同时，权力机构组织内还设立了全国人民代表大会常务委员会负责全国人大组织运行之外的常规性工作。国家通过多层级的选举，决定全体公民的代表，代表全体公民的意见，来实行政策表决等投票活动。我国社会主义本质上要实现共同富裕的发展目标，共同富裕也体现在我国民族职业教育政策制定和变迁中。我国权力机关在行使权力时，要将共同富裕的基本要求体现在民族职业教育政策的制定上，即民族职业教育政策要求开展激发内生动力、促进智力发展、培养职业技能的职业教育活动，着力于培养技术技能人才，服务国家和地方社会的发展需要。② 因此，我国的决策人员主动、负责地担负起民族职业教育政策的规划与指导工作，规范了民族职业教育的发展。改革开放以来，我国相继颁布了多项与民族职业教育相关的综合规划与指导文件，如《关于加强少数民族与民族地区职业技术教育工作意见》《关于大力发展职业教育的决定》《现代职业教育体系建设规划（2014—2020 年）》等均指明了民族职业教育培养技术技能人才的任务要求，明确了我国民族职业教育政策变迁的主要方向。

二是相关行政人员。相关行政人员主要是在决策人员讨论制订实施方案的基础之上，与本区域的社会发展需要相结合，负责落实政策实施方案

---

① 周莹，刘华. 知识产权公共政策的协同运行模式研究 [J]. 科学研究，2010（3）：351-356

② 谢德新，陶红. 职业教育扶贫与反贫困研究：实然之境与应然之策 [J]. 职教论坛，2017（16）：10-18.

和实践情况汇报的工作人员。在民族职业教育政策变迁中，我国的相关行政人员主要在方案落地与政策实施、执行效果方面影响政策的变迁。① 在民族职业教育政策实施运行方面，相关行政人员需要基于民族地区的职业院校、产业结构的发展现状，细化民族区域政策实施的总体要求，制定科学的政策实施细则，持续推进民族职业教育政策的实施。在政策进展效果汇报等方面，相关行政人员由于参与了上层决策的分析和解读工作，科学制定政策的实施细则、有效反馈政策实施情况等，他们对于政策整体的认识和把控能力较强，能够及时抓住政策实施进展的关键环节和核心要素，能够为政策的完善提供及时有效的对策建议。所以，在政策实施执行效应方面，行政人员可充分总结相关民族职业教育政策的可执行性、行业企业参与其中的现实困难、受教育群体的真实情况等，结合其工作经验体会，及时向上反馈需要改进和完善的配套政策。由此可知，相关执行人员通过细化实施方案、上报改进需求、提出建议等多种方式，推动我国民族职业教育政策的变迁。

三是民族职业教育培训人员。民族职业教育培训人员是指职业院校的组织人员和学科教师，以及参与人才培养的企业人员。伴随着职业教育助力扶贫活动的多样性②，民族职业教育培训人员主要通过民族职业院校、民族职业培训机构、流动性职业培训组织等各类教育平台，参与民族职业教育培训活动。通过自上而下的教育政策实施过程，他们参与到国家职业教育培训活动的人员的工作方式和内容中，逐渐与实施政策的相关行政人员相似，培训细节通过逐步细化职业教育教学活动的开展形式和时间来确定。但在自下而上的教育政策执行过程中，与政策执行的相关行政人员相比，国家职业教育培训活动的参与者反馈活动的空间较小，大多承担着具体实施方案的自我调节的责任，推动民族职业教育政策的发展。

四是接受民族职业教育培训的贫困对象。民族职业教育培训的贫困对

① 黄惟勤. 政府职责的概念、特征及分类 [J]. 法学论坛，2010（3）：45-49.
② 黄雄彪. 民族地区职业教育脱贫攻坚的实践研究 [J]. 中国职业技术教育，2017（34）：57-60.

象不仅包含适龄的学生群体，还包含外出务工、在家务农的青壮年劳动人员，以及职前、职后培训人员。这两个培训对象群体跨越的年龄范围，也符合目前职业生涯发展的终身化需求，适应接受职业教育终身化培养的主流。[①] 贫困对象对参与民族职业教育培训存在多方面的需求和困惑，比如，他们参与民族职业教育培训是否会因此失去就业报酬，参与民族职业教育培训是否有利于他们日后的就业和生活质量的提高。可以看出，接受民族职业教育培训的贫困对象本身无意于完善职业教育政策，但由于其是政策的主要惠及群体，其直接的服务需求被相关政策服务群体所关注并最终纳入该政策体系，推动政策变迁。

其次是间接参与者。民族职业教育政策变迁的间接参与者以四处散落的形式存在政策运行的全过程当中。与直接参与者比较而言，间接参与者的覆盖范围更广、服务对象更多，但其群体尚未系统地罗列出来。本书基于间接参与者与直接参与者关联的紧密性原则，专家学者、贫困家庭成员构成政策的主要建议贡献者与支持者。为此，本书将从主要的专家智囊团、接受民族职业教育培训的贫困对象家庭成员等方面，探讨间接参与者与民族职业教育政策变迁的关系。

一是专家智囊团。专家智囊团包括在一些研究机构和高等院校中，主要由行业领军人员带头，集聚众多具备专业知识与技术技能的专业人员。其具备充足的团队经验，权威性较高，具有稳定的影响力。[②] 如北京大学、华东师范大学、首都师范大学、厦门大学等高等院校，以及北京大学政策研究中心、国家教育宏观政策研究院、麦可斯研究等智囊团。智囊团和专业人员对相关领域和行业有较为全面、专业、成熟的认识，可以为社会提供专业性、全面性的建议措施、实施方法等。纵观民族职业教育政策的制定与执行过程，专家智囊团主要从提供方案或研究方案两方面参与政策过程。在提供方案方面，专家智囊团对该专业领域国内外的发展历程、发展

---

① 周永平，石伟平. 论"终身职业教育"[J]. 中国职业技术教育，2017（5）：57-61.
② 龚会莲. 研究成果、传递通道与高校智库治理研究[J]. 情报杂志，2018（7）：38-44.

经验具有较广阔且深入的研究。在决策或行政机关的委托下，专家智囊团通过梳理民族职业教育政策的变迁，结合目前的发展需求与方向，以此制订具体的建议方案，提供给决策者选择。在研究方案方面，专家智囊团通过对民族职业教育政策进行针对性的学术研究，或参与媒体、单位政策解读等方式，参与民族职业教育政策的学术性探讨或大众性推广。① 值得一提的是，上述两种参与方式对政策的影响力各不相同，专家智囊团影响力更大，智囊团所提出的建议方案能得到更高程度的认可和采纳，并且可以通过专项委托等，其建议能快速得到采纳，对民族职业教育政策变迁的推动作用明显也更大。

二是接受民族职业教育培训的贫困对象家庭成员。家庭成员主要包括对民族职业教育意向培养或培训对象的选择或支持起主要作用的监护人或家庭成员。每个贫困家庭的成员之间存在较大的经济关联关系，经济状况是影响贫困对象入学和后续就业的关键因素。在民族职业教育政策执行效益的相关研究中，人们通过统计分析得出宣传性政策工具的应用不足，贫困家庭成员的认可或支持不足，以适龄青少年为主的学生就读职业教育存在显著阻碍。② 为此，需加强民族职业教育政策的助学贷款、三免一除、就业优势、生活补贴等多方面的政策宣传。由此可见，贫困对象家庭成员与贫困对象对民族职业教育政策变迁的影响方式有较大的相似性。但与贫困对象相比，贫困家庭成员的影响力较小，尤其是随着贫困群体从绝对贫困向相对贫困转变，贫困对象在选择民族职业教育内容时会表现出更大的自主性。

关于我国民族职业教育政策变迁行为主体的讨论，可以看出决策人物、行政人员、地方职业教育培训人员、接受民族职业教育培训的贫困对象等直接参与者，以及专家智囊团、贫困学生家庭等间接参与者，将进一

---

① 邢尊明. 我国地方政府体育产业政策行为研究：基于政策扩散理论的省（级）际政策实践调查与实证分析［J］. 体育科学，2016（1）：27-37.

② 谢德新，邱佳. 我国民族职业教育政策的理性限度及超越：基于政策工具理论视角的文本量化研究［J］. 职业技术教育，2020（7）：33-41.

步助推民族职业教育政策的变迁。虽然不同行动者能影响政策变迁的程度不同，但彼此之间并不存在优劣之分。[1] 也就是说，国家要实现政策目标，落实政策内容，需要相关执行者的高质量配合。

由于民族职业教育政策不仅是一个跨越众多区域的职业教育发展项目，更是一个涉及教育和经济的合作项目，在其变化过程中面临的各种发展困难和问题，需要多方的努力和资源协调，仅凭单方的力量远远不够，所有参与者都可以提出各种解决方案，这将有助于协调民族职业教育政策制度断裂的均衡。

三、民族职业教育政策变迁的路径依赖

路径依赖是历史制度主义理论的核心概念之一，指一旦某种制度创设，除非有足够的力量克服最初的惯性，否则它会在一定阶段内持续存在，就好像进入一种特定的路径，只能按照这条路径走下去。[2] 从历史制度主义的角度来看，制度变迁的过程类似技术演进，无法避免不可逆转的自我强化的趋势，使得制度在一定时期内被锁定和冻结，阻碍了制度的进一步变迁。政策体系的发展过程是惯性和冲突相互驱动的过程。也就是说，在历史进程中，政策体系不仅会有改革转型的政策转向，还会有制度惯性的潜在影响。正如历史制度主义学家保罗·皮尔森所说："一旦一个国家或地区沿着一条道路发展，那么扭转和退出的成本将非常昂贵。"[3] 我国民族职业教育政策的完善，需要我们总结归纳不同历史时期的政策发展特征和变化规律，准确把握政策变迁的路径依赖，从而更全面地探索民族职业教育政策的实施路径。

---

① 田华文，魏淑艳. 政策论坛：未来我国政策变迁的重要动力：基于广州市城市生活垃圾治理政策变迁的案例研究 [J]. 公共管理学报，2015（1）：24-33.

② 李秀峰. 制度的持续性特征及约束功能：对历史制度主义公共政策研究框架的探索 [J]. 中国行政管理，2013（10）：77-82.

③ Paul Pierson. Increasing Returns, Path Dependence, and the Study of Politics [J]. The American Political ScienceReview, 2000（2）：257.

（一）路径依赖现象

历史制度主义认为，制度通过路径依赖不断自我强化。尽管外部环境会对政策变迁产生重要的影响，但过去的制度轨道常常制约其变迁的内容及方式。改革开放以来，我国民族职业教育政策变迁，在管理方式、管理实施、管理内容方面存在显著的路径依赖和惯性。

1. 管理方式以国家主导为特征

从《关于加快少数民族和民族地区职业教育改革和发展的意见》开始，国家力量正式介入我国民族职业教育的规划与发展。在我国民族职业教育政策的发展过程中，一方面，党和国家给予阶段性扶贫规划政策较高的重视，实行统一引导的阶段性扶贫工作与民族职业教育政策关键节点的工作安排。党和国家通过颁布《国家八七扶贫攻坚计划（1994—2000年）》《中国农村扶贫开发纲要（2001—2010年）》《中国农村扶贫开发纲要（2011—2020年）》等连续的纲领性扶贫指导文件，为民族职业教育发展提供了根本遵循和行动指南。另一方面，不同时期还配套阶段性的指导政策，加强民族职业教育重要任务实施的规范性。如1980年，教育部、国家民委在《关于加强民族教育工作的意见》中提出，"应采取特殊措施，扶持和建立适合少数民族特点的教育体系"[1]，其中"对于文化水平较高的民族地区，发展职业技术教育……"[2]，加强民族地区职业教育的扶持，建立就学资助体系等。这一时期，我国相继发布了《关于改革和发展西藏教育若干问题的意见》《关于印发〈全国民族教育发展与改革指导纲要（试行）〉的通知》《关于民族工作几个重要问题的报告》《国务院关于大力发展职业技术教育的决定》《关于加快中西部地区职业教育改革与发展的意见》《关于加快少数民族和民族地区职业教育改革和发展的意见》《关于贯彻落实〈中共中央国务院关于进一步加强民族工作加快少数民族和民族地区经济社会

---

① 教育部、国家民委. 关于加强民族教育工作的意见［EB/OL］.（2020-05-12）［2022-07-20］. http：//www. moe. gov. cn/jyb_ xwfb/s271/.

② 孔凡哲，王尹芬. 我国少数民族职业教育政策的回顾与展望［J］. 中南民族大学学报（人文社会科学版），2019（6）：78-84.

发展的决定〉做好民族教育工作的通知》等专项政策实施细则。

此外，在《关于加快少数民族和民族地区职业教育改革和发展的意见》《关于加快发展面向农村的职业教育的意见》《国务院关于印发"十三五"促进民族地区和人口较少民族发展规划的通知》等政策内容里也不断细化、丰富相关细则的实施指导。可以看出，在我国民族职业教育政策变迁中，国家不仅通过顶层的政策性规划指导配套的地方性政策，以形成完整的政策体系，而且通过国家行政人员系统地介入民族职业教育的实施，所以其规制性的政策影响力贯穿政策决策和制定的全过程。

政策变迁产生的路径依赖，其积极作用是促进政策实施的连贯性和系统性，保障政策运行的效益和规模，为后续相关政策的调整和实施提供充足的时间，也为政策转型提供必要的准备。如 2015 年国务院颁布的《关于加快发展民族教育的决定》强调："国家对双语教师培养培训、教学研究、教材开发和出版给予支持，为接受双语教育的学生升学、考试提供政策支持……研究完善双语教师的任职资格评价标准，建立双语教育督导评估和质量监测机制。"这些保障措施，合理地避免了路径依赖对新制度形成的制约和障碍，减少了政策需求与供给之间的矛盾。然而，路径依赖较大程度上阻滞政策的转型发展，即消极的路径依赖。

民族职业教育在培养培训高素质技术技能型人才中发挥重要作用，能为提高我国民族地区劳动者素质、推动民族经济社会发展和促进就业做出重要贡献。党和政府通过民族职业教育政策对民族职业教育进行管理和调控，达到合理配置职业教育资源的目的，从而促进民族职业教育的发展。如果制定民族职业教育政策的宏观主体发生变化，那么民族职业教育的宏观调控能力将会因其他行为主体的博弈而减弱。正因为现有制度提供的这种行为的可预测性，使得政府对自身行为和其他主体的决策处于可协调的状态当中。此外，如历史制度主义学派的学者所说，一个制度形成之后，社会将会制定相应的辅助制度，以保证制度由人来实施。我们从这个角度来看，一个政策系统并不是单一运转的，而是依附许多其他相关系统，这无形中提高了制度变迁的成本，其最终将会与路径"锁定"状态达成妥协。为保证我国民族职业教育政策的长期运行，政府制定了相应的辅助制度，确保这些制度相互支撑，并在实践中不断强化。

我国民族职业教育被视为国家体制的组成部分，国家行政部门按照权限对其进行分级管理，在招生、培养、招聘、经费投入、专业设置等方面进行监管。目前，国家出台了一系列深化民族职业教育管理体制和办学体制的政策，激发民族职业院校的办学活力，提高其办学质量。无须讳言，我国民族职业教育质量需要不断提高；民族职业院校与企业的合作动力不足，不够深入；产教融合的政策需要持续推进和落实；民族职业院校的办学实力和特色发展有待进一步提升。国家的相关政策是民族职业教育发展的重要保障，而民族职业院校在贯彻落实有关政策的过程中还没有摆脱路径依赖。一是由于目前的民族职业教育政策使得民族职业院校形成了一定的制度惯性，并且改变这种政策需要投入更多的人力资源、物力支持等，一定程度上造成民族职业院校制度变革的意愿降低。二是在民族职业教育政策分配上，不同的民族职业院校的话语权不相同。占据较大话语权的民族职业院校具有较大的发展优势，对现有的政策依赖性更大，改变原有制度的意愿较低；而非既得利益的民族职业院校，又缺乏重要的保障与支持，难以改革现有办学体制。

2. 管理实施以对口支援为特色

我国民族地区与非民族地区存在较大差异，尤其是经济发展不平衡较为突出。东部地区扶持西部地区是我国全面建设（成）小康社会，实现共同富裕的要求，也是我国社会主义的本质所决定。21世纪以来，随着党和国家西部大开发战略的实施和推进，民族职业教育是西部大开发所需人力资源和技术技能人才的支撑，成为东部发达地区支援民族地区的重要内容。我国职业教育东西协作行动计划（简称"行动计划"），大致经历了"行动计划"出台的过程，从区域发展层面强调民族职业教育的对口支援作用，利用东部发达地区的资源，不断扶持和帮助民族地区职业教育。接着，《贯彻落实〈职业教育东西协作行动计划（2016—2020年）〉实施方案》发布，使职业教育与民族地区的关系在对口支援发展中不断明确。一是方案强调"行动计划"的目的是利用东西部扶贫协作平台，将职业教育与民族地区发展相互结合。借用东部发达地区的平台或通过直接资助等形式，拓宽民族职业教育资源，提升民族职业院校的办学质量，达到职业教育帮扶的目的。二是通过明确民族地区职业教育集团，为对口帮扶对象制定具体的对口精准帮扶办法。三是为进一步推动对口帮扶政策的实施，《职业教育东西协作行动计划滇西实施方案》应运而生，明确民族职业教育的实施途径。通过精确规划东部沿海地带的上海、浙江等地区的 10 个职教集团，与滇西地区 10 个贫困州的职业教育进行对口帮扶，以实现该区域建档立卡的贫困家庭学生能获得针对性的职业教育帮扶，接受更高质量的职业教育。该计划主要通过实施招生、提高职业办学能力、特殊劳动力就业、促进国际交流等一系列实施项目，完善东西部合作的长效机制，促进民族职业教育的发展。我们可以看出，在职业教育助力少数民族地区发展的历程中，我国民族职业教育政策经历了从纲领性的规划颁布到针对性的实施方案出台，聚焦少数民族地区职业教育的精准帮扶，具有鲜明的对口支援特色。

3. 管理内容以资助兜底为特点

我国民族职业教育发展的底线制度安排是兜底保障，而民族职业教育在资助兜底上也逐渐从幕后走到台前。《关于加强雨露计划支持农村贫困家庭新成长劳动力接受职业教育的意见》的发布，让"雨露计划"在民族职业教育中发挥作用。"雨露计划"是民族职业教育政策发展的重要项目，前期由政府主导。2005 年以来，"雨露计划"作为资助贫困学生接受职业教育的重要计划被提出，得到了社会公众的广泛关注，其实践活动得到政府和学校的大力支持。在实施的过程中，该计划虽然最初侧重于中高职学生的生活补贴和农村劳动力的非正式短期培训，但随着其效果的不断凸显，民族贫困地区众多家庭新增长的劳动力，成为该计划资助的重要对象。该计划主要服务于生活在农村贫困家庭的人口，其子女接受中等职业或高等职业教育，每生每年 3000 元左右的补助资金，通过一卡通等形式直接补助给符合条件的少数民族地区农村贫困家庭的学生。2015 年国务院扶贫办、教育部、人力资源和社会保障部共同发布政策，对"雨露计划"的目标、原则以及服务人群规定得更加具体，资助兜底的特点也更加明显。在国家相关政策的扶持下，民族地区贫困家庭子女接受职业教育的比例逐渐提升，使他们获得技能，提高就业能力，获得更多、更可观的工资报酬，达到"一人就业、全家脱贫"的效果。

可见，在我国民族职业教育政策的变迁中，这项政策经历了较长的发展时间。东西协作计划、"雨露计划"等对我国民族职业教育的发展起到了重要的扶持作用，也形成了以"国家主导""对口支援""资助兜底"等为重要表现的路径依赖现象。我们通过分析我国民族职业教育政策变迁的特征与路径依赖，有助于总结经验并为后脱贫时代，民族地区职业教育政策完善提供借鉴，从而更好地服务于乡村振兴战略的实施。

（二）路径依赖原因

历史制度主义认为，政策的动机、路径选择和实施效果与已有的政策密切相关，而既定政策的实施也受制于前一时期的政策制定，政策的制定本质上讲是一个历史演变的过程。在分析政策形成的历史过程中，历史制度主义借用了经济学中的"路径依赖"概念，发展了自己的路径依赖观。[①] 改革开放以来，党和国家在不同历史阶段制定相应的民族职业教育政策。这些政策相互交织、相互联系、相互延续、相互补充，共同推动我国民族职业教育的创新发展，但也陷入"持续提升回报更高、退出成本上升"的路径依赖局面。历史制度主义提出，政治体制等对政策变迁产生重要影响。我国民族职业教育受到政府的高度重视，经济效益与政治效应的双重影响对我国民族职业教育政策的作用日益明显。

1. 收益递增和自我强化效应

制度变迁具有收益递增效应和自我强化机制。按照历史制度主义的观点，在我国民族职业教育政策的创始和运行阶段，会不可避免地存在收益

---

① 何俊志. 结构、历史与行为：历史制度主义的分析范式［J］. 国外社会科学，2002（5）：25-33.

递增和自我强化效应。①

一是高昂的设置和退出成本。政策制定的形成成本和建设成本比较大。错综复杂的政策安排可以产生互补的组织形式、新的互补政策和政策矩阵。所谓政策矩阵，就是由各种独立规则以及非正式约束组成的复杂结构，其内部依存网络能产生强大的报酬递增效应。② 我们通过我国民族职业教育政策变迁的历史可以看出，党和国家的相关部门不仅颁布了一系列相关的政策法规和配套政策，还通过项目制的形式，设立了民族地区的"示范校""优质校""骨干校"等，投入专项资金，通过财政的杠杆作用，促进和巩固民族职业教育的发展。这些法规、政策、项目、专项资金等形成了我国民族职业教育的制度矩阵，虽然建设成本较为高昂，但系统仍旧可以自我维持，其在相互补充中得到加强，产生收益递增的效果。我国民族职业教育政策制定之初，调研、论证、起草、编制、审查、修订、颁布等相关环节，都离不开大量人力资源和时间成本，并经过多方、多轮的利益博弈后，最终推行实施。高设置成本和变革带来的多重成本，往往使政策制定者难以做出最终改变或废除的决定。

二是学习效果。反复使用复杂的操作系统，最终将会取得较高的回报。在重复和坚持的过程中，个人和组织都有意识地学习怎样在系统运转的过程中较好地实施活动，并在现有的系统矩阵中不断积累相应的活动经验。在民族职业教育政策的驱动下，职业教育的利益主体主动探索如何在民族职业教育人才培养中实现自身的效益，在转移剩余劳动力资源、提高劳动生产率水平、助力社会主义生产建设等方面发挥作用。随着学习效应的显现，我国民族职业教育发展的价值取向，由追求生产效率的提高逐步过渡到推动民族职业教育的长效发展。民族职业教育政策的不断完善，进一步形成社会共识，引领职业教育的未来发展方向。在民族职业教育政策

---

① 段宇波，侯芮. 作为制度变迁模式的路径依赖研究 [J]. 经济问题，2016（2）：24-31.

② [美] 道格拉斯·C. 诺思. 制度、制度变迁与经济绩效 [M]. 杭行，译. 上海：格致出版社，2014：112-118.

的实践中，学习效果始终受到外部环境变动以及关涉对象的影响，教育部、国家民委等民族职业教育的主管部门和组织机构，不断进行实践和检验，进而完善民族职业教育政策。在这一过程中，相关的组织和个人通过学习实践，形成一套高效的管理办法和运转程序，逐渐内化为组织和个体的习惯。如果要进行政策改革，将势必打破原有的组织惯例，增加组织重新学习的成本，所以在非必要的情况下，相关利益主体倾向保持民族职业教育政策的稳定状态。

三是协作效应。当民族职业教育政策的实施不可逆转时，为了保障其正常运转，相关部门会制定相应的配套政策，形成政策的相互配合，从而在结构上形成较为稳定的政策模块。同时，在政策运转的过程中，与民族职业教育政策相关联的各方利益主体为了实现自身利益最大化的目标，会通过共同合作的方式在政策矩阵中取得满意的博弈结果，并相互推动，使政策走向路径依赖。

四是非正式政策关系的加剧。在民族职业教育政策实施过程中，将会衍生出一种非正式政策作为前者的补充和支持，一旦非正式政策形成，其背后的政策惯性将会使政策变得更加稳定，从而遏制和阻碍民族职业教育政策的发展和变化。

五是适应性预期的存在。随着时间的变迁，民族职业教育政策在空间上得到拓展和延伸，并在实践中逐步发挥良好的效果和作用。它有效保障民族地区的发展权和受教育权，提高民族地区的教育水平，促进民族职业教育的进一步发展，维护民族团结和国家统一，稳定党的执政基础，赢得了少数民族的广泛认可和拥护，因此其受自下而上的诱导力量影响较小而不易更改。

2. 项目制治理模式在民族职业教育政策中的自我强化

在我国民族职业教育政策的变迁中，路径依赖主要有以下三方面：一是学习效果。民族地区职业教育的"项目化"治理模式与非民族地区职业教育相似。1995 年和 1998 年，我国分别实行了"211 工程"和"985 工程"，可以说是我国高等教育"项目化"治理的"先行者"。这两项工程总体塑造了我国高等教育的实力格局和院校排名，使项目制逐渐成为政府高效配置教育资源的重要手段。为加快发展我国民族职业教育，党和政府启动民族职业教育领域的重大项目。二是协同效应。随着项目制在民族职业教育治理中的试行和完善，与之相匹配的制度（如竞争性人事制度）和内外部组织（如"项目办"）也逐步建成，在不断发展中最终形成了稳定的制度集合。制度集合发挥弥补初始制度体系缺陷的作用，协调各方主体的利益关系，并在协同中逐渐形成复杂的利益联结，这可能不利于项目之下民族职业教育政策的相应转变。三是适应性预期。虽然"跑部钱进"等项目制下的消极行为备受诟病，但不少民族职业院校在机构设置、人员安排、岗位匹配等方面都已经具有较为扎实的基础，且有清晰的政策申请和审批流程。政府也能够通过民族职业教育政策的制定，取得人才培养方面的成就，并在实际行动中贯彻落实党和国家的要求。在委托方和承包方需要减少不确定性的现实情况下，围绕双方的诉求，项目制成为一种"约定性"的制度安排，能够尽可能地降低交易成本，从而提高行动预期。我们可以看出，项目制的治理模式在学习效应、协同效应和适应性预期上，完成了对民族职业教育政策的进一步强化，成为我国民族职业教育治理的重要实施模式。

3. 制度多重效应的充分发挥

一是区域协调的制度构建成本。无论政治制度还是教育制度，其制度内部或与其他制度之间存在相互交错的协同关系，通过逐步磨合达到制度相嵌的协同程度，从而产生制度矩阵。① 这个过程中，制度的建立和推行需要消耗大量的成本，制度的改革更需要众多额外的成本来支撑。就我国民族职业教育改革来看，不仅关乎教育和经济双重领域的磨合，还涉及民族地区和非民族地区的制度匹配问题。从某种程度上说，每个领域或区域的制度作为一个整体，各自具有一定的独立性。在差异互补方面，我国推行有针对性、多样化的东西协作对口帮扶项目，虽然与东西部合作的相关

---

① ［美］道格拉斯·C. 诺思. 制度、制度变迁与经济绩效［M］. 杭行，译. 上海：格致出版社，2014：112-118.

政策内容散见在民族职业教育政策中，但民族职业教育政策的发展离不开各个系统的高度协同，它是一种多方协同。

可以说，我国民族职业教育政策是政府主导的一种集体行动的结果。1984 年，中共中央、国务院发布《关于帮助贫困地区尽快改变面貌的通知》，要求国家相关部门做出具体部署。从政策颁布与参与实施部门来看，我国包括民族地区在内的扶贫政策需要多部门协同集体行动。在该项目活动中，各个部门都期待共同分享成功的成果，但也存在竞争性的意识取向。因为处于其中的行动者受到信息局限、成本规避、情感情绪等因素的影响，其行动思考无法达到绝对理性，而是处于有限的相对理性状态。①也就是说，在制定或实施政策时，集体行动者只注意满意原则，而忽略了绝对理性原则，由此使原有的政策能够相对稳定并得到维持。

因此，从我国民族职业教育政策的变迁历程可以看到中共中央、国务院出台相关的发展规划，各部委出台系列的配套政策，加上地方政府制定具体实施办法，共同组成了责任明确、分工具体的民族职业教育政策体系。同时，通过实施"对口帮扶""骨干校""示范校""双高"等项目，国家投入专项资金，充分发挥财政"杠杆效应"，推进和巩固民族职业教育的发展。这些针对性强、层次分明的政策体系、资金专项帮扶工程等，共同构成我国民族职业教育政策的制度矩阵，它们在相互交错与互补中形成了自我维持或强化的制度效应，由此带来民族职业教育改革需要承受建设新制度与修补旧制度的双重经济负担。因此，我国民族职业教育政策的变革，需要打破原有的政策矩阵，并付出较高的制度建设成本。在这个过程中，为了尽可能地规避损失或降低成本，我国民族职业教育政策制度反而形成较强的依赖效应。

二是制度内容的学习效应。复杂制度的重复运行，能在一定程度上降低系统学习与研究的时间和人力成本，以此实现获得更高制度运行收益的目的。民族职业教育体系具有高度的复杂性，不仅要学习民族地区与非民

① ［美］曼瑟尔·奥尔森. 集体行动的逻辑［M］. 陈郁，等译. 北京：生活·读书·新知三联书店，1995：5.

族地区的区别和联系，还要满足职业教育体系与外部经济之间的需求。当一个系统成熟时，人们往往习惯于采纳已有的制度运行体系，这样能更好地规避未来可能的风险。从这个层面来看，我国民族职业教育政策的学习效应包括两方面。一方面，改革开放至今，我国民族职业教育政策在培养对象、培养目标、师资队伍、管理制度等方面形成了政策矩阵，并产生了自我强化的效果。在政策矩阵中，如果个别政策发生变化，就会阻碍其他政策的运行，即"牵一发而动全身"，不利于整体的发展。因此，在原有政策体系下，民族职业教育政策的施行者偏向于沿袭以往成熟的政策体系，并将其应用到当前民族地区职业教育政策的实施活动中。另一方面，参与民族职业教育政策制定和实施的人，可能形成一种适应性的心理特征，他们宁愿待在原有政策的心理舒适区，也不愿意对民族职业教育政策做出较大的变动。实际上，政府是我国民族职业教育政策制定和推行的主体。政府将政策学习作为政策制定的一个重要方法和原则，"根据过去政策的结果和新的信息，调整政策的目标和技术的尝试，以更好地实现政府的最终目标"①。可以说，历史是最好的学习对象。在政策的制定和实施阶段，人们会自然回顾以往的经验。在具体实施上，政策研究者认为，政策执行的过程可分为三种主要方式，即忠实执行、折扣执行和综合执行，相应的执行主体也会出现不同的执行表现。从实践情况来看，民族职业院校对于职业教育培训政策是一种被动接受的状态，政策落实情况、培训效用等，几乎由院校对政策"接受"或"默许"等态度决定。因此，政策执行者在政策落实过程中的忠实心态，最终深化了政策学习习惯，增强了学习效果对路径依赖的影响。

三是制度主体的协调效应。我国民族职业教育是一种跨界教育，具有教育与经济的双重属性，其政策体系涉及政府、行业企业、职业院校等主体的职责要求。就政府、行业、企业、职业院校等利益相关者而言，政治权力总量不是无限的。在政治权力的分配过程中，一方会占据主导地位，

---

① Peter A. Hall. Policy Paradigms, Social Learing and the State: The Case of Economic Policy making in Britain [J]. Comparative Politics, 1993 (3): 278.

获得更多权力，而另一方会处于相对弱势的地位，即获得较少权力。政治行为离不开政策力量的推动，其拥有者不仅利用自身优势来促进政策的推行，而且在实践中不断强化自身的优势和权力，使其形成一种适应性的习惯。国家大力发展民族职业教育，鼓励多主体联合办学，不断推动职业教育产教深度融合，引导民族职业院校主动对接经济社会发展、行业企业参与技术技能人才培养，引导社会各界力量逐渐参与民族职业教育的办学过程。

在我国民族职业教育政策的变迁中，政策形成是政府行为、社会团体影响、个人参与等多方面结合的结果，政府处于政策权力的主导性地位，社会和民族职业院校是政策的落实主体。诚如政策学家詹姆斯·安德森所说："有理由把公共政策看作不同的团体之间冲突的产物，也就是具有不同利益和愿望的人们之间冲突的产物。"① 因此，作为民族职业教育政策的利益相关者，其他相关主体应能在民族职业教育政策中获得相应的发言权。与其他政策领域类似，政府在民族职业教育政策领域同样拥有绝对的领导权。这从民族职业教育政策执行的相关文件可知，"按照……要求""按照……精神"等字样出现在地方政府的政策文本中，说明地方政府作为下属部门，在上级政府部门的领导下开展工作，地方政府和职业院校贯彻落实上级的政策，这使得一些需要调整的政策难以得到改进。因此，路径依赖的形成是一种必然现象。改革开放以来，党和政府日益重视民族职业教育的发展，不断增强职业教育与民族地区经济社会的互动，民族职业教育多元主体协作办学的格局逐渐形成。在民族职业教育政策的引领下，职业院校科学对接社会经济建设和产业发展的需要，增强了各方主体参与民族职业教育的积极性，民族职业教育政策统筹协调多方主体深化合作关系，共同推动民族地区职业教育与经济社会的良性发展。

四是制度对象的适应性预期。建立在特定政策基础上的契约，其受欢

---

① ［美］安德森. 公共决策［M］. 唐亮，译. 北京：华夏出版社，1990：4.

迎程度的增加，能降低规则持久性方面的不确定性，被称作适应性预期。①
一项政策确立之后，会被绝大多数行为者广泛接受和推行，行为者对于政
策的施行效果产生政策期待和政策依赖心理，这反过来又会加强政策的连
续性和可操作性。我国民族职业教育政策大多属于强制性的政策变革。在
政策探索、重构、巩固、创新、深化的不同时期，政策作为一种由上至下
的权威力量，在职业教育与民族地区之间发挥"黏合剂"和"平衡杆"的
功能，推动职业教育精准满足民族地区产业发展的实际需要，尽可能地改
变"壁炉现象"。在这个过程中，由于各方利益主体存在一定的政策期望
和政策依赖，会增强政策的持续性。而适应性预期是指建立在原有制度体
系内的规则，其被使用者与受益者接受的程度更高，有利于降低其被排斥
的风险成本。② 也就是说，当政策体系得到行动者的普遍支持时，行动者
就会对政策实施过程和效果产生已知的心理预期，从而获得更稳定的心理
预期。我国民族职业教育政策的目标对象，主要是以指令性的方式推进政
策的实施，有利于对口帮扶政策的贯彻落实。在民族职业教育政策制定和
实施的过程中，政策行为主体之间的合作意愿和期望存在很大的不确定性
和差异性。虽然可以通过预调查来预估政策的总体效果，但预估结果与实
际结果之间难免会存在一定的落差。所以，我国民族职业教育政策的制
定，更倾向于选择已经施行的较为成熟的体系。民族职业教育政策作为公
共政策的一部分，社会民众对民族职业教育政策的信任，以及对政策施行
结果的期望没有太大的差异，也有适应性预期制度的惯性倾向。

此外，适应性预期不仅对社会公众存在无意性的潜在影响，对政策制
定机构与执行机关也存在较强的有意选择影响，民族职业教育政策的规划
与监督权集中在中共中央和国务院。为了制定或修订相关政策，在调查具
体需求和一线实践情况的基础上，国家召集相关专家组征求具体意见，形

---

① ［美］道格拉斯·C. 诺思. 制度、制度变迁与经济绩效 ［M］. 杭行，译. 上海：格
致出版社，2014：112-118.

② ［美］道格拉斯·C. 诺思. 制度、制度变迁与经济绩效 ［M］. 杭行，译. 上海：格
致出版社，2014：112-118.

成最终的政策，颁布并指导民族地区实施。在制定具体的民族职业教育政策时，中央政府下放权力给教育部、国家民委、扶贫办、人力资源和社会保障部等机构，其中教育部是直接的权力机构。同时，作为主管的重要机构，教育部通过自上而下的层层推进，加强民族职业教育政策的实施。在此环节中，无论是顶层决策组织还是基层实施组织，主要聚焦民族职业教育政策的内部循环，较少接纳其他社会公众和组织的加入，形成了相对封闭的内部运作。这容易造成短期内难以发现民族职业教育政策问题的负面影响，从而出现政策方案被闲置的可能。因此，政策制定和实施的有意选择，与公众对民族职业教育政策预期的无意选择，产生了强烈的适应性预期，这也是民族职业教育政策惯性产生的原因。

我们对我国民族职业教育政策变迁的路径依赖原因进行分析，可以发现路径依赖与制度变迁具有密切关联性。改革开放以来，我国民族职业教育政策变迁的历程存在一定的相似性。这有利于保障政策实施的连贯性，也产生了一定的现实效益，积累了相关的成功经验，但也给当前民族职业教育政策的改革，带来相应的困境。我们从民族职业教育政策的变迁来看，可以把民族职业教育与乡村振兴衔接的发展需求作为突破点，尝试从治理组织、治理主体、治理过程、治理方法等方面进行探索。

（三）关键节点

在历史进程中，"关键节点"是历史制度主义强调的"关键时刻"。我国民族职业教育政策的变迁可分为基于原有制度框架内的"渐进式变迁"，以及从量变到质变所产生的"决裂式变迁"。"关键时刻"对民族职业教育政策的变迁会形成导向性甚至决定性的影响。

1. 职业教育类型地位的确立

从民族职业教育政策实施的历程来看，项目制作为一种治理模式，在其运行机制当中并未发生过于明显的变化。这既与民族职业教育政策发展历史不长有关，也受到税收制度和民族职业教育政策治理模式大环境的影响。它进一步加强了政府对民族职业教育政策的控制，提高了民族职业教育政策制定机构的工作效率，在一定程度上满足了国家对民族职业教育治理的基本要求。

然而，民族职业教育政策实施的背景和制定的内容出现一个较为重大的"关键节点"，即职业教育类型地位的确立。无论是早期建设职业大学还是建设示范（骨干）学校，其最终目的都是"逐步形成结构合理、功能完善、质量优良的民族职业教育体系"，特别强调"2020 年前示范性民族职业教育院校不会升格为本科院校"。这在一定程度上将民族职业教育限制在专科水平，但并没有从现代职业教育体系的角度审视民族职业教育的进程。2014 年颁布的《关于加快发展现代职业教育的决定》和《现代职业教育体系建设规划（2014—2020 年）》确立了职业教育发展的基本内容，将发展本科层次职业教育纳入建设目标。然而，职业教育类型地位尚未稳固，民族职业院校转型发展的效果并不理想。"优质学校"建设项目核心是深化示范学校建设的成果，并没有从根本上改变项目制的内容和方向。但 2019 年颁布的《国家职业教育改革实施方案》，确立了职业教育在政策和制度层面的类型地位，将高等职业教育从专科层次的职业教育延伸到本科和研究生层次，为民族职业教育的高质量发展提供了可能。

2. 民族职业教育政策的发展进程

一是"教育为工农服务"的教育方针，在 1949 年 12 月 23 日召开的全国教育工作会议上正式确立，这成为我国教育发展史上的历史性事件。全新的教育政策确立了民族职业教育的主要方向、根本性质和发展目的。无论外部环境如何变迁，民族职业教育始终秉承"社会主义教育为人民"的根本原则，将着力发展民族地区最广大贫困群体的教育事业，作为中国特色社会主义教育始终不懈的价值追求。二是《关于帮助贫困地区尽快改变面貌的通知》于 1984 年 9 月 29 日颁布。我国民族职业教育史上的"教育扶贫"首次被提出，它属于民族职业教育发展里程碑式的关键事件。我国民族职业教育政策已被国家顶层设计层面正式吸纳，并开始进入规范化、制度化的轨道。三是 2013 年，习近平总书记在湖南湘西首次提出"精准扶贫"。作为我国全面深化改革的领导者的政策，习近平总书记的扶贫政策必将对教育扶贫转型产生深远影响。特别是其"扶贫先扶智"的理论，使得教育扶贫政策获取大量的关注。基于此，教育部把"精准扶贫"作为教育扶贫方针的核心，同时推行教育扶贫全覆盖政策。党的十八大以来，形成了一揽子的"以点带面"支持计划，全面覆盖民族地区，普及义务教育、改造薄弱学校、资助学生入学、建设教师队伍、发展民族教育、提升职业教育技能等。在高密度、高效率的政策供给下，我国民族职业教育扶贫政策主要分为三大类：总体纲要、具体措施和支持保障体系。其中，总体纲要规划了民族职业教育政策的行动方针和实施机制；具体措施构想了民族贫困地区职业教育各方面的发展情况，以及重点资助民族地区特殊群体的具体策略；支持保障体系囊括配套政策、机制创新和实施措施。所以，我国民族职业教育扶贫形成了"四梁八柱"的政策体系，既有宏观顶层规划和战略实施，又有具体的配套保障。这为我国民族职业教育扶贫政策完成新的制度变迁，打破路径依赖现状创造了重要的机遇。

在我国民族职业教育政策变迁过程中，有两个"关键节点"突破了消极路径依赖，成功实现政策转型。第一个关键节点是 2002 年发布的《国务院关于深化改革加快发展民族教育的决定》，正式提出"民汉双语教育"的要求；第二个关键节点是 2015 年发布的《国务院关于加快发展民族教育的决定》，改变了民族地区不重视国家通用语言教育的现状，推动了民族职业教育政策的变迁。

第四章

我国民族职业教育政策的研究模型

政策工具是政策文本分析的重要手段。随着政策研究不断科学化和规范化，它在教育政策研究中的运用不断拓展和深化。政策工具分析把政策结构性作为基本理论基础，认为政策是由一系列基本单元工具组合、搭配而成的实施方案，同时还体现了政策本身的价值理念。构建分析框架的目的在于跨越现实性与操作性之间的鸿沟，较好地以主位和客位的身份在研究者、政策制定者或决策者之间切入切出，提高政策制定的预见性。① 提出教育政策的问题、制定、结果、价值相对应的各项分析方案及未来走向，是厘清教育政策事实、价值、规范之间关系的必然路径。② 为提高我国民族职业教育政策的科学性和有效性，我们迫切需要一种规范化的政策研究框架，来进一步分析和解释政策文本的内在逻辑，以便纠正政策制定的失误。

一、分析模型的构建依据

邓恩强调对教育政策释放的信号指向、政策强调的信息，以及政策的设计结构进行翔实的分析是一个基础性的工作。在民族职业教育政策文本量化研究的过程中，这种分析无论是对现存职业教育政策文本进行有效性的评价，还是试图建立一种新的政策制定思路都是必要的。这种分析就是要明确教育政策价值分析的价值向度、价值内容与研究方法之间是什么关

---

① [美]斯图亚特·S. 那格尔. 政策研究百科全书 [M]. 北京：科学技术文献出版社，1990：40.
② 胡宁生. 公共政策分析的意义与模式 [J]. 中国行政管理，2001（4）：56-57.

系①，以及用教育政策内涵的内容分析、价值分析和过程分析的三维模式去理解政策的合理性②，这样的分析模式如何去解构政策文本内在的规划、教育资源和功能配置等。基于对教育政策分析模式的理解和审视，国家制定合理、规范的分析框架是验证和检视教育政策的重要手段。综合考虑如何做到这种分析既要在教育政策范围内，又要凸显民族职业教育政策本身的特点，是构建符合政策分析维度的前提。

在明确教育政策分析和政策价值分析模式为其构建理念的基础上，结合民族职业教育政策工具的选取原则，构建三维分析框架的依据源于两方面：

第一，就分析结构的特性而言，要能体现民族职业教育政策内容结构的全面性和综合性。本研究主要引用理学中常涉及的"三维空间分析模型"，使空间从二维延伸和拓展到三维，目的在于通过三维的角度对空间的内容联结进行可视化的观察和分析，以便直观地显示和对比三个维度之间的关系。因为我国出台的每个民族职业教育政策，本身就有内在的结构逻辑，但因政策背景、政策目标、教育发展规划等方面的差异，而具有一定的阶段性特征。因此，我国民族职业教育政策的分析模型，需要解构和分析复杂多样的教育政策内容，从而形成解释教育政策内容之所以呈现复杂多变的原因的可视化框架。

第二，从内容解释的角度来看，要从政策工具理论的核心要义，凸显民族职业教育政策内容横向和纵向的逻辑和指向。本研究具体从三方面来构建分析框架。一是教育政策工具元素的体现。政策工具类型的多样性，要契合教育政策内容的广延性和复杂性，即以政策工具的类型为 X 向度，作为连接民族职业教育政策的内容分析横向和纵向的中介点。二是教育发展要素的体现。教育发展要素是教育政策内容的深层次含义，更多表现为教育政策过程发展变化，契合民族职业教育政策的历史演进，即以各类教

① 刘复兴. 教育政策价值分析的三维模式 [J]. 教育研究，2002（4）：15-19.
② 孟卫青. 教育政策分析的三维模式 [J]. 教育科学研究，2008（1）：21-23.

育发展要素为 Y 向度，纵向审视民族职业教育政策内容分析的发展趋势，丰富教育政策的过程分析向度。三是民族职业教育政策的特殊性。要在教育政策的共性中凸显其特殊性，如政策话语的转向、价值取向等，主要以教育政策分析为核心领域，即教育政策的价值分析作为 Z 向度，横向剖析民族职业教育政策内容的价值取向。根据对各个向度的划分和规定，即政策工具、教育发展要素和政策价值的划分，我们最终构建民族职业教育政策三维分析框架（见图 4-1）。

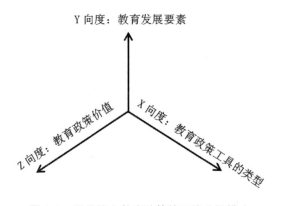

图 4-1　民族职业教育政策的三维分析模式

二、分析模型的内容

近年来，随着政策研究朝着科学的方向发展，政策工具被广泛应用到教育政策文本分析中，政策工具在教育政策分析中不断延伸。政策工具分析的基本理论是把政策结构性作为立论基础，突出政策的结构性，认为政策是由一系列基本单元工具组合、搭配而成的实施方案，同时体现了政策本身的价值理念。所以，基于政策工具视角建立政策文本三个维度的分析框架。

（一）X 维度：基本政策工具

从教育政策工具类型划分上来看，英国萨塞克斯大学科学政策研究员罗斯韦尔（Roy Rothwell）和荷兰海牙应用科学大学泽格维尔德（Walter Zegveld）根据政策产生影响的着力面不同，提出供给型政策工具、需求型政策工具和环境型政策工具①。政策工具的这种分类方式全面衡量政策产生的影响，整体上把握和分析政策内容。有学者通过综合施耐德和英格拉姆、麦克唐纳和艾莫尔的政策工具分类方法，将权威工具、象征和劝诫工具、激励工具、能力建设工具、学习工具和自愿性工具这六类工具作为职业教育政策分析框架中的横向维度②。为了突出民族职业教育政策的特殊性和本体性，本研究将综合考虑教育政策工具的理论基础，权衡各政策工具的使用范围。为保证分析框架的合理性，本研究将选择需求型政策工具、权威工具、象征和劝诫工具、激励工具、能力建设工具、学习工具和自愿性工具，这七类政策工具作为政策三维分析框架中的 X 维度。

1. 政策工具的融合

这七类政策工具是根据政策决策的目的进行选取、合并和融合，它们分类比较具体。本研究在选择时对其使用范围进行界定，规避了分类的局限性和重叠性。对此，本节尝试从民族职业教育政策文本的内容结构以及宏观的发展导向，将各政策工具的作用（见图 4-2），作为 X 维分析框架应遵循三个融合的原则。

第一，政策环境适应原则。政策环境有内部环境和外部环境之分，和生态环境密切联系。这里的政策环境多以外部环境为主，包括政策制定者的偏好、实施过程干预和废止过程等，是政策文本制定或设计必须考虑的核心因素，涉及社会经济、制度条件、政治文化、国际环境等方面。对政策而言，政治经济文化因素不是静态的变量，而是随着时代的发展不断变迁，对其变化的影响难以估量，这对政策工具的选取能否适应民族职业教育政策环境具有一定的挑战。营造良好的政策环境是我国民族职业教育健康发展的保障，如建立和完善就业准入制度、加大经费投入、对职业教育资源实施保护政策、调整高职院校的招生政策等③。

---

① Walter Zegveld. Industrial innovation and public policy: preparing for the 1980s and 1990s [M]. London: Frances Printer, 1981: 83-104.

② 李运华，王滢淇. 新时代我国职业教育政策分析：基于政策工具视角 [J]. 教育与经济，2018 (3): 25.

③ 刘春生. 发展职业教育需要良好政策环境 [J]. 职业技术教育，2002 (3): 39.

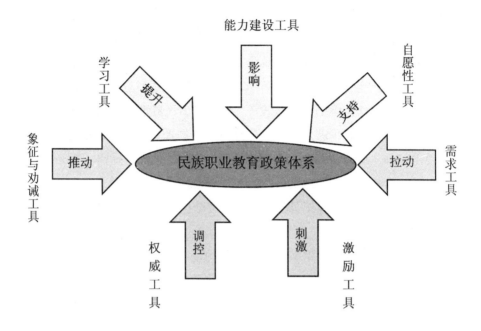

图 4-2 民族职业教育政策分析的 X 维度

第二，政策推动原则。政策的推动力源于政府对民族职业教育政策支持和保障力度的强化。从计划经济向社会主义市场经济转型的过程中，职业教育逐步形成了管理主体、责任主体、实施重点、路径选择等方面的政策体系与机制。职业教育重大政策形成的动力来自"政府主导"的权威管制；职业教育政策目标的主导力量取决于政府推动的力度；地方为主事的实施重点在于激发职业教育政策活力；社会的力量逐渐成为实现职业教育政策效益不可或缺的重要力量①。如选取的能力建设工具、象征与劝诫工具是推动政策发展的重要因素，从顶层设计的宏观视角，逐步细化到各责任主体的权力分配上，以提高政策的执行效率。

第三，政策拉动原则。衡量民族职业教育政策的实施与政策目标群体

---

① 孟凡华，郭丹. 十八大以来中国特色现代职业教育政策推动报告 [J]. 职业技术教育，2017（24）：29-36.

的需求是否匹配，是政策拉动强弱的主要表现。从政策制定的过程看来，可从政策向高性能、外界参与的自愿性、少数民族个体自主学习等方面评判政策拉动的强弱。其中，引进优质教育资源或设备，是增强政策拉动性的经济基础，这在一定程度上减轻政策推动力的负担，辅助性地完善民族职业教育政策发展，营造较好的政策环境氛围，较好地弥补政策分析模块中辅助与提升环节的不足。

2. 政策工具的使用界定

（1）权威型工具

政府的决策决定了社会的道德品质，推动权力的现代化，为了获得民众的忠诚和使政府活动合法化，权力必须受到限制，这是权威工具的重要特征。政府作为政治工具的同时，也在现实社会与理想社会之间达成一种微妙的均衡，不同的政府权威政策类型，归属于等级权威和工具价值相结合的不同形式的同一类型。① 每一件政策文本对政策实施对象、治理主体参与者、政策目标等方面都进行了规制。如政府可以通过目标规划、税收优惠、法规管制、金融支持等方面，调控民族职业教育与地方产业发展的联动；通过创设外部环境条件和配套设施，为民族职业教育政策的实施提供有利的政策环境，起到间接影响作用②。鉴于此，本书认为权威工具是国家的强制性命令，从政策内容或话语中表现出强制性推行的语气，在特定的情况下允许、禁止或者要求某些行为。一般把在民族职业教育政策中将带有制度、标准、要求、禁止、评估、监管、加大扶持、改革发展、必须、重视、加强、立法、保证、计划、允许、不准、确保等字样的文本归为"管制"工具。

（2）能力建设工具

能力建设工具是提供信息和教育资源，使个人、团体或机关有能力做

---

① ［美］戴维·E. 阿普特. 现代化的政治［M］. 陈尧，译. 上海：上海人民出版社，2016：170.

② Walter Zegveld. Industrial innovation and public policy：preparing for the 1980s and 1990s［M］. London：Frances Printer，1981：83.

决定或完成政策行动的手段①，重在改善职业院校办学的基础设施条件，以及健全各项制度的建设等。这一工具属于供给性工具，主要体现为政策对民族职业教育事业的支持力度，其中教育资金的投入、教学硬件设施的完善、优质人才的吸纳、政府科技信息渠道的建设、公共服务力度的加强等是该领域的重要内容。本书将政策文本中涉及扶持、补助、办学、师资建设、招录倾斜、项目倾斜等内容归为这一类工具，主要包括：基础设施建设、制度建设、政策优惠、补助与扶持四个方面。其中，基础设施建设主要倾向于职业院校的办学、教师队伍的建设、科研机构建设、人才培训等方面；制度建设主要是指招生机制和人才培养机制的健全等；政策优惠在民族职业教育政策文本中比较明显，如降分录取和就业倾斜等；补助与扶持主要侧重于教育经费投入、教育资源、项目的扶持和倾斜等方面。

（3）象征与劝诫工具

象征与劝诫工具是教育政策中体现管理权力变革的一种工具表达方式，即通过政策的推行促成多元主体共治局面，借助社会的力量来增强办学活力，实现政策理想的主要方式。它进而也显示出政策本身的薄弱，即政策落实除依靠政府力量外，也需要鼓励或号召更多社会人士根据自己的价值与信仰体系而决定作为或不作为，期望借用此类工具使政策目标群体的价值与政策目标趋于一致。② 本书将政策文本内容中涉及鼓励社会、企业参与办学，鼓励优质人才到边疆地区发展归为鼓励领域；将提倡和加强对口支援、引导优质重点建设项目驻扎民族地区等方面的内容归为号召领域。

（4）激励工具

激励工具对职业教育吸引力不强、评价不高等问题有着重要的改善作用。激励工具旨在以实质的报酬诱导执行或鼓励某些行为去执行政策措施的手段。这一工具在多数教育政策中使用频率较高。"赏罚分明"是激励群体

---

① 李津石. 我国高等教育"教育工程"的政策工具分析 [J]. 中国高教研究, 2014 (7)：43.

② 朱春奎. 政策网络与政策工具：理论基础与中国实践 [M]. 上海：复旦大学出版社, 2011：131.

共同参与政策执行这一过程的内在法令，尤其对教育基础薄弱的地区更需要给予充足的激励。一般将激励工具分为奖励和惩罚两类。针对民族地区职业教育发展薄弱的方面，如在师资引进、提升技能人才培养质量、参与职业教育办学等方面，做出突出贡献的个人或单位给予相应的奖励。同时，在政策规划指标或条款内容方面，在一定时间内需要对政策的实施成效进行相应的评估和监督，对不按政策实行、执行效果不佳、违背政策制定目标等情况给予相应的处罚，保证颁布的政策法规落到实处。

（5）学习工具

学习工具的目的在于通过学习所得的经验，增进其对问题及解决方案的理解，有助于决策者明晰目标。① 一项政策的制定不仅仅需要政府或相关部门去宣传或推行，也需要政策目标群体自身去主动学习政策，并能运用自身的能力去解决相关的政策问题，进而丰富民众的生活常识，这对政策的施行和政策目标的实现具有重要意义。本书将政策文本内容中涉及借鉴学习、自力更生、引入早期职业教育的启蒙、民族问题的研究、提升科研服务等方面归为学习工具，主要包括信息发布、沟通协商、宣传学习（早期职业教育学习）、科研服务（民族问题研究、科研）等②。

（6）自愿工具

在权威性政策工具的主导下，自愿政策工具作为经济政策和社会政策重要补充，对解决现存的公共政策问题有着一定促进作用。不受或很少受政府影响是该政策工具的主要特征，即期望中的任务是在自愿的基础上完成。随着私有化企业的迅速发展，自愿性政策工具的作用可能会显著增加。因为该政策工具能自由地融入社会文化中与之相适应，且成本低，综合这些因素是社会采用此种工具的重要原因③。本文将政策文本内容中涉

---

① 朱春奎. 政策网络与政策工具：理论基础与中国实践 [M]. 上海：复旦大学出版社，2011：132.

② 朱春奎. 政策网络与政策工具：理论基础与中国实践 [M]. 上海：复旦大学出版社，2011：131-134.

③ 迈克尔·豪利特. 公共政策研究：政策循环与政策子系统 [M]. 庞诗，等译. 北京：生活·读书·新知三联书店，2006：146.

及社会自治、捐资助学、企业力量、合作办学、学校贡献、自设或地州自办培训班、自力更生和自主探索适合本地发展的路子等方面归为自愿性工具。该政策工具主要以一种间接性地减轻政府能力限度负担的方式实施，即通过个人、家庭、社会组织或市场发挥作用，在自愿的基础上解决社会问题的手段、途径和方法①。包括市场、社会力量（捐资助学）、院校自治（学校贡献力量、自设培训班）、地方自治（自办培训中心）及自我管理（自力更生和自主探索）五个部分。

（7）需求工具

需求政策工具是指政府通过公共技术的采购、外包、贸易管制、海外机构管理等措施，降低市场进入障碍，引导社会资源的参与，与政府形成合力，积极开拓并稳定职业教育发展的市场，从而拉动民族地区的人力资源开发。这一政策工具对其他政策工具起到中介、辅助、调和的作用，因为它本身具备多项政策工具的功能优势。需求型政策工具可分为技术引进、服务外包、海外资本、教育委托、教师分配、海外机构和教育层次七个方面。其中，技术引进主要是指针对民族地区教育设施的不完备，积极购买和引进信息化设备，发展远程教育；服务外包主要指将特色民族教材的编写外包给其他企业的政策；海外资本主要指政府鼓励和倡导海外有名的企业家注资建设，发展民族地区的特色产业，为职业院校的毕业生提供良好的就业园地；教育委托是海外机构提供人才培养的基地和师资，为民族地区的发展输送人才；教师分配是指政府引导高校毕业生到少数民族地区支教，包括扩大民族地区职业院校的师资队伍建设；海外机构是安排职业院校的教师或部分优秀的学生有机会到国外或者发达地区的中高职学校进修和学习的机构；教育层次是指高级人才的诉求和引进。

（二）Y 维度：教育发展要素

教育发展要素是指构成教育活动的成分和决定教育发展的内在条件。②

---

① 张端鸿，刘虹. 中国高等教育改革与发展的政策工具分析 [J]. 复旦教育论坛，2013（1）：51.

② 顾明远. 对教育定义的思考 [J]. 北京大学教育评论，2003（1）：5-9.

一般可以从宏观和微观两个层面对教育发展要素进行分类。在宏观层面，教育发展要素主要包括教育主体、教育目标、教育内容、教育环节、教育手段、教育途径等；在微观层面，教育发展要素主要包括教育者、受教育者和教育影响三个基本要素①。基于对教育发展要素的定义和层次的分析，我国民族职业教育政策制定的目的是为了规范、影响、干预和引导民族地区职业教育的发展，民族职业教育的发展要素是制定民族职业教育政策需要考虑的因素。教育体系、活动、制度这三个维度可描述一个国家教育发展的总体状况②，为此，我国民族职业教育的发展要素亦可从结构、技术、制度三方面考虑。本书在借鉴以上教育发展要素的基础上，以教育发展要素的划分为基础，依据民族职业教育政策的发展背景，将职业教育发展的核心内容，具体细分为9个要素：奖助免政策制度建设、中等职业教育结构改革、民族职业教育发展规划、职教扶贫规划、招生规定、师资建设、人才培养规划、民族文化传承和民族职业教育科研规划。每个要素又按其政策内容和目的，划分为不同的具体环节（见表4-1）。紧接着，本书进一步将每个政策领域涵盖的主体要素进行归类，旨在综合体现民族职业教育发展的内容设计思路，把握政策制定的纵向逻辑。

表4-1 教育发展要素的分类及具体环节

主要方面	具体环节	备注
奖助免政策制度建设	助学金比例	职业院校学生按75%享受国家助学金

---

① 黄莘，赵培强，苏竣. 基于政策工具视角的我国少数民族双语教育政策文本量化研究 [J]. 清华大学教育研究，2015（5）：88-95.
② 褚宏启. 中国教育发展方式的转变：路径选择与内生发展 [J]. 华东师范大学学报（教育科学版），2018（1）：5.

主要方面	具体环节	备注
中等职业教育结构改革	办学方针	实行普通教育与职业、技术教育并举
	学校改革	将部分普通高中改办为职业（技术）学校、职业中学、农业中学
	办学形式	各行各业、集体和个人举办职业学校
民族职业教育发展规划	招生规定	一般大专院校注意招收少数民族学生，扭转中专和大专在校学生中少数民族所占比例
	人才培养	培养相当数量的少数民族专业人才
职教扶贫规划	教育扶贫	发展民族地区职业教育，力求早出人才和多出人才
	扶持	对于落后的民族地区给予较多的助学金；中央拨给各省、自治区的城乡职教补助费、民族教育专项补助费，要划出一定比例用于少数民族与民族地区发展职业技术教育
师资建设	教师培养	各种形式的教师培训、时间锻炼、深造学习及双师型教师团队组建
	教师引进	从国外、行业、企业、民间等引进教师资源；对一些急需的专业课师资，可请联办单位派兼职教师；对一些技艺性较强的专业课师资，还可聘请能工巧匠担任
	人才培养模式	就业培训、专业设置和人才培养模式
人才培养规划	建设规划	多种形式、多途径进行培训
	机制创新	各单位招工、招干应首先从专业对口的各种职业技术学校毕业生中择优录用
	对口支援培训	以初等职业技术教育为主体，广泛开展各种实用技术短期培训计划

主要方面	具体环节	备注
民族文化传承	特色专业设置	专业设置上，要首先注重办好直接为农、牧、林业服务的专业
民族职业教育科研规划	民族职业教育研究	推动民族教育基础数据资料库建设；加强职业教育学科专业结构调整问题研究；人才培养模式改革研究；区域产业发展对各级各类人才需求状况调查研究等

（三）Z 维度：政策价值取向

我国民族职业教育的主要功能是培养经济社会所需要的高素质劳动者和技术技能人才，这是民族职业教育政策的重要价值取向。民族职业教育政策在为民族职业教育发展提供保障的同时，其价值也兼顾民族文化的传承与创新。民族地区的职业教育通过"育人培才""增技促艺"的本体功能，更好地服务于民族地区经济社会发展、民族团结和民族文化传承这三大社会功能。① 由此，这三大社会功能与本体功能构成民族职业教育多元一体的价值，成为民族职业教育政策文本的重要内容以及政策制度的价值取向。

我国民族职业教育的政策价值维度，主要围绕着三大社会服务功能展开分析，即政策内容的横向分析体现在三方面。一是鲜明的办学方向性。无论处在哪个发展阶段，我国民族职业教育政策始终坚持中国共产党的领导和社会主义办学这一鲜明的方向性。在民族职业教育政策的引领下，民族地区的职业教育贯彻落实党和国家的教育方针和民族政策，维护民族团结和社会稳定，培养适应民族地区经济社会发展所需要的技术技能人才，推动各民族共同繁荣和发展。② 二是政策的扶持和倾斜性。由于民族地区

---

① 巩红冬，鲍嵘. 空间正义视角下的职业教育民族文化传承功能及其发挥 [J]. 重庆高教研究，2019（3）：39-48.
② 蓝洁. 新中国成立 70 年来少数民族和民族地区职业教育发展的变迁与展望：基于政策的视角 [J]. 当代职业教育，2019（5）：10-18.

的自然资源、社会条件、现实基础等方面的原因，区域之间的发展仍然存在不均衡、不充分的现象。为了促进民族地区的发展，缩小区域间的差距，是实施政策扶持和倾斜的初衷。我国民族职业教育政策文本，注重扶贫扶弱的内容，在经费投入、办学条件改善、优质特色学校建设项目、民族文化传承专业示范点、师资培训、学生招生入学、学费减免、生活资助、就业帮扶以及对口支援帮扶等方面，给予相应的倾斜和扶持，促进民族地区职业教育的发展，保障贫困学生接受职业教育的权利。三是民族职业教育发展的特色性。特色发展聚焦差异化，体现国家对促进各民族优秀传统文化和谐共生与传承发展的政策期待。改革开放初期，肯定"开发具有当地特色职业教育课程"差异性需求的政策举措，始终贯穿于少数民族和民族地区职业教育的各项政策中，如提升职业教育服务当地特色优势产业，民族文化与技艺的传承等。21世纪初，职业教育发展进入内涵建设的关键期，民族地区职业教育特色发展的路径进一步明晰。民族职业教育政策价值在不同的发展阶段产生不同的效果，对此，本书将这三方面作为政策分析的价值维度，即分析框架的Z维度。

三、分析模型的运行方式

政策和一般的公共问题都是在复杂、模糊不清的社会制度和历史环境中形成的。就具有不同背景、受过不同训练、享有不同社会地位的人而言，他们对现实问题的认识也是有限的。[①] 三维分析框架的构建是解释我国民族职业教育政策的重要手段，有助于我们对教育政策深层次的认识和理解。在拟定框架内容的基础上，政策三维分析框架的具体运行图（见图4-1），主要是以民族职业教育政策的三维分析模式为导向，然后，进一步引用理学中涉及的"三维空间分析架构"，实现内容分布从二维到三维的延伸和拓展（见图4-3），旨在通过三维的角度对空间的内容联结进行可

---

① [美] 斯图亚特·S. 那格尔. 政策研究百科全书 [M]. 北京：科学技术文献出版社，1990：38.

视化的观察、分析，可以直观地显示和比对三个维度之间的关系及内容取向。这是本书建构三维分析框架的出发点，寻求一种提高我国民族职业教育政策研究水平的科学性、合理性的分析范式，试图超越教育政策研究者对教育政策分析的理性限度，以便能更进一步从三个交叉的维度去拓宽民族职业教育政策的分析视角。

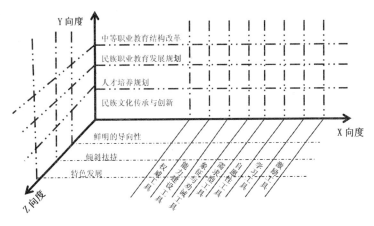

图 4-3　民族职业教育政策三维分析框架的内容分布图

本书的三维分析框架内容分布图（见图 4-3），主要以政策工具类型的选取作为教育政策内容分析的主要手段，以此纵向联结民族职业教育政策过程分析的主要教育发展要素，横向指出民族职业教育政策的核心分析领域是教育政策取向的重要所在。本书对政策三维分析框架的具体运行方式归结为三点：第一，依据各类教育政策工具的特性和政策文本内容的指向，制定选取政策文本的标准，筛选出符合分析框架的民族职业教育政策文本。将筛选出的政策文本一一按指标进行量化统计，归纳各类教育政策工具的使用情况，得出 X 向度的分布情况一览表，形成各类教育政策工具与文本内容一一对应的单元分析编码表。第二，在单元分析编码表的基础上，根据教育发展要素（Y 向度）的主题领域，进一步进行细分量化，统计在各类教育发展要素中，教育政策工具使用的情况，形成一个（X-Y 向度）的二维分析统计表。第三，以教育政策价值分析为核心维度，以纵向

（Z-Y维度）、横向（Z-X维度）为主要走向，分别从价值选择、合法性、有效性三方面进行民族职业教育政策内容的相关性比对分析，形成两个内容相关性分布的情况比对表，分别在Y、Z维度中分析政策工具在横向与纵向中的政策制定思路。

第五章

我国民族职业教育政策的文本内容

在拉斯韦尔看来，政策是以问题为导向的科学，不仅具有多学科研究的背景，就其视野来说还有一定的规范性。[①] 政策工具的选择与应用，蕴含着一些深层次的政治选择，这就决定政策工具的选择难以摆脱价值的干预或影响，即政策工具的问题更为复杂，其灵活性的空间也更小。为此，以民族职业教育政策文本为研究对象，借助政策工具理论，运用民族职业教育政策分析模型，对我国民族职业教育政策文本内容进行量化分析，有助于认识我国民族职业教育政策的政策工具使用情况。

一、政策文本选择与分析方法

（一）政策文本选择

本书基于政策工具的视角，采用内容分析法，从三个维度对改革开放以来我国民族职业教育政策的文本内容进行量化分析。本书所选取的民族职业教育政策均来源于公开的数据资料，主要从中华人民共和国中央人民政府（国务院）、国家各部委、中国民族文化资源库、北大法宝、北大法律信息网等网站进行全面搜集和归整的，保证政策来源的权威性和数量的完整性。

由于专门出台的政策名称为"《×××民族地区职业教育×××》"的文本较少，我们从职业教育政策、民族政策、民族教育政策、教育扶贫政策、扶贫政策中将研究的内容进行精准抽取或抽离，方能进行统计量化

---

① ［美］B. 盖伊·彼得斯，弗兰斯·K. M. 冯尼斯潘. 公共政策工具：对公共管理工具的评价［M］. 顾建光，译. 北京：中国人民大学出版社，2007：201.

分析。所以，在选择政策文本上，为了确保政策文本选取的准确性和代表性，我们主要依据以下四个原则，对其进行整理和筛选：一是发文单位为中共中央、国务院、教育部（国家教委）、国家民委、经贸委、发改委、劳动部等直属机构；二是选取的政策文本内容直接与民族职业教育发展相关的微观领域的条目较多，且密切提及，少量会涉及宏观领域；三是政策类型主要选取"法律""法规""意见""办法""通知""公告""计划"等体现中央政府政策的文件；四是发文时间以1978年至2019年出台的政策为主。依据政策主题的相关性，结合上述四个筛选原则，我们最终从146件政策文本中梳理出我国民族职业教育政策文献样本106件。鉴于篇幅，正文中仅展示局部的政策样本（见表5-1，详表见附录1）。

表5-1　我国民族职业教育政策文本表（局部）

政策编号	政策名称
1	教育部、财政部出台《关于普通高等学校、中等专业学校和技工学校实行人民助学金制度的办法》
2	国务院批转教育部、国家劳动总局《关于中等教育改革的报告》
3	《教育部、国家民委关于加强民族教育工作的意见》
4	《中华人民共和国宪法》
5	《中华人民共和国民族区域自治法》
6	《中共中央关于教育体制改革的决定》
7	中共中央、国务院与批转《关于民族工作几个重要问题的报告》的通知

续表

政策编号	政策名称
8	国家教委发布《普通中等专业学校招生暂行规定》
9	国家教委《关于教育事业"八五"计划和十年规划工作有关问题的通知》
……	……
14	国家教委发布《关于加强少数民族与民族地区职业技术教育工作的意见》
……	……
101	《教育部民族教育司 2018 年工作要点》
102	教育部、国务院扶贫办关于《深度贫困地区教育脱贫攻坚实施方案（2018—2020 年）》
103	《国务院办公厅关于印发职业技能提升行动方案（2019—2021 年）的通知》
104	中共中央、国务院印发《中国教育现代化 2035》
105	教育部、财政部《关于实施中国特色高水平高职学校和专业建设计划的意见》
106	《国务院关于印发国家职业教育改革实施方案的通知》

（二）分析方法

本书采用内容分析法，对 106 件我国民族职业教育政策文本的政策工具频度进行统计，从四方面对其进行分析：一是以选取教育政策工具的类型为主，根据各个政策工具的内容和规定的使用范围，分别对政策文本中相应的政策工具内容进行编码，定义分析单元，进行初步的描述性分析；二是根据构建的三维分析框架，从三个维度来剖析民族职业教育政策的内容取向，探寻政策文本的基本特征，深入分析政策文本设计成效及不足；三是把符合教育政策工具内容的条目，依据政策编号相应地归入分析框架中进行频数统计，将政策工具与教育发展要素的内容分别与政策价值维度的内容进行比对，整理出各个维度的频度以及三个维度之间纵向、横向的内容设计取向的分布情况；四是在量化分析的基础上，解构民族职业教育政策文本中政策工具的使用结构以及不同教育发展要素的受重视程度，从多维度视角对政策工具的选取进行综合分析，进而提出相关的政策建议。

二、政策文本分析单元编码

（一）政策文本内容编码方式解析

本书以 106 件民族职业教育政策文本为研究对象，以 X、Y、Z 维度作为分析单元的基础。由于民族职业教育政策内容是"镶嵌"于多项政策文本中，因此，为保证政策文本内容的完整性和精确性，我们统一采用人工编码形式，对其具体内容进行"抽离"。具体的编码方式的解析，以政策编号 14 号为示例（即国家教委发布《关于加强少数民族与民族地区职业技术教育工作的意见》）（见表 5-1），进一步简要说明编码的数字顺序分别代表的意义，即"政策编号-文本的一级标题序号-文本的二级标题序号（或段落中句子顺序）"（见表 5-2）。

表5-2　我国民族职业教育政策文本内容编码（以政策编号14为例）

政策目录	政策项目	政策内容	编码
二、进一步明确少数民族与民族地区职业教育改革与发展的方向和路子	（一）坚持德育为首，始终把牢办学的社会主义方向	要进行党的民族政策、宗教政策、艰苦奋斗的教育	14-2-1
	（二）坚持主要为当地经济建设和社会发展服务的办学方向，培养素质较高的新型农（牧）民	职业技术学校应向周围农村和农户推广科学技术，积极参与农村社会生活的变革，为科教兴农贡献力量	14-2-2
……	……	……	……
三、采取特殊政策和措施，推动职业技术教育的发展		在大、中专毕业生分配时要对少数民族与民族地区适当照顾	14-3-1
		对一些急需的专业课师资，可请联办单位派兼职教师；对一些技艺性较强的专业课师资，还可聘请能工巧匠担任	14-3-2

注：政策文本里若没有二级标题，按照一级标题下面内容编码的顺序来进行依次编码。

（二）政策文本分析的单元编码

在政策文本内容编码的基础上，我们深入研究每一件政策文本的框架结构和内容的编排规律。为了保证编码的科学性、准确性、合理性和规范性，本书参考借鉴了相关学者对政策工具引进教育政策分析研究的编码范式。① 结合选取的民族职业教育政策文本，对其编码进一步细分，即对政策文本编码内容的整理。另外，我们根据选取的政策工具类型的具体内容进行节点编码，以及归属相应的政策主题，按照政策文本的性质，将各个政策主题规整到相应的政策领域中，形成环环相扣的编码路径，保证政策文本分析单元编码的规范性和科学性。在此基础上，我们对筛选出的 106件民族职业教育政策文本进行节点编码，最终形成我国民族职业教育政策文本分析单元编码表（见表 5-3），因篇幅有限，本书仅列出编码表的局部（详见附录 2）。

表5-3 我国民族职业教育政策文本分析单元编码表（局部）

政策编号	文本性质	政策年度	政策主体	政策领域	政策主题	内容编码	政策工具类型	政策工具
1	办法	1977	国务院	奖助学金制度建设	扩大资助比例	1-2-2	能力建设工具	政策优惠
2	报告通知	1980	国务院、教育部、国家劳动总局	中等教育改革	实行多元办学	2-1	权威工具	法规管制
							能力建设工具	基础设施建设
						2-2-3	能力建设工具	基础设施建设
							权威工具	法规管制
							象征与劝诫工具	鼓励
					教师配备、筹办师范院校	2-3-3	能力建设工具	基础设施建设
							能力建设工具	基础设施建设
							象征与劝诫工具	鼓励
					加强管理	2-4	象征与劝诫工具	号召
							权威工具	法规管制
…	…	…	…	…	…	…	…	…

---

① 李科利，梁丽芝. 我国高等教育政策文本定量分析：以政策工具为视角 [J]. 中国高教研究，2015（8）：50-56.

续表

政策编号	文本性质	政策年度	政策主体	政策领域	政策主题	内容编码	政策工具类型	政策工具
105	意见	2019	教育部、财政部	民族特色职业教育体系构建	打造双师队伍	105-2-8	能力建设工具	基础设施建设
							能力建设工具	基础设施建设
							学习工具	科研服务
					提高服务发展水平	105-2-10	权威工具	管制
							自愿性工具	社会力量
							自愿性工具	社会力量
106	方案	2019	国务院	民族职业教育改革方案	提高中等职业教育发展水平	106-1-2	权威工具	管制
							权威工具	管制
							能力建设工具	基础设施建设
							自愿性工具	社会力量
							象征与劝诫工具	鼓励
							学习工具	早期职教
					经费倾斜	106-5-16	能力建设工具	补助

注：该表显示的政策编号与表5-1一致。

三、政策文本量化的数据统计

根据我国民族职业教育政策文本分析的单元编码，本书从政策的发文单位、文本类型、政策年度与数量分布的关系、政策领域与主题分布情况、政策文本所含政策工具类型、引入主题维度的政策工具使用状况这六方面，逐一对选取的政策文本进行深层次的量化统计和数据分析。

（一）政策主体

我国民族职业教育的政策主体是政策出台的发文单位，从发文单位可以分析政策的层级和参与制定部门的情况。本书通过对政策文本的主体进行统计，得到统计结果（见表5-4）。我们从中可以发现，教育部、国务院占比最大，占了总数的一半以上（即59.74%），其他部门参与联合发文，如中共中央、国家民委、财政部分别占5.84%、9.09%、6.49%。另外，仅参与1次的部门均有与其他部门联合发文的情况，如国家经贸委、中国人民银行、中央组织部、国开办、原国家旅游局、民族教育司等部门。这反映了我国民族职业教育管理体制中央集权和多部委协同合作的鲜明特色，即以中共中央、国务院以及教育部、国家民委为主要发文单位。这体现了我国民族职业教育政策的刚性、层级性和权威性的特点，但与多元主体参与职业教育治理还有一定距离，各部门的协同度仍需继续加强。多部门协同出台的民族职业教育政策兼具综合性和实操性，充分发挥主体间的优势，一定程度上可减弱政策的失真效应。

表 5-4　我国民族职业教育政策制定的主要参与部门协同情况

部门名称	参与次数/次	比例/%
国务院	33	21.43
教育部（含原国家教育委员会）	59（13）	38.31（8.44）
国家民委	14	9.09
财政部	10	6.49
中共中央	9	5.84
全国人大	5	3.25
国家发展改革委	4	2.60
人力资源保障部	4	2.60
劳动部	3	1.95
扶贫办	3	1.95
原文化部	2	1.30
国家经贸委	1	0.65
中国人民银行	1	0.65

续表

部门名称	参与次数/次	比例/%
中央组织部	1	0.65
国开办	1	0.65
原国家旅游局	1	0.65
全国工商联	1	0.65
国家开发银行	1	0.65
民族教育司	1	0.65

（二）政策的文本形式

在我国民族职业教育政策文本中，"通知""意见""方案""法律""规划""决定""报告""纲要""工作要点""计划"等是政策文本的主要形式（见表5-5）。其中，政策文本统计中以"决定""意见""通知""规划"形式出现得最多，占总数的81%，这类政策不仅对民族地区的职业教育发展做出了总体的规划，而且还对某一具体领域做出相关规定。尤其是政策文本有5件是以"法律"名称出现的，为职业教育法的制定奠定了坚实的基础，同时也为民族职业教育的发展提供法律上的保障，促使民族职业教育进入依法治教的快速发展阶段。另外，两种政策文本同时出现在同一政策中的现象也是比较常见的，这种政策简称为"复合型政策"。在106件政策文本中，复合型政策文本中属于"通知"类的较多，占政策文本总数的25.9%，属于"意见""规定"类较少，仅占政策文本总数的2.8%，0.9%。这种类型的政策一般以原有的文本类型为主，在原有文本的基础上进一步补充、丰富和完善，起到强调的作用。

表5-5 我国民族职业教育政策文本类型统计情况

文本性质	数量/件	比例/%	文本性质	数量/件	比例/%
办法	1	0.9	纲要，通知	1	0.9
条例	1	0.9	通知，规定	1	0.9
意见	41	38.7	报告，通知	1	0.9
法律	5	4.7	计划，通知	3	2.8
决定	9	8.5	规定，通知	2	1.9
通知	7	6.6	意见，通知	2	1.9
规定	1	0.9	规划，通知	6	5.7
规划	6	5.7	方案，通知	1	0.9
纲要	3	2.8	决定，通知	1	0.9
计划	3	2.8	计划，意见	2	1.9
报告	2	1.9	办法，通知	2	1.9
建议	1	0.9	纲要，意见	1	0.9
方案	3	2.8	合计	106	100%

注：表中的复合型政策文本一般以前一种政策为主，后者作为补充的形式出现。

（三）政策的年度与数量

在政策数量与年度关系方面，我们通过对我国民族职业教育政策文本发布的年度与数量进行统计，发现每年颁布的政策文本数量不同。本书从两方面来进行统计和分析：一是初步分析我国民族职业教育政策文本数量变化的特点；二是从时间视角，对政策阶段的数量变化进行分析，深入挖掘和探寻民族职业教育政策的演进逻辑，为完善我国民族职业教育的政策设计，提供相应的建议。

1. 政策文本数量变化的特点

教育政策是一种教育资源，也是一种为其提供实证分析的变量条件，因为它的数量变化，在不同程度上回应了政府对职业教育改革发展的需求和愿望，权衡了改革的力度和发展的取向。[①] 从选取的 106 件政策文本来看，中共中央、国务院、国家民委参与（含独立）发布民族职业教育政策 56 次，教育部（含国家教育委员会）参与（含独立）发布政策文本 59 次（详见表 5-4），这集中体现了政府对民族职业教育改革与发展的意志和愿望，以及协同各部门联合制定民族职业教育政策是未来发展的趋势。在民族职业教育政策发布年份方面，本书对 1978 至 2019 年间出台的政策数量进行梳理（详见表 5-6）

表 5-6 我国民族职业教育政策年度数量一览表

年份	1977	1980	1982	1984	1985	1987	1988	1990	1991
数量/件	1	2	1	1	1	1	1	2	2
年份/年	1992	1993	1994	1995	1996	1997	1998	1999	2000
数量/件	4	4	1	2	1	1	3	2	1
年份/年	2001	2002	2004	2005	2006	2007	2008	2009	2010
数量/件	2	4	5	5	4	3	1	1	3
年份/年	2011	2012	2013	2014	2015	2016	2017	2018	2019
数量/件	6	8	3	4	8	7	2	5	4
总计	106								

从政策数量变化曲线来看（见图 5-1），我国民族职业教育政策文本数量出现四个高峰期，虽然上升的幅度不是很明显，但总体上呈现缓慢上升的

---

① 谢维和，陈超. 中国教育改革发展的政策走向分析：20 世纪 80 年代中期以来中国教育政策数量变化研究 [J]. 清华大学教育研究，2006（3）：1-8.

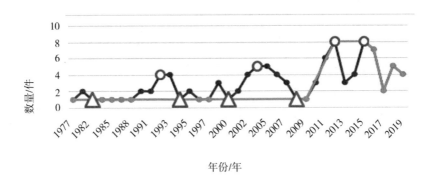

图5-1　我国民族职业教育政策数量变化图

趋势。从数量变化来看，我国民族职业教育政策体现出两个特点。

第一，国家对民族职业教育改革和发展的主导地位凸显。我国民族地区的教育改革和发展很大程度上以服务于民族地区政治、经济、文化协调发展为中心。如民族教育多集中于双语教育、义务教育、高等教育等方面，缺乏对职业教育的关注。改革开放以来，随着国家对民族教育的重视，相关政策内容逐渐关注各个教育类别，民族职业教育陆续进入民族教育和职业教育的政策文本中，并出现专门的民族职业教育政策文本。我国民族职业教育政策文本数量不断增加，很大程度上得益于国家在民族职业教育改革和发展过程中的主导作用，这点较好地体现了我国的政治制度优势，也符合我国民族地区经济社会发展的实际需要。

1978年（改革开放）至1990年，我国民族职业教育政策出台较少。从2010年开始，我国民族职业教育政策数量逐渐上升，政策主题涉及民族职业教育的扶贫规划、教师队伍建设、奖助免制度建设、民族文化创新等方面，尤其在"扶贫规划"这个领域的政策较多。这与我国打赢脱贫攻坚战、全面建成小康社会的战略实施密切相关。由于职业教育在民族地区的扶贫脱贫和人力资源开发中，具有独特的优势，党和政府通过"扶民族职业教育之贫"来实现"职业教育扶贫"，所以我国民族职业教育的发展迎来了重要的历史机遇和政策红利时机，民族职业教育政策文本数量上涨趋势明显。同时，民族职业学校的数量、招生人数、在校生人数等呈现迅猛

增长的态势。2010 年，民族中职学校在校生 121. 1482 万人，是 2000 年
23. 88 万人的 5 倍多，民族学生占全国职业学校学生总人数的比例也由
4. 75%上升至 6. 66%。① 截至 2018 年，中等职业教育少数民族学生在校人
数 131. 88 万，较 2017 年的在校生人数 125. 98 万人，增加了 5. 9 万人。②
可见，党和政府通过教育政策这种行政资源，强势介入与积极干预民族职
业教育，因为"作为国家公共政策层面的教育政策，既承担起国家责任，
又行使国家权力"③，这表明了党和政府大力扶持民族职业教育发展的决
心④。

第二，政策数量变化的波动性和非连续性。与其他教育领域的政策相
比，我国民族职业教育政策需要兼顾民族政策、民族教育政策、职业教育
政策等方面的数量，其政策数量变化的波动性较大。我国民族职业教育政
策在 40 多年的发展历程中，先后出现了四个波峰和四个波谷（见图 5-1）。
总体来看，我国平均每年出台 2. 5 件相关的民族职业教育政策文本，出台
最少的政策年份集中在 1982—1988 年，均是 1 件；出台最多的年份是
2012 年和 2015 年，各为 8 件。其中，2004 年、2005 年、2011 年、2016 年
和 2018 年出台的民族职业教育政策都超过 4 件。这反映出我国民族职业教
育政策数量变化波动性和非连续性的显著特征。

如何解释民族职业教育政策数量存在非连续性？我国民族职业教育政
策的制定与实施，牵涉的相关利益主体较多，需要多部门合作才能推动民
族职业教育的健康发展，这也是新时代职业教育治理体系和治理能力现代
化的发展新趋势。因此，往往具有比较大的应然性，更多地强调一种"应

---

① 王丽丹. 试论我国少数民族职业教育发展的现状及对策 [J]. 中国成人教育，2013
（10）：65.
② 中华人民共和国教育部. 教育统计数据（1997—2019 年）[EB/OL]. （2019-08-08）
[2020-01-07]. http：//www. moe. gov. cn/s78/A03/moe_ 560/moe_ 569.
③ 吴霓，王学男. 教育扶贫政策体系的政策研究 [J]. 清华大学教育研究，2017（3）：
82.
④ 谢德新，邱佳. 我国民族职业教育政策的理性限度及超越：基于政策工具理论视角
的文本量化研究 [J]. 职业技术教育，2020（7）：33-41.

该如何",而不是命令式地提出要求,倾向于"号召"式。此外,教育政策实施周期较长,不具备"立竿见影"的效果,也就是说教育活动的效果与其他社会经济活动比较,具有一定的滞后性。因此,政策的制定不会轻易修改教育政策或改变以往的政策目标,这就使得教育政策具有一定的非连续性。① 从政策的供求关系来看,我国民族职业教育改革和发展,对民族职业教育政策需求,呈现出此起彼伏的联结关系。由于民族职业教育管理权限的变化,在不同历史时期,国家的主导作用也具有一定波动性,管理形式的转变导致政策数量的变化,这也在一定程度上反映了我国民族职业教育教育政策的非连续性。

2. 政策发展历程与数量变化的关联分析

我国民族职业教育政策文本数量的变化,不仅体现出党和政府发展民族职业教育的意志和导向,也体现出民族职业教育政策内容取向的规律。我国民族职业教育政策的演进历程,主要以民族职业教育发展的特殊历史事件、标志性政策文本以及政策数量不稳定性和非连续性等为主要依据,结合我国民族职业教育政策内容与政策数量的关系,分析其发展历程与数量变化的关联。我国民族职业教育政策的发展历程②以及阶段性特征如下:

改革开放初期,整个职业教育的发展逐步从停滞状态向重整、恢复发展过渡。由于教育投入的能力有限,大力兴办大、中专职业学校基本没有辐射到民族地区。这一阶段,我国民族职业教育政策数量处在平稳的波谷状态(见图5-2),且国家出台的职业教育政策,缺乏民族地区的针对性。这种情况,大致可从三方面进行分析:一是在国家职业教育政策文本中,民族职业教育的相关内容才开始出现。如《关于九省区教育体制改革进展情况的通报》提到,在边远山区以短期职业技术培训为主,以主要劳动力为培训对象,开展各种实用性技术培训,为民族地区职业教育提供指导。

---

① 谢维和. 教育活动的社会学分析:一种教育社会学的研究 [M]. 修订版. 北京:教育科学出版社,2007:171-172.

② 谢德新,邱佳. 回顾与研判:改革开放以来我国民族职业教育政策的变迁逻辑与趋势展望 [J]. 中国职业技术教育,2019(16):49-55.

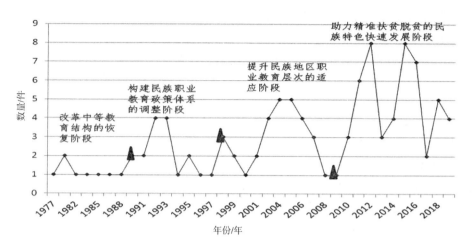

图 5-2 政策出台数量与阶段划分的关联

二是在我国民族教育政策中，专门的民族职业教育政策还没有出台，更多是基础教育、高等教育政策，人们对职业教育政策内容关注不多。三是政策之间的内容体现出较强的互补性和连续性。如《关于加强民族教育工作的意见》对设置民族自治地区的大专和中专院校有相关规定，随后的《中华人民共和国民族区域自治法》则对民族地区各级各类学校的办学形式、学制、招生、录取等方面进行专门说明。

在恢复发展的基础上，中等职业教育结构的改革取得了一定的成绩。这个阶段的政策数量比第一阶段有明显的上升趋势。国家不仅颁布了《关于加强少数民族与民族地区职业技术教育工作的意见》这个专门针对民族职业教育的政策，还依次出台《中华人民共和国职业教育法》《中华人民共和国教师法》《中华人民共和国教育法》等法律法规。这既增加了我国民族职业教育政策的文本数量，也加强了我国民族职业教育发展的政策保障力度。这一时期，我国民族职业教育政策数量的增加，主要有两个原因：一是通过出台民族职业教育政策，合理布局民族职业教育的发展规划，协调民族地区各类教育事业的发展；二是开始注重民族职业教育政策体系建设，考虑民族职业教育的特殊性，发展民族特色的职业教育。

1999 年起，我国民族地区高等职业教育的政策，每年平均出台一件，且政策数量出现了明显的波峰，与国家发展高等职业教育几乎同步。其主要原因有三点：一是在发展中等职业教育的基础上，多项政策开始强调高等职业教育的发展，并通过多种方式支持西部地区办好一批示范性高等职业学校；二是针对民族职业教育发展的扶持政策陆续出台，如要求"西部职业教育开发工程""高等职业技术教育工程"等要向民族地区和西部地区倾斜；三是将民族区域特色融入高等职业教育的专业设置和实训基地建设中，注重民族文化与技艺人才的培养。

相对前三个阶段而言，这个阶段的波峰和波谷偏高（见图 5-2），从具体的政策文本来看，每年平均出台两件政策，且着重强调扶持民族特色职业教育发展、重视民族文化传承与发展、职业教育精准脱贫这三方面的内容[①]。这些政策促进民族地区贫困人口的技能提升，推进民族职业教育治理体系和治理能力现代化的建设。2017 年后，我国民族职业教育政策数量呈现出明显的下降趋势。从实际情况看，政策数量的变化与政策实施的效果没有显著关联，2018 年以后颁布的政策多数以"方案"为主，且有一定的时间周期，这说明政策实施的延续性，与国家打赢脱贫攻坚战、全面建成小康社会的艰巨任务相契合。

（四）政策领域与主题

政策领域的划分是政策文本制定的基本方向，是把握政策规划方向和明晰政策发展演变特征的关键要素。本书通过对政策文本主旨和具体内容的量化统计，发现我国民族职业教育政策领域涉及的政策主题非常广泛，如兴办职业学校、完善资助体系、开展职业教育启蒙、探索民族地区职教模式、提升人才培养和办学质量等（见表 5-7）。在不同政策领域里，每个政策主题涵盖的部分内容存在交互性和重复性，如培养技能人才、资助民族职业教育的发展、倡导多元合作的办学模式等方面。总体而言，政策领域涵盖民族职业教育的方方面面，特别是发展规划领域，同时涵盖了中

---

① 谢德新，邱佳. 研判与回顾：改革开放以来我国民族职业教育政策的变迁逻辑与趋势展望 [J]. 中国职业技术教育，2019（16）：49-55.

等教育结构改革和职业教育扶贫的内容。

表 5-7 我国民族职业教育政策文本涉及的政策领域与主题

序号	政策领域（Y）	政策主题	占比/%
1	奖助免政策制度建设	加大资助力度、助学金管理、学费减免制度、社会资助、加大宣传	3.8
2	中等职业教育结构改革	多元合作办学、教师队伍建设、中等职业教育管理、专业建设、加大扶持力度	6.6
3	职业教育招生规定	招录倾斜、委托培养、就业原则	3.8
4	教师队伍建设规划	教师素质、教师补贴、师资培训、引进师资、教师表彰	9.4
5	民族职业教育科研规划	支持民族教育科研、民族职业教育研究、文化传承研究、教师建设研究	1.9
6	民族职业教育扶贫规划	培养技能人才、扶持职业教育、完善特色职教体系、培训机构建设、加大政策宣传、健全助学体系、师资队伍建设	21.7
7	民族地区人才培养规划	人才建设规划、人才机制创新、对口支援培训	3.8
8	民族文化传承与创新	自力更生的精神、多渠道资金投入、工艺人才培养、特色专业设置、师资队伍建设、民族特色产业布局、统筹区域规划	3.8
9	民族职业教育发展规划	发展中等职业教育、职业院校建设、师资队伍建设、办学经费投入、管理体制改革、技能人才培养、统筹规划、扶持职业教育、多形式办学、完善培训网络体系、思想建设、科研服务、完善助学体系	45.3

从具体政策领域的发文情况来看，我国民族职业教育规划领域发文量

远超职教扶贫规划、中等职业教育改革和教师队伍建设领域的政策发文量，占比达到总发文量的45.3%（见图5-3）。其中，科研规划和人才培养规划发文量较少，分别占总发文量的1.9%和3.8%。需要指出的是，国家对民族职业教育发展相关领域的重视程度，不能仅从各部分的占比来判定，因为政策主题的划分没有绝对的临界点，而且依据政策文本的宏观层面来进行遴选，政策主题之间有叠加和交互，所以占比少的领域也在占比多的领域有所涉及（见表5-7）。由此可知，政策制定者在全面考虑民族职业教育发展的基础上，有必要出台相关的配套政策措施，使政策体系逐渐规范和完善。

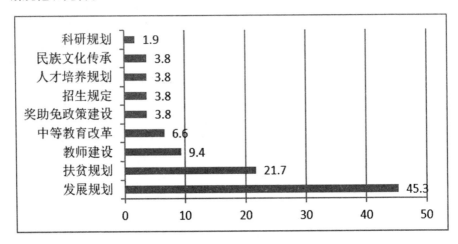

图5-3 政策领域与政策数量占比图（单位：%）

（五）政策工具频度分布情况

政策工具不仅是政府解决社会问题的重要手段，也是政策目标和政策行动之间的连接机制。①"政策工具"从抽象化到具体化的转变，是政策文本目标和行动的重要指南。根据我国民族职业教育政策文本内容的编码，通过频数统计分析，我们可以清晰地看出政策工具选用频次的基本情况（见表5-8、

---

① 朱春奎. 政策网络与政策工具：理论基础与中国实践［M］. 上海：复旦大学出版社，2011：125-128.

图 5-4）。在七类教育政策工具中，能力建设工具和权威工具使用频次最高，分别占总频数的 38.8% 和 26.6%；其次是象征与劝诫工具、自愿性工具和学习工具，分别占总频数的 12.6%、7.3% 和 7.1%；需求工具和激励工具使用频次较低，分别占总频数的 4% 和 3.6%。从具体政策工具来看，管制、基础设施建设、鼓励、扶持的使用频次比其他政策工具的占比高，分别占总频数的 26.6%、16.4%、10.4%、7.2%，说明政策内容编码符合民族职业教育的发展逻辑，民族地区优先发展教育主要通过帮扶的形式来加强基础设施建设，引入的社会力量是民族地区全面建设小康的重要力量，这不仅在政策文本中取得效果，同时也在现实社会中有所映射。但是，政策沟通协商、地方自治、惩罚机制、委托培养、教师分配、教育层次、海外资本等七方面的占比最低，平均占比为 0.24%。其中，需求型政策工具是占比低的一类工具。从政策出台的时间来看，1988 年国家教委发布《普通中等专业学校招生暂行规定》，第一次提及需求型政策工具委托领域的内容。随着时代的发展需要，这类政策工具逐渐增多，但存在发展速度缓慢和分布范围零散的问题。总的来说，各类政策工具的使用缺乏均衡性，出现单一化的发展倾向。

从政策发展阶段与政策工具使用情况来看，我国民族职业教育不同阶段的政策工具配置也不相同（见图 5-5）。首先，政策工具的类型和使用频次不同。由于民族地区经济发展水平、基础设施条件、教育资源的限制，我国民族职业教育政策以能力建设工具和权威工具运用为主，依靠权威工具引导民族职业教育的发展，建设民族职业教育的基础设施。随后，我国民族职业教育逐渐重视办学主体的多元化，象征与劝诫工具增加，如积极引进企业、行业、社会等主体，拓宽教育经费投入渠道和办学资源，不断完善政策的工具箱，并发挥其效用。其次，在我国民族职业教育政策的发展历程中，政策工具的运用呈现出一定的特点。其中，需求工具和自愿性工具在 1999—2009 年这个时段的总占比逐渐下降；而能力建设工具和权威工具的使用频次始终占主导地位，且占比不断上升，在 1999—2009 年和 2010—2019 年这两个时段均达到 90 条以上的使用频次；激励工具、学习工具、象征与劝诫工具在四个时段中缓慢递增。总的来说，单一政策工具的使用频次较高，我们缺乏综合、均衡使用多种政策工具的意识。

表 5-8　我国民族职业教育政策工具统计情况

政策工具类型	政策工具	数量	占比/%	合计	政策工具类型	政策工具	数量	占比/%	合计
能力建设工具（416）	基础设施建设	176	16.4		学习工具（76）	信息发布	26	2.4	
	补助	37	3.5			沟通协商	3	0.3	7.1
	制度建设	60	5.6	38.8		科研服务	13	1.2	
	政策优惠	66	6.2			宣传学习	34	3.2	
	扶持	77	7.2		自愿性工具（78）	市场	4	0.4	
激励工具（38）	奖励	36	3.4	3.6		社会力量	25	2.3	
	惩罚	2	0.2			院校自治	18	1.7	7.3
需求型工具（43）	技术引进	14	1.3			地方自治	2	0.2	
	服务外包	7	0.6			自我管理	29	2.7	
	海外机构	12	1.1	4	象征与劝诫工具（135）	鼓励	111	10.4	12.6
	海外资本	2	0.2			号召	24	2.2	
	委托	2	0.2		权威工具（285）	管制	285	26.6	26.6
	教师分配	2	0.2		总计		1071		
	教育层次	4	0.4						

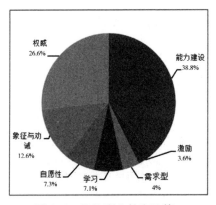

**图 5-4　民族职业教育政策
工具频次比例**

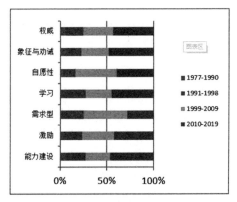

**图 5-5　不同时间段各类教育政策
工具使用变化**

（六）引入主题维度的分布情况

1. 政策工具类型（X）-教育发展要素（Y）维度的分布情况

本书将九个教育发展要素，即奖助免政策制度建设、中等职业教育结构改革、民族职业教育发展规划、扶贫规划、招生规定、教师队伍建设、人才培养规划、民族文化传承与创新和民族职业教育科研规划，以政策主题为编码节点，按照政策工具类型（X）和教育发展要素（Y）的方式，对我国民族职业教育政策文本编码进行统计，其基本分布情况（见表5-9）。

表 5-9　我国民族职业教育政策 X-Y 维度的分布

（Y）	政策主题	(X①)							
		X_1	X_2	X_3	X_4	X_5	X_6	X_7	合计
奖助免政策制度	加大资助力度	0	1	0	0	0	0	0	1
	助学金管理	3	2	0	4	1	0	1	11
	学费减免制度	0	2	0	0	0	0	0	2
	社会资助	0	2	1	0	0	0	0	3
	加大宣传	0	0	0	0	1	0	0	1
	小计	3	7	1	4	2	0	1	18

① X：权威工具（X_1）、能力建设工具（X_2）、象征与劝诫工具（X_3）、激励工具（X_4）、学习工具（X_5）、自愿性工具（X_6）、需求型工具（X_7）。

（Y）	政策主题	（X①）							
		X₁	X₂	X₃	X₄	X₅	X₆	X₇	合计
中等职业教育结构改革	多元合作办学	3	5	2	0	0	3	0	13
	教师队伍建设	0	5	1	1	0	0	0	7
	中等职业教育管理	13	8	2	0	4	3	1	31
	专业建设	0	3	0	0	1	0	0	4
	加大扶持力度	2	6	1	2	0	1	0	12
	小计	18	27	6	3	5	7	1	67
民族职业教育发展	发展中等职业教育	58	58	21	2	17	11	5	172
	职业院校建设	4	5	1	0	0	0	0	10
	师资队伍建设	6	22	11	7	0	1	3	50
	办学经费投入	10	20	6	5	0	7	2	50
	管理体制改革	20	10	1	1	4	1	2	39
	技能人才培养	14	23	2	0	4	2	2	47
	统筹规划	27	17	7	3	4	2	2	62
	扶持职业教育	15	34	9	4	2	8	10	82
	多形式办学	19	22	17	1	6	9	4	78
	完善培训网络体系	3	4	0	1	0	1	1	10
	思想建设	3	2	0	0	4	1	1	11
	科研服务	2	0	0	0	2	0	0	4
	完善助学体系	4	12	1	0	0	0	0	17
	小计	185	229	76	24	43	43	32	632
民族职业教育扶贫	培养技能人才	11	17	7	1	5	1	0	42
	扶持职业教育	17	37	20	2	2	8	1	87
	完善特色职教体系	14	14	4	1	1	1	0	35
	培训机构建设	1	2	1	0	0	0	1	5
	加大政策宣传	0	0	0	0	2	0	0	2
	健全助学体系	2	9	0	0	0	3	0	14
	师资队伍建设	2	5	0	2	0	0	0	9
	小计	47	84	32	6	10	13	2	194

续表

（Y）	政策主题	（X①）							
		X₁	X₂	X₃	X₄	X₅	X₆	X₇	合计
职业教育招生规定	招录倾斜	0	5	0	0	0	0	0	5
	委托培养	0	0	0	0	0	0	1	1
	就业原则	0	1	0	0	0	0	0	1
	小计	0	6	0	0	0	0	1	7
教师队伍建设	教师素质	3	5	0	0	0	0	0	8
	教师补贴	1	2	2	2	0	0	0	7
	师资培训	3	3	0	1	0	1	1	9
	引进师资	4	6	3	1	1	1	2	18
	教师表彰	0	0	0	1	0	0	0	1
	小计	11	28	5	5	1	2	5	57
民族地区人才培养	人才建设规划	8	11	5	0	1	3	2	30
	人才机制创新	0	1	0	0	0	0	0	1
	对口支援培训	0	2	0	0	0	0	1	3
	小计	8	14	5	0	1	3	3	34
民族文化传承与创新	自力更生的精神	0	0	0	0	0	1	0	1
	多渠道资金投入	1	2	1	0	0	0	0	4
	工艺人才培养	3	3	2	0	1	0	1	10
	特色专业设置	0	1	0	0	1	0	0	2
	师资队伍建设	0	2	1	0	1	1	0	5
	民族特色产业布局	3	5	6	0	4	2	0	20
	统筹区域规划	3	3	1	0	0	0	0	7
	小计	10	16	11	0	7	4	1	49
民族职业教育科研	支持民族教育科研	1	0	2	0	0	0	0	3
	民族职业教育研究	2	1	0	0	3	1	2	9
	文化传承研究	0	0	0	0	1	0	0	1
	教师建设研究	0	1	0	0	0	0	0	1
	小计	3	2	2	0	4	1	2	14
总计		1072							

　　根据政策工具引入政策领域的占比情况（见图5-6），教育政策的设计和发展集中在中等职业教育改革、教育发展规划和教育扶贫三大板块。其中，教育发展规划居首位，其次是扶贫规划，最后是中等职业教育改革，分别占总数量的59.3%、19.0%、6.4%。可以发现，招生、奖助、科研等领域的占比最低，即0.7%、1.7%、1.3%。当然，也不能仅从数据上评判政策工具配置的失重。我们通过文本分析发现，占比低的政策领域往往会出现在占比高的政策领域里，说明部分政策内容没有形成单一的政策体系，仍然需要依附其他政策工具才能发挥作用。就具体的政策工具来说，这种现象在一定程度上促进了我国民族职业教育的发展，但在中等职业教育改革方面仍存在不足。如在九个政策领域中，能力建设工具的基础设施建设配套使用较多，其次是权威工具，而学习工具、激励工具、需求工具使用最少（见图5-4）。这也说明政策工具使用较为单一，且注重基础设施的建设，在兴办职业院校提供的奖励、职业教育政策的信息发布和宣传学习等方面关注不够。

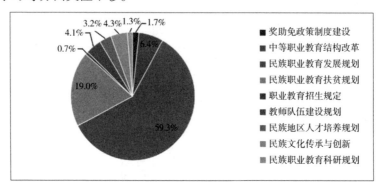

图5-6　政策领域使用政策工具频度占比图（总）

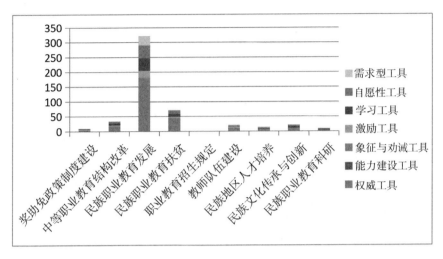

图5-7 各个政策工具在各领域的分布情况（分）

本研究从九个政策领域来审视政策工具的分布情况（见图5-7）。教育发展领域的政策工具使用频度最高，其次是扶贫领域，最少的是招生方面，且招生领域的政策工具总体使用次数过低，其中 X_2 为6次，X_7 为1次，剩余的五类政策工具使用次数为0，即已有的招生政策过于注重使用能力建设工具，阻碍了其他政策工具在招生领域方面的功能发挥。在教师建设、科研、资助等方面，政策工具的使用也存在不均衡现象，尤其是激励工具的使用频次最低，甚至存在未使用的情况，这些都是后续需要探寻的政策设计因素。总的来说，我国民族职业教育政策，无论是在教育发展方面，还是在政策工具使用方面，都存在工具使用不均的共性问题。这种不均，其背后隐藏什么原因，是否需要考虑政策目标实行情况、政策执行效果等方面的因素，是否一定要实现政策工具使用的均衡，均衡和失衡造成的差异对我国民族职业教育政策建设有何影响？

2. 政策工具类型（X）-政策价值链（Z）的分布情况

政策工具类型是本书的重要研究视角，也是寻求我国民族职业教育政策设计思路的突破点。随着民族职业教育政策体系的完善，特殊使命与发展框架也逐渐明晰。① 根据我国民族职业教育政策的发展，将其具有导向性鲜明、倾斜扶持和特色发展的基本特征，作为分析框架的 Z 维度，旨在验证 X 维度与 Z 维度之间的内容相关性，即以政策价值的三个基本特征和政策工具的内容为基础，统计分析当前政策价值取向对我国民族职业教育政策工具内容的相关作用。基于此，本书构建 X-Z 维度的相关性分析结构，选取七个政策工具类型的内容范围进行归纳和统计，我们可以得到我国民族职业教育政策工具 X-Z 维度的相关性分布情况（见表 5-10）。

表 5-10　我国民族职业教育政策 X-Z 维度的相关性分布情况

政策工具类型（X）		政策价值（Z）		
		导向性鲜明（Z_1）	倾斜扶持（Z_2）	特色发展（Z_3）
政策工具类型（X）		a. 坚持社会主义办学，提高服务水平 b. 贯彻教育方针与民族政策 c. 培养技术技能人才	d. 推进各项倾斜扶持措施 e. 扶持职业教育发展 f. 扶持技能人才培养	g. 注重民族文化的传承与发展 h. 多形式办职业教育 i. 从专业布局、人才培养、师资团队、课程教学等方面挖掘特色
权威工具（X_1）	1. 管制	+++	+++	+++
能力建设工具（X_2）	2. 基础设施	+	+++	+++
	3. 制度建设	++	++	++
	4. 政策优惠	+	+++	+++
	5. 补助与扶持	+	+++	+++
象征与劝诫工具（X_3）	6. 鼓励	+++	+++	+++
	7. 号召	+++	+++	+++

① 蓝洁. 新中国成立 70 年来少数民族和民族地区职业教育发展的变迁与展望：基于政策的视角 [J]. 当代职业教育，2019（5）：10-18.

续表

政策工具类型（X）		政策价值（Z）		
		导向性鲜明（Z$_1$）	倾斜扶持（Z$_2$）	特色发展（Z$_3$）
		a. 坚持社会主义办学，提高服务水平 b. 贯彻教育方针与民族政策 c. 培养技术技能人才	d. 推进各项倾斜扶持措施 e. 扶持职业教育发展 f. 扶持技能人才培养	g. 注重民族文化的传承与发展 h. 多形式办职业教育 i. 从专业布局、人才培养、师资团队、课程教学等方面挖掘特色
激励工具（X$_4$）	8. 奖励	−	+	+
	9. 惩罚	−	−	−
学习工具（X$_5$）	10. 信息发布	+++	+++	++
	11. 沟通协商	+	+	−
	12. 宣传学习	+++	+++	++
	13. 科研服务	+	−	++
自愿性工具（X$_6$）	14. 市场	++	−	
	15. 社会力量	+++	+++	++
	16. 院校自治	+++	+++	+++
	17. 地方自治	+++	+++	+++
	18. 自我管理	+++	+	++
需求型工具（X$_7$）	19. 技术引进	++	+++	++
	20. 服务外包	+	+	++
	21. 海外资本	+	+++	+
	22. 委托	+	+	+
	23. 海外机构	+	+++	+
	24. 教育层次	+++	+++	+
	25. 教师分配	++	+	+
小计（+）−（−）		45	50	43
占比/%		32.60	36.23	31.16

注：表中"+"正相关，"−"为负相关，符号数量与条目相对应.

137

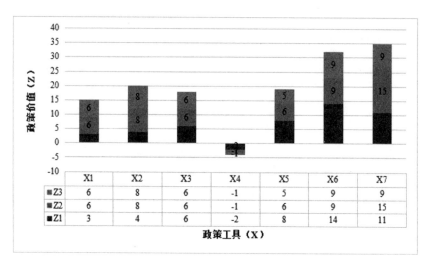

	X1	X2	X3	X4	X5	X6	X7
■Z3	6	8	6	-1	5	9	9
■Z2	6	8	6	-1	6	9	15
■Z1	3	4	6	-2	8	14	11

政策工具（X）

图5-8 各个政策工具在各政策价值维度的分布情况

通过25条政策工具内容与政策价值内容的比对（见表5-10、图5-8），我们发现所选取的七类教育政策工具类型与民族职业教育政策体现出的三个价值维度的特征基本吻合，大部分内容条目是正相关，且占比高，即32.6%、36.23%、31.16%；仅有少数内容条目存在负相关，如奖励与惩罚4项，市场2项，科研服务与沟通协商各1项。总体来看，在政策价值维度上，我国民族职业教育各项政策工具使用较为均衡，也就是说在横向发展上，民族职业教育政策保持与时俱进，尤其是在民族特色发展上较为明显，如权威工具、能力建设工具、象征与劝诫工具、自愿性工具均在该领域呈正相关。其余3项政策工具的相关性不高，甚至在激励工具中存在负相关的现象。另外，由于多种原因，我国民族职业教育发展基础薄弱，倾斜扶持方面与Z_1和Z_3相比，占比分别高出3.63%和5.07%。最后，还可以发现三个政策价值链的共同目标是"技能人才培养"，这个目标在每项政策工具中得以体现，说明我国民族职业教育与国家职业教育事业发展目标一致。

3. 教育发展要素（Y）-政策价值链（Z）的分布情况

本书依托我国民族职业教育政策 Y-Z 维度的内容，将九个教育发展要素的政策领域维度（Y）与三个政策的价值维度（Z）进行联结，从纵向维度探析民族职业教育政策特征的相关性，以此反观政策设计的特征，即政策工具使用的广泛性、均衡性和紧密性。我国民族职业教育政策（Y-Z）维度的相关性分布情况（见表5-11）。

表5-11 我国民族职业教育政策（Y-Z）维度的相关性分布

教育发展要素（Y）	政策价值（Z）		
	导向性鲜明（Z_1）	倾斜扶持（Z_2）	特色发展（Z_3）
	a. 坚持社会主义办学，提高服务水平 b. 贯彻教育方针与民族政策 c. 培养技术技能人才	d. 推进各项倾斜扶持措施 e. 扶持职业教育发展 f. 扶持技能人才培养	g. 注重民族文化的传承与发展 h. 多形式办职业教育 i. 从专业布局、人才培养、师资团队、课程教学等方面挖掘特色
奖助免政策制度建设（Y_1）	++	++	+
中等职业教育结构改革（Y_2）	+++	+	++
民族职业教育发展规划（Y_3）	+++	++	+++
民族职业教育扶贫规划（Y_4）	+++	++	++
招生规定（Y_5）	+++	+++	++
教师队伍建设（Y_6）	+++	+	+
人才培养规划（Y_7）	+++	+	++
民族文化传承与创新（Y_8）	++	++	+++

续表

教育发展要素（Y）	政策价值（Z）		
	导向性鲜明（Z_1）	倾斜扶持（Z_2）	特色发展（Z_3）
	a. 坚持社会主义办学，提高服务水平 b. 贯彻教育方针与民族政策 c. 培养技术技能人才	d. 推进各项倾斜扶持措施 e. 扶持职业教育发展 f. 扶持技能人才培养	g. 注重民族文化的传承与发展 h. 多形式办职业教育 i. 从专业布局、人才培养、师资团队、课程教学等方面挖掘特色
科研规划（Y_9）	++	−	++
小计（+）−（−）	24	13	18
占比/%	43.64	23.64	32.72

注：表中"+"正相关，"−"为负相关，符号数量与条目相对应.

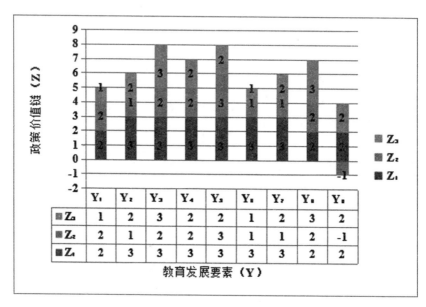

图5-9 各教育发展要素在各政策价值维度的分布情况

从纵向纬度的内容相关性的分布情况来看（见表5-11、图5-9），我国民族职业教育政策部分内容存在不均衡现象。如九个政策领域与政策价值维度的三个特征的相关性占比有较大差异，在三个教育发展要素中，Z_1、Z_2、Z_3的占比分别为43.64%、23.64%、32.73%，与X-Z维度不同的是，在Y-Z维度中，导向性鲜明是相关度最高的，而倾斜扶持这项较低，二者之间的相关度相差了20%。之所以出现这种情况，从具体内容条目来看，主要表现在中等职业教育结构改革、教师队伍建设和人才培养方面，相关性均为1条，甚至在科研规划方面存在负相关的现象。因此，在Y-Z维度的分析中，应重点关注教育发展要素与倾斜扶持之间的协同性问题。另外，特色发展领域与教育发展要素的相关性仅次于Z_1，占比相差10.91%。按照前文分析来看，从1991年起，我国民族职业教育政策鼓励将民族文化、传统技艺和工艺等融入职业教育，使民族职业教育走特色发展之路，因此，导向性鲜明这个特征，与出台政策的宗旨吻合。最后，从三个政策价值维度中的"人才培养"来审视九个教育发展要素，发现在特色人才培养方面相关性不紧密，且比较薄弱，对学生、师资培养方面的重视和扶持力度不足。

综上所述，通过政策工具类型维度（X）和教育发展要素维度（Y），从纵向、横向两个层面来审视、验证政策价值维度（Z）的内容相关性，具有重要的现实意义。不仅仅是对X-Y二维分析的延伸和补充，也是对政策文本内容深入分析的探索过程。本研究从相关性的比对来进一步审视我国民族职业教育政策工具的设计思路与政策内容的取向性。

第六章

我国民族职业教育政策的基本特征

　　一项好的教育政策是教育事业快速发展的重要保障。我国民族职业教育政策既是静态的政策文本，也是动态的公共行动，本质上是有限理性条件下的活动规约和理性制度规范。① 它作为教育政策的重要组成部分，是国家意志在教育上的体现，其制定过程彰显了国家意志在实现过程中转化为权力参与的过程。我国民族职业教育政策的文本特征，必须考虑教育如何受到权力结构的支配及其政治参与过程的动态性考察分析，政策工具的使用反映了政策制定者的价值取向，而政策文本内容的编排体现出政策工具与政策价值取向、教育发展要素之间的关系。

一、我国民族职业教育政策工具使用的参差性

（一）能力建设工具和权威工具使用较多

　　我们通过对我国民族职业教育政策文本的量化分析，发现"管制""要求"类工具常与基础设施建设工具联合使用。我们据频数统计分析可知，在我国民族职业教育政策文本中，政策工具所涉及的大多是能力建设工具和权威工具，占整个教育政策工具的 65.4%（能力建设型政策工具占 38.8%）。其中，"基础设施建设""支持""补助""管制"整个教育政策工具的分别占整个教育政策工具的 16.4%、7.2%、3.5%、26.6%，比其他政策工具的使用频次高。由此可知，能力建设工具和权威工具是我国民族职业教育政策制定使用的两类主要政策工具，相关内容构成政策文本的主体。

　　改革开放以来，党和政府根据民族地区经济建设和社会发展的需要，

---

　　① 荆哗. 教育政策的有限理性及其超越 [J]. 现代教育管理, 2011 (1): 48.

制定民族职业教育发展政策。国家意志和政治力量深刻地影响着我国民族职业教育政策的制定，并在其中发挥指导甚至决定作用，这为我国民族职业教育的发展提供了坚强的政治保障。在政策工具的使用中，权威工具使用过溢，较好地反映了我国民族职业教育政策主体与政治权力的关系。在此，本书对能力建设工具和权威工具的具体情况，进行相关论述。

能力建设工具是政府投资于物质、智力和人力的行为表达，着眼于实现个体、群体或机构功能的长期效力，以提高政策执行的能力。[①] 在政策文本中，能力建设工具的使用过于集中在基础能力建设方面，在 176 项能力建设工具中，基础能力建设占 16.4%；补助领域使用过少，仅为 37 项，占 3.5%。我国民族职业教育主要通过补助与扶持、经济支持、地区帮扶、完善培训网络或海外机构等方面，提高政策执行主体的动力，既是为职业院校或少数民族学生提供经济资源的主要渠道，又是实现政策目标的重要手段。但每一件政策的效用是有限的，即实施、适用的范围有限，不适用于分析不可预见性的政策环境。[②] 因此，能力建设工具使用过多，未必是我国民族职业教育发展的最佳路径。另外，"补助"与"支持"贯穿民族职业教育政策的内容中，运用频数仅次于"基础设施建设"。如 1984 年，在《关于进一步贯彻实施〈中华人民共和国区域自治法〉若干问题的通知》中，要求设立"少数民族教育补助专款"用于少数民族教育事业；1992 年，《国家教委、国家民委关于加强民族教育工作若干问题的意见》对散杂地区的少数民族教育，各级政府要切实解决民族地区职业学校办学中的实际困难。这些政策表明我国政府能够充分考虑民族地区的发展现状，注重民族地区的弱势补偿和基础设施的建设，在民族职业教育方面给予资金上的支持和补助，是相当长一段时期内提高民族地区物质资本、工具资本的一种重要手段。

---

① 赖秀龙. 义务教育师资均衡配置的政策工具分析 [J]. 教育发展研究，2010（23）：45.

② 刘凤英，许锐. 有限理性的奠基人西蒙评传 [M]. 太原：山西经济出版社，1999：77.

权威工具使用频度仅次于能力建设工具，且多数管制工具渗透我国民族职业教育政策文本，涉及的范围比较广，属于命令性政策工具的一种。它主要包括以立法机关或国家政府部门颁布的法律法规、规章制度以及行政指令等权威性的政策文本。如《中华人民共和国职业教育法》《中华人民共和国民族区域自治法》等都属于较为明显的命令控制型政策。近年来，虽然我国职业教育的发展取得了突破性成就，但区域间不平衡、不充分的主要矛盾在民族职业教育发展中仍然存在。例如：我国民族职业教育管理体制结构不够合理、管理水平不高、民族特色的职业教育办学理念不够明显等。针对这些问题，政府极力倡导通过强制性法律法规来统筹和规划民族职业教育发展工作，完善相应管理体制机制，是管制工具使用频度高的主要原因。此外，我们在内容分析编码表中发现，中央政府通常以一种"管制"为辅的形式，重点关注民族职业教育发展的基础设施建设，包括学校办学、人才培养、特色化的发展道路等。如国家教委、国家民委在《关于加强民族教育工作若干问题的意见》中，对人才培养的层次、办学效益、师资培养和院校转型等方面，指出民族职业教育改革与发展的重点方向；《中华人民共和国民族区域自治法》的颁布，从法律上确定民族职业教育的办学自主权，对办学形式、招生等进行相关规定；2016年，国家民委、教育部在《关于加快少数民族和民族地区职业教育改革和发展的意见》中提出，要探索适应民族地区发展需要的职业教育办学路子，制定和完善民族地区职业教育的政策措施。

总的来说，我国民族职业教育政策工具注重使用能力建设工具和权威工具，集中体现在扶持民族职业教育的基础能力建设、提升民族职业教育办学水平和治理能力等方面，不仅为我国民族地区职业教育的发展奠定了坚实的物质基础，也从教育政策的政治属性方面彰显政策目标的国家意志取向，这是我国民族职业教育政策的重要特征。

（二）需求型政策工具和激励工具使用较少

据统计，在我国民族职业教育政策文本中，需求工具和激励工具分别占整个政策工具的4%和3.6%，所涉及的技术引进、海外机构、服务外包、奖励等领域分别有 14、12、7、36 条，而涉及海外资本、委托、惩罚等政策工具，平均仅有 2 条。在我国民族职业教育政策的主体地位中，与能力建设工具和权威工具相比，需求工具和激励工具使用频度低，一定程度上弥补了我国民族职业教育政策客体内容的空缺。

从中国教育政策的客体定义来说，人或物皆可成为政策客体的核心指向。就人的因素来说，激励工具的使用对象是人，因为它构成了教育政策的目标群体，它是能够直接作用或影响的公众群体。激励的指向性在于推进有相同利益的个人组合而形成的统计群体，或由于利益相同而产生的相互联系的临时团体，这一目标群体与制定的政策目标同步实现或趋于政策制定的合理，以体现政策存在的效率。就物的层面来说，教育政策客体的"物"方面主要是指教育政策客体系统中具有实体属性的因素。如需求型工具在我国民族职业教育政策中，要实现从客体向主体的转变需要长期努力。从需求工具涵盖的内容在政策客体系统中所处的不同层面来考察和分析，可以总结出需求工具与能力建设工具兼具基础设施建设之义，但是后者付出的成本远高于前者，这可以看出后者是前者的一个理想状态或者延续，也可从我国民族职业教育政策未来发展的需求内容中，彰显其预测性和前瞻性。总而言之，这两种政策工具既从民族职业教育政策受益者的角度给予激励，又从需求的层面引进教育资源，拓宽资金渠道，在民族职业教育中融入新的教育治理者，其属性及价值取向侧重于强调民族职业教育政策作为一种中介性的工具，以满足人们的教育需要和利益分配，在政策主体活动的基础上，进行具有实践意义的活动。我们从文本统计的具体情况来看，这两类政策工具虽然在我国民族职业教育政策工具中使用频度较低，但也有其合理之处。在此，本书分别对两种政策工具在政策文本中的具体配置情况进行描述和分析。

在我国民族职业教育政策文本中，需求工具使用的频次不高，涵盖的领域与其他政策工具的内容有相似点，又保持其特殊性。这一政策工具的落实和使用，其功能不亚于"权威工具"或能力建设工具，可以说是权威工具的延伸拓展和能力建设工具并驾齐驱的奋进领域。但我们从 7 类政策工具使用的情况来看，在我国民族职业教育政策发展的不同阶段，政策工具的配置存在差异，尽管权威工具和能力建设工具的使用始终占主导地位，但正因如此，需求工具的占比始终较小。我们通过比对分析可以看出，海外机构、委托、教育层次等政策工具的应用，还有广泛的空间，这是未来我国民族职业教育公共信息资源开发政策工具创新的重点。这里的服务外包主要指民族特色课程的编写等方面，增强这一政策工具不仅能将民族特色文化融入职业教育课堂，提高职业教育对民族文化发展的积极性，还能减轻政府在我国民族地区职业院校的课程设置、"双师型"教师的引进、技术迭代更新等方面的压力，这不失为一种通过职业教育传承和创新民族文化，实现民族特色职业教育体系构建的可持续发展的政策工具。政府在海外资本的引进、人才委托培养、惩罚机制等领域的政策工具的应用上明显不足，尤其是在需求型政策工具领域中，各项条目的占比为0.2%的频度特别明显。如贸易管制、服务外包、政府采购等工具使用率最低，但在该政策中仍以技术引进或购买激励机制的传统方式作为主要施行方法，使得奖罚机制运行效果不明显，对政府和外界力量过度依赖。

我国民族职业教育政策的完善离不开激励工具的作用，但相对于其他政策工具而言，激励政策工具的使用频度仅为3.6%。我国民族职业教育发展规划、中等职业教育改革分别使用了24条和3条，而在职业教育招生领域、人才培养、民族文化传承、科研规划等方面均没有运用激励工具。从现实情况来看，过于注重能力建设工具的运用，与民族地区职业教育发展基础薄弱密切相关，但由于民族地区职业教育的投入和收益正相关性不太明显，职业教育的吸引力仍有待提高，其中的问题和影响因素相对复杂。激励政策工具主要包括奖励和惩罚两方面，其中惩罚方面所占比重较低，即奖励和惩罚的比重失衡。惩罚是一种能制造对应效果的艺术，这是福柯的一个经典论断。因此，奖励工具固然能提高职业教育多元主体参与的积极性，吸引外来资源进入我国民族职业教育的发展中，但惩罚机制的弱化也是招致激励工具不作为的主要原因之一。各种政策工具的均衡使用或政策工具领域内容的兼容性，是该项政策工具功能发挥的重要导火线。

（三）学习工具和自愿性工具的效能不高

斯宾塞基于对美国劳动力市场的研究，认为掌握较多信息的一方，可以通过信号传递来谋取更大收益，能降低逆向选择带来的不利影响，而教育水平决定着信号传递的作用程度。[①] 我们由此来看，我国民族地区的教育总体水平，事实上更需要进一步去提升学习工具在民族职业教育政策中的地位。在我国民族职业教育政策中，学习工具是政策目标群体对教育政策内容汲取的实践基础。教育内容无疑是教育政策中最重要的载体，同时也是教育政策制定以后得以检验的重要组成部分，它在教育政策中的核心作用，在于通过其载体在政策推广和宣传中，影响目标群体以及公众的思想观点、行为习惯等。而自愿性工具在教育政策的推广过程中起到的核心作用是自愿、自觉履行政策指向的同时，还应通过个人的力量实现目标的合理化和最大化，实现政策实施的显性效率，凸显人的隐性力量。因此，针对这两种工具的认可度问题，我们有必要对其进行探讨，以便提高其在我国民族职业教育政策中的核心地位。在此，本书分别从两种政策工具在政策文本中的具体配置情况进行描述和分析。

学习关系到人类行为的进步，政策学习关系到政府治理能力的提升以适应市场和社会发展的需求。治理现代化的核心是人的现代化，人的现代化与学习息息相关，在所有学习群体中，各级政府尤其是地方政府对政策进行学习最为重要。因为地方政府治理是国家治理的中观组织机构，中央政策必须通过地方政府才能落实，地方政府拥有较大的行政自由裁量权，政策制定、执行、评估以及终结，地方政府都需要根据现实环境的变化而进行政策学习。[②] 因此，通过上传下达的形式，促使政策目标群体学习是比较重要的环节。在我国民族职业教育的九个政策领域中，学习工具的总数为 76 项，仅占比 7.1%，其使用频数相对不足。学习工具在具体使用

---

① 郑彬. 信息不对称视角下高职院校校企合作质量问题与对策 [J]. 教育与职业，2019（22）：19-24.

② 杨志军，田学浪. 治理现代化目标下地方政府政策学习成败分析：基于政策工具与社会冲突两种类型比较 [J]. 上海行政学院学报，2019（1）：78-88.

中，更强调宣传学习和信息发布两个领域，宣传学习和信息发布分别有 34 项和 26 项，而在协调、沟通等方面重视不够，这与学习工具使用的真正意图有一定差距。我们从政策文本的内容来看，重点强调要认真学习借鉴其他国家和国内发达地区的经验，探索符合民族特色发展的路径，确保政策的实施对象熟知政策的具体内容。我国民族职业教育政策的清晰表达度与公众知晓度，有助于政策的执行与监督，是政策执行的有力保障。在政策文本中，政府使用学习工具的目的是向民族地区的政府或行政部门，包括当地的群体发布政策信息，使民众知悉政策内容，并充分行使政策的参与权，有助于促成政策执行的规范性与科学性。学习工具作为一种简明科学、通俗易懂的表达方式，不仅能让政策目标群体充分了解自己的权益，还能监督政策的执行过程、反馈政策的实施效果以及开辟参与政策完善的途径。[①] 学习工具的创新使用，对提升我国民族职业教育政策的成效有重要作用。

　　自愿性政策工具是一种出自政策目标群体自愿解决，或承担政策施行的一种行为，即政策目标的实现不受或者很少受政府影响，在自愿的基础上完成[②]，成本低、弹性强、自由度高、创新性高是其主要特征。它作为经济政策和社会政策的重要补充，政府非常愿意使用这一政策工具来解决社会问题，尽管在使用上也需要克服一定的困难。这虽然是志愿者或非营利组织自觉参与政策问题解决的一种行为，完全没有强迫的含义，更多的归咎到个人道德层面上去理解这种行为。自愿性政策工具一旦发生效用，能较好地减轻政府的负担。但是，若政府不能掌控其范围的张力，这种工具也无法解决经济与社会问题，反倒使志愿组织腐化为官僚机构，在效能和效益上的成效不显著。[③]

　　本书结合民族职业教育政策的特点，在公共政策分析的基础上，将自

---

① 吴霓，王学男. 教育扶贫政策体系的政策研究 [J]. 清华大学教育研究，2017（3）：83.

② [加] 迈克尔·豪利特，M. 拉米什. 公共政策研究：政策循环与政策子系统 [M]. 庞诗，等译. 北京：生活·读书·新知三联书店，2006：146.

③ 吴光芸，唐兵副. 公共政策学 [M]. 天津：天津人民出版社，2015：95.

愿性政策工具具体分为市场、社会力量、院校自治、地方自治、自我管理这五个领域。从统计的数据来看，自我管理、社会力量、院校自治方面相对比较突出，分别占比2.7%、2.3%、1.7%；地方自治和市场方面的占比最低，分别是0.2%和0.4%。当政府借助市场工具来解决问题时，会辅以其他工具。市场工具通常和象征与劝诫工具协同使用，以鼓励的形式开展帮扶性的补贴活动，弥补了市场工具效用不足的缺失。因此，政府的强制力作为自愿性组织的后盾，是维持市场本身秩序的一种方式。[1] 如前所述，由于我国民族职业教育政策中权威工具的占比较高，所以市场工具在政策工具领域的占比有所弱化。可以说，在我国民族职业教育政策中，自愿性政策工具的使用效能有待进一步提高。

（四）象征与劝诫工具的使用过度集中于鼓励领域

我们通过对我国民族职业教育政策工具的分析可知，教育内容和教育政策的关系，与社会环境有关，并随着社会环境而不断变化。回顾我国民族职业教育政策变迁的历史，我们可以看到教育之所以是政治权利的重要对象，是因为教育能在某种程度上满足国家培养优秀人才的要求，增强公民意识。[2] 因此，象征与劝诫工具的效用，同样需要发挥教育的作用，引导多元主体积极地参与政策实施的过程，从而完善我国民族职业教育治理体系。象征与劝诫作为一种政策工具，既具有自愿性，又有一定的政府倾向性。信息劝诫在某种意义上是某种期望的表达方式，即通过制定政策内容的形式来号召社会力量进行参与，期望公众能对该政策领域产生一种社会责任感，能够以自己的方式去促进政策目标的实现。[3] 在政策节点编码时，本书将"社会力量办学、人才引进"等方面纳入鼓励领域，将"加强对口支援、引导优势教育资源与产业"等方面归为号召领域。我们通过政策工具使用频数的统计可知，对象征与劝诫工具来说，使用较多的领域是

① ［加］迈克尔·豪利特，M.拉米什.公共政策研究：政策循环与政策子系统［M］.庞诗，等译.北京：生活·读书·新知三联书店，2006：151.

② 吴遵明.教育政策学入门［M］.上海：上海教育出版社，2010：35.

③ 赵德余.公共政策：共同体、工具与过程［M］.上海：上海人民出版社，2011：89.

鼓励领域，有 111 项，其主要目的是鼓励对政策的遵从、使用或支持，从而呼吁公共或私立部门采取自发的、有利于达到政策目标的行动。① 与鼓励领域相比，号召领域仅有 24 项，存在着失衡现象。20 世纪 90 年代以来，我国职业教育办学模式逐渐向学校本位与社会本位模式并举的办学方向发展，这意味着职业教育办学机制也随之变革，逐步由"政府决定"向"多元主体间互商互量"的过程转变。② 如《关于加强少数民族与民族地区职业技术教育工作的意见》《关于大力发展职业教育的决定》《关于现代职业教育体系建设规划（2014—2020 年）》等政策文件，在号召社会力量或公共部门等领域相对薄弱。象征与劝诚工具的产生，意味着迫切需要加快形成职业教育多元化的办学主体，目的是尽快打破政府单一化办学格局，形成行业、企业等主体多元化办学的格局，这是今后改革发展职业教育的必然选择。③

象征与劝诚工具是对采取与政策相关的决定以及鼓励和号召社会群体合力解决教育政策公共问题的行为和手段。它在我国民族职业教育政策中表现为积极发展民族地区校办产业，走产教结合、以厂养校的道路；积极开展东部对西部职业教育对口支援工作；传承创新民族文化和民族工艺，推动文化产业等方面，鼓励和号召各部门对民族职业教育政策支持。这些政策内容对我国民族职业教育的发展起着关键作用，也是职业教育多元共治局面形成的重要体现。我们从我国民族职业教育政策内容可以发现，激发职业教育院校的办学活力，必须建立学校与企业之间的互动机制。我们从现阶段的互动情况来看，职业院校与企业行业之间虽然交流合作，但职业教育办学的"壁炉现象"依然存在；从制度层面来说，我国工商业缺乏举办职业教育的历史传统，虽然企业和行业曾参与举办过职业教育，产学合作初现端倪，但由于办学主体界定较为模糊，产学合作没有形成制度

① 林小英，侯华伟. 教育政策工具的概念类型：对北京市民办高等教育政策文本的初步分析 [J]. 教育理论与实践，2010（25）：17.

② 刘德恩，徐国庆. 职业教育原理 [M]. 上海：上海教育出版社，2007：134.

③ 石伟平，郝天聪. 从校企合作到产教融合：我国职业教育办学模式改革的思维转向 [J]. 教育发展研究，2019（1）：1-9.

化。20 世纪末，随着国有企业的改革，企业逐步脱离职业教育，造成职业教育与工作脱轨的局面，降低了职业教育的培养方式与岗位对接的联系程度。[①] 因此，这些复杂的社会发展因素是导致鼓励领域的使用比号召领域使用广泛的重要原因。虽然象征与劝诫工具使用的频数不高，但同一个政策工具涉及的内容广泛，才能更好地发挥该政策工具的效用。若长期处于鼓励与号召失调的状态，则会导致该政策工具虚设，没有起到实质性的引导意义，从而成为我国民族职业教育政策执行失真的具体现象。

（五）各类政策工具在弱势补偿领域超重

我们从社会学的角度来看，弱势地区的补偿问题与教育公正与平等分不开。《国家中长期教育改革和发展规划纲要》指出，教育公平是最基本、最重要的社会公平，社会要努力形成惠及全民的公平教育。各类政策工具注重弱势补偿，是教育公平理念的重要体现。在我国民族职业教育领域，教育公平的主要表现之一是职业教育资源的配置。在民族职业教育政策文本内容中，对民族地区职业教育的办学、在校贫困生的帮扶是文明社会弱势补偿理念的内在要求，也是"教育脱贫"的重要举措。我们从民族职业教育政策文本量化统计来看，民族职业教育发展规划和职教扶贫方面的政策工具使用频率较高，分别占政策工具总数的 59.20% 和 18.41%，尤其集中在补助与支持、招生方面，分别占政策工具总数 10.7% 和 9%。在政策文本量化分析中，我国民族职业教育政策与其他类型的教育政策的不同之处，也是因地施策的一种表现。其中，补助与扶持主要指财产的转移形式，目的是让受扶持对象得到物质的资本，以此促进政府倡导的各项方案得以实现，提高各项扶持机构参与扶持的积极性和服务性。[②] 在民族职业教育政策中，补助与扶持与其他政策工具相比，比较容易受到支持和欢迎；对于政策的推行者来说，补助与扶持政策工具易于引导和刺激受益对象的行为按照政策所期望的方向发生改变。由于各类政策在弱势补偿领域长期存在超重的现象，使得政策文本出现这样的特征：一是政策文本的设

---

① 刘德恩，徐国庆. 职业教育原理 [M]. 上海：上海教育出版社，2007：68.

② 赵德余. 公共政策：共同体、工具与过程 [M]. 上海：上海人民出版社，2011：90.

计对各地区教育经费投入的规划变得单一，缺乏开拓经费来源渠道的政策指向和要求；二是拉开了政策目标制定与政策评价之间的距离；三是此类政策工具成为民族职业教育政策制定的首选，忽略其他领域政策工具的使用或出现单一化发展的倾向；四是民族职业教育政策在政治管理上容易形成路径依赖，一旦取消，民族职业教育的发展将会陷入倒退或者停滞的境地①。另外，在政策文本工具分析中，我们可以发现能力建设工具的运用频次较高，即在招生和助学方面比较受重视，也间接指明了政策重点解决的问题。

当然，我们抛开民族地区自身发展的有限性这一因素，就政策工具使用频次的结果而言，可以从四方面来理解民族职业教育政策长期注重弱势补偿的深层次原因：一是提升少数民族地区劳动力的整体素质水平。最大的资本莫过于人本身能力的习得，而这种本能的习得既要依靠普通教育，也要依赖于职业教育。学校是培养人才的摇篮，但需要大量资金的投入，尤其是在欠发达的少数民族地区。所以，国家通过弱势补偿的方式，增加少数民族人们接受教育的机会，拓宽他们提高自己技能水平和文化水平的渠道。二是保证职业院校的生源数量，提高职业教育吸引力。从选取的政策文本分析可以发现，在大中专学校招生上会对少数民族学生实行降分录取、优先录取（特定专业）等特殊政策，但近几年民族地区职业院校的招生人数并没有得到提升或者稳固，如2013年民族自治地方地区中等学校的招生数为41.16万，与2012年、2011年相比，分别减少了8.4万人、17.2万人，总体呈下降趋势。②③④ 因此，必须以一种补偿性的方式来保证生源数量，以及给贫困家庭的学子提供更多受教育的机会。三是增强职业院校

---

① 赵德余. 公共政策：共同体、工具与过程 [M]. 上海：上海人民出版社，2011：91.

② 国家民族事务委员会经济发展司，国家统计局国民经济综合统计司. 中国民族统计年鉴（2014年）[M]. 北京：中国统计出版社，2015：410.

③ 国家民族事务委员会经济发展司，国家统计局国民经济综合统计司. 中国民族统计年鉴（2013年）[M]. 北京：中国统计出版社，2014：442.

④ 国家民族事务委员会经济发展司，国家统计局国民经济综合统计司. 中国民族统计年鉴（2012年）[M]. 北京：中国统计出版社，2013：395.

的办学自主性和特色性。如在职业院校专业设置方面，开始在中高职的专业目录中保留民族特色类专业，进一步培养本土民族技艺类的人才。在办学上突破限制性，提高社会参与职业院校办学的动力和积极性。四是改变职业教育政策参与主体单一化形式。改革开放以来，国家在颁布的系列重要政策中，重点强调要鼓励社会、私人参与民族地区职业院校的办学。改变、规范政策执行主体在政策宣传、落实中的执行过程，制定激励机制、出台社会办学的相关配套政策等，使社会参与职业院校办学之间权责不明、办学动力不足等问题得到进一步解决。① 五是完善助学政策的实施细则、监督管理体制。自 2007 年起，我国针对中等职业学校实施国家助学金政策，这对支持民族地区贫困家庭或个人接受职业教育发挥了重要作用，不仅有利于壮大民族地区中等职业教育的生源规模，也以资助激励的形式宣传了职业教育的效用及对人发展的意义。

二、我国民族职业教育发展要素鲜明的导向性

在上述分析的基础上，我们根据 Y-Z 维度的分布情况，所选取的 9 个教育发展要素和政策价值链的 3 方面呈现出非均衡的分布情况，即在导向性鲜明、倾斜扶持、特色发展方面统计的结果分别为 24、13、18。其中，导向性鲜明 (Z_1) 维度在各项教育发展要素中的占比为 43.64%，特色发展 (Z_3) 次之，占比为 32.73%，倾斜扶持 (Z_2) 最低，占比为 23.64%。我们还发现，各项具体条目的相关性是不一致的，虽然正相关占主导，但仍存在负相关的内容，总的来说，主要表现在三方面。

（一）教育发展要素在倾斜扶持中相关度较低

教育发展要素是民族职业教育政策的核心教育活动，与倾斜扶持存在整体与局部的关系，即倾斜扶持内容集中渗透教育发展的各要素，存在要素之间分布不均衡的现象，这也凸显了民族职业教育政策横向维度的特

---

① 衣华亮. 教育政策失真：概念、特点与主要表现 [J]. 现代教育管理, 2009 (1):
30.

征。由于民族地区经济发展不平衡，区域内部也存在不同程度上的差异，因此，民族职业教育在制定的过程中并未采用"撒胡椒面"这种平均分配的做法，而是在制订扶持民族地区发展经济规划和教育发展规划时，适当向少数民族聚居群体较大、目前经济相对落后的地方倾斜。我们从政策发展的横向维度上看，存在某些教育发展要素与倾斜扶持关联度较高的现象，这是教育政策制定时必须考虑的细节。但是，现有的民族职业教育政策要真正贯彻落实"区别对待，分类指导，扶持重点，带动全局"的精神和原则，还需根据具体统计数据进行深入的对比分析。

在 9 个教育发展要素中，倾斜扶持内容相对少，在相关度上仅占比23.64%，这与政策工具类型使用的占比有所出入，主要是因为倾斜扶持的内容集中在招生规定、扶贫规划、奖助政策建设等方面，这与民族职业教育政策的总体特征相契合。尤其是在招生、奖助上实行一定的倾斜，不仅体现国家对民族教育的重视，也进一步确保了少数民族学生接受职业教育的权利，促进民族地区的教育公平，以此稳固民族地区职业教育人才源源不断的供给。但在中等职业教育结构改革、教师队伍建设、人才培养规划方面关注度不高，仅侧重技能人才的培养，在推进扶持措施和发展规划上政策的执行力度较低。在相关性较低的教育发展要素里，我们通过分析可知，有些改革已经完成，但部分仍比较薄弱。这也间接表明政策的制定，应随环境的变化进行相应调整，尤其是政策制定前期的调研工作必不可少，以便出台相应的配套措施来解决这些问题。此外，在科研规划中，明显呈现负相关现象。通过政策文本的内容分析，我们可知民族职业教育科研方面总体比较薄弱，相关的政策文本不多，且在总政策中涉及的内容也不多，这也是一个值得重视的关键领域。科研驱动民族职业教育人才培养的力量不容小觑。科研水平的提升，意味着这一领域被学界和国家所关注，并吸引更多学者进入这个研究领域，不断给民族地区职业教育发展出谋划策，是提升民族职业教育发展水平的重要组成部分。

（二）教育发展要素在导向性鲜明方面相关度最高

民族职业教育政策鲜明的导向性是坚持中国共产党的领导，坚持社会主义办学，这是我国所有公共政策的共性特征。我国少数民族和民族地区职业教育贯彻落实中国共产党的教育方针和民族政策，维护国家团结和社会稳定，在政策引领下，培养适应民族地区需求的技术人才，推动各民族共同繁荣和发展是民族职业教育政策重要使命，也是政策实施的核心推动力量。① 教育发展要素中涵盖了导向性的影响因素，表明民族职业教育政策制定受权威力量的管控，在权威中渗透了其鲜明的政治属性，对政策目标的实现和政策制定的过程给予制度上的保障，使民族职业教育政策本身的权威力量得以彰显，从而提高政策实施的效用。

我们从这个基本属性来看，能很明显地看到各教育发展要素在导向性鲜明方面，内容相关度较高，平均在 2 条以上，总占比为 43.64%；从内容的比对来看，除了奖助免政策制度建设，民族文化传承与创新、科研规划这 3 个要素没有完全彰显导向性鲜明的特征外，其余 6 个教育发展要素均呈正相关。如在奖助免政策制度建设这个要素中，贯彻教育方针与民族政策没有直接体现，主要是因为这个教育要素比较倾向奖助的扶持。然而，对民族职业教育的扶持和人才培养质量的提升是民族职业教育办学不可或缺的内容，同时也是坚持社会主义办学的根本宗旨。因此，应该在奖助免政策制度建设这个要素中体现该内容值得我们思考。再如，在民族文化传承与创新要素中，没有明显涉及社会主义办学，多以传承民族文化、培养工艺人才等方面为主，在提升民族职业教育与办学水平、挖掘民族特色、建立特色职业教育政策体系方面较为薄弱。在科研规划方面，科研队伍的建设有助于提高民族职业教育的研究水平，为少数民族地区职业教育的发展提供参考决策和政策建议，促进民族职业教育的可持续发展，稳固其战略地位。但从当前来看，科研队伍服务水平方面仍比较薄弱。以民族 8 省区为例，国家先后在贵州、西藏、云南建立民族教育研究基地。如 2015 年贵州省建立民族民间文化教育传承创新重点研究基地。其中，在民族文化传承与创新的 8 个科研单位中，参与者包括职业技术学院，重在对

---

① 蓝洁. 新中国成立 70 年来少数民族和民族地区职业教育发展的变迁与展望：基于政策的视角 [J]. 当代职业教育，2019 (5)：10-18.

职业院校民族民间文化教育重点支持专业、创新团队和名师工作室的课程教学资源开发与建设情况，进行调研和专题研究。在西藏和云南的重点教育研究基地中，国家分别设立西藏职业教育研究和民族职业教育研究的基地。在云南民族职业教育研究中，基地将更深入分析和探寻云南民族地区新市场经济背景下的少数民族经济文化发展及社会需求状况，探索和构建具有时代性和地域性的民族职业教育模式。我们从以上教育研究基地的情况来看，民族教育科研进一步得到重视，但其他民族省份同样需要设立民族教育研究基地，进一步提升科研服务民族职业教育发展的水平。

（三）教育发展要素在特色发展的分布相对中立

国家坚持挖掘民族地区的教育特色，融入民族职业教育政策的内容是其得以实践的重要保障。民族职业教育特色发展聚焦的差异化，体现国家对促进各民族优秀传统文化和谐共生与传承发展的政策期待①，即民族职业教育政策的特色发展内容规划的合理性和前瞻性，关乎民族文化能否在新时代中与社会发展相适应，特色的民族文化能否以多元化的渠道传承下去，以及能否在文化传承中有时代的特色等。我们对这一系列命题的阐释，又必须结合民族职业教育政策的历史发展变迁，即在改革开放初期，民族地区职业教育正起步发展，由于基础较差，政策实践的重点便放在倾斜扶持上，即注重基础设施的建设。特色发展的意识虽然提高得较慢，但"开发具有当地特色的职业教育课程，凸显地区的民族特色，适应本地现实发展需求"等差异性需求举措，始终贯穿民族职业教育各项政策内容。直至21世纪初，民族职业教育的特色发展路径才得以明晰。因此，基于以上的推断和分析，教育发展要素在特色发展的分布中相对中立，这是民族职业教育政策中特色发展的真实演变。

2013年，教育部、文化部、国家民委在《关于推进职业教育院校民族文化传承与创新工作的意见》中，从专业布局、人才培养、师资团队、课程教学等多个层面整合特色发展的若干要素。从这项政策中，我们可以总

<hr />

① 蓝洁. 新中国成立70年来少数民族和民族地区职业教育发展的变迁与展望：基于政策的视角 [J]. 当代职业教育，2019 (5)：10-18.

结出坚持特色发展是民族职业教育的主要出路，也是在职业教育办学中体现中国特色的重要组成部分。民族地区经济社会发展落后是个毋庸置疑的事实，如何发挥地方产业特色，并将其融入民族职业教育办学，是一个值得深思的重要问题。我们从具体的分布情况来看，特色发展（Z_3）在各教育要素中相对中立，占比为 32.73%。我们从相应的内容来看，特色发展在奖助免政策制度建设和教师队伍建设这两个教育发展要素的相关内容均为 1 条，即均体现在特色发展（Z_3）中的专业布局、人才培养、师资团队等方面。特色发展在中等职业教育结构改革、民族职业教育扶贫、招生规划、人才培养规划和科研服务五个教育发展要素中的相关内容均为 2 条，多数体现在 h、i 两方面。特色发展在民族文化传承方面是相对薄弱的，也是后续政策需要着重发展的方面。然而，民族职业教育发展规划、民族文化传承与创新的各要素和特色发展的内容呈现出完全相关，总的来说，内容的相关性仍然比较单一化。特色发展对民族职业教育发展而言是一个契机，更是其走向中国特色发展不可或缺的重要元素。

三、我国民族职业教育政策价值扶持的倾斜性

从 X-Z 维度的分布情况来看，本书所选取的七类政策工具与政策价值链的三方面呈现出较为均衡的分布情况，即在导向性鲜明、倾斜扶持和特色发展分别为 45、50、43，在政策价值维度有共同的关注点，即技能人才培养，这项内容附属于政策价值链的三个特征。根据职业教育发展的现实背景，我国中等职业教育的发展自 1999 年起各项指标缓慢下降，到 2002年有回升的势头，且增长幅度不小，每年全日制学生递增 50 万—60 万人，职业教育培训人次的增长幅度更大，增长这么快，技能人才的短缺依然是民族地区经济社会发展的最大困境。在政府的引导和政策的落实上，社会、家长和学生对职业教育的认同度和重视度有所提升。[①] 因此，在民族职业教育发展的整个阶段，国家比较注重初级人才供给，适当加强高技能

---

① 刘德恩，徐国庆. 职业教育原理［M］. 上海：上海教育出版社，2007：152.

人才的培养。我们此外还发现，各项具体条目的相关性是不一致的，虽然正相关占主导，但仍存在少部分的负相关内容。总的来说，民族职业教育政策价值的取向基本与政策工具的运用保持一致，主要表现在三方面。

（一）倾斜扶持在政策工具的运用中呈正相关

我国少数民族的居住状况，即大杂居小聚居的形态，凸显了民族地区与其他地区之间的差异性。我们就发展的角度而言，倾斜扶持政策的目的是解决发展中的差距。从前文对民族职业教育政策工具配置的情况来看，在相当长一段时期里，国家针对少数民族和民族地区职业教育发展，出台系列连贯性政策，持续推进各种倾斜扶持的措施，着力缩小差距、促进公平，补偿民族地区由于历史、社会、资源环境等原因，形成的职业教育体系不完善、技能人才匮乏等问题。这与倾斜扶持和政策工具之间相关度呈现的特点不谋而合。

我们从统计表中能清楚地看出，在政策价值链（Z）维度中，倾斜扶持（Z_2）各个政策工具比对呈正相关较为明显，总计 50 项，占比为 36.23%。其中，倾斜扶持与权威工具、能力建设工具、象征与劝诫工具和自愿性工具这四类工具相关度高，与学习工具和需求工具的内容相关度较低。这些存在的现象，说明民族职业教育政策设计比较注重民族地区职业教育的弱势补偿和扶持，这与政策工具的选择结果也是契合的。根据教育部的数据统计可知，在 2010 年，我国中等职业教育的招生人数达到高峰，即 870.42 万人，但在 2010 年后出现招生数急剧下降的现象，截至 2018 年，比 2010 年下降了 313.37 万人；与此同时，高职院校学生人数从 2010 年的 735.64 万人增加至 2018 年的 969.49 万人。[①] 这一系列的数据说明，政策工具的使用基本适应民族职业教育发展的时代环境，最终形成较为稳定的政策价值取向。由于民族职业教育比较薄弱，在民族职业教育政策制定过程中需要考虑较多因素。如政府比较注重教育扶贫、物质扶持、人才扶持等内容，且这些均在政策文本中有所体现。我们从倾斜扶持这一维度

---

① 方勇. 职业教育与平均受教育年限的相关性研究 [J]. 职业技术教育，2019（24）：18-22.

的相关性进行分析，民族职业教育政策内容制定和设计的逻辑起点，应结合民族地区的现况，从而更好地体现其民族特色和区域特征。通过各项政策工具的使用，政府"大力发展民族职业教育"的决心已深入政策设计的方方面面，这也正是倾斜扶持子维度与各项政策工具运用相关度较高的主要原因。

（二）导向性鲜明在激励工具的运用中呈负相关

激励工具主要以激励为目标，旨在保护和调动公众的首创精神和积极性，以推动某个领域的事业发展。激励工具的作用有正向鼓励和反向制约两个层面，从其总体政策配置来看，本书主要探讨正向鼓励这一层面。鲜明的导向性是民族职业教育政策的基本属性，主导着政策的发展，也间接制约了激励工具的效用，即正向鼓励往往掺杂了强制性的实施意念，从而导致两者的冲突，以至激励工具在政策制定和实施过程中有被忽略的嫌疑。具体情况我们还需根据统计和比对的数据进行深入分析。

在第五章的表5-10中，所区分的正、负相关，主要是以政策价值链维度各领域的内容为主，通过各政策工具涉及的内容进行比对，"+"越多，表明与相应政策价值链的关联程度越高，反之亦然；存在"-"就说明没有涉及这方面的内容。在统计的表格中，我们可以明显地看到"-"并不多，且集中在激励工具中，即在导向性鲜明（Z_1）领域没有激励工具的使用。通过对106件民族职业教育政策文本的内容编码，我们发现其所涉及的激励工具多是奖励领域，主要集中在人才引进、基础设施建设、返乡就业、集资发展职业教育等方面，这些内容在导向性鲜明方面相关性不高。尤其是在惩罚方面，三个政策价值维度均没有涉及相关内容，这种情况是值得学者研究和思考的。我们根据前文的分析，民族地区职业教育的发展比较注重奖励。但过度的奖励，可能导致政策执行出现失真现象，反而会降低外界参与民族职业教育办学和扶持的积极性。"奖惩分明"在制定奖励机制的同时，也应该设立相应的惩罚机制，对各项事务有一定的制约，又能提升民族职业教育的发展水平和吸引力。最主要的是，这有助于提高管理者的积极性，彻底打破"上有政策下有对策"的习惯，真正把政策落到实处。

（三）政策价值在需求工具的运用中相关度较低

民族职业教育政策价值理性和工具理性的失衡是目前公共教育政策比较普遍的现象。我们就需求工具涵盖的内容而言，属于因发展需求而出现的辅助性工具，较为注重有效促进民族职业教育的发展，目的性较强，较少考虑其他影响因素，如教育对象对政策的期待等。因此，探讨政策价值与需求工具的相关度问题，实际上是在剖析民族职业教育政策价值理性和工具理想之间的矛盾。而这对矛盾构成了民族职业教育政策纵向维度的主要特征之一。

相对其他类政策工具而言，需求型政策工具在民族职业教育政策中出现的时间较晚，而且使用的频度较低。我们从相关表格的分布情况可以发现，除了倾斜扶持这个维度外，它在导向性鲜明和特色发展两个领域的相关度较低。我们从需求型政策工具的价值取向来看，它是民族地区职业教育发展的逻辑起点和终极目标，最主要的价值即以民族职业教育的需求为主，且每一部分都是不可或缺的要素。我们从该政策工具所包含的具体内容来看，服务外包、海外资本、海外机构等在政策价值的内容上体现较弱，尤其是在提高办学服务水平、扶持职业教育和注重民族文化传承方面。这里的服务外包一般指特色教材的编写、依托企业等方面。海外资本与海外机构的设立，目的是加强民族职业教育与国外教育的协作，引进优质教育资源，同时也能将特色的民族职业教育文化传播到国外。但通过内容的比对和检验，由于相关度较低，这与政策的理想目标有一定差距。如在多项办学、特色挖掘等方面比较薄弱，需求型政策工具在这些薄弱的方面没有发挥到较好的作用。

本书根据政策工具的配置情况，从横向和纵向两个层面进行政策内容的比对，形成 X 维度（政策工具）、Y 维度（教育发展要素）和 Z 维度（政策价值）的分析模型，从三个维度来梳理政策的基本特征。可知，选取的 106 件民族职业教育政策文本，兼顾了 X 维度的 7 类政策工具的综合运用，内容方面涉及 Y 维度的 9 个教育发展要素，以及拓展领域体现出的

"三个政策价值"维度，即导向性鲜明、倾斜扶持、特色发展。从初步验证来看，本书通过构建的民族职业教育政策三维分析框架与政策文本量化统计分析，发现与归纳总结的基本特征相吻合，诠释了民族职业教育政策文本的基本特征，为后续政策文本的成效和不足，提供了坚实的理论基础。

第七章

我国民族职业教育政策的成效与完善方向

政策工具选择空间在不断提升的同时，其选择的自由度也受到相应的制约。在政策设计层面，政策体制被看作一种背景的组成部分，这样的背景会影响政策工具的效用，并对政策工具的选择造成限制；在政策过程层面，探寻政策工具的内容与政策体制之间存在着一种基本联结、依赖关系①。我们通过政策设计和政策过程层面，以民族地区职业院校的办学规模、师资建设等数据，考察我国民族职业教育政策在政策数量、政策内容、政策制度化等方面的成效及不足。

一、我国民族职业教育政策的成效

当前，我国民族地区职业教育的各项指标规划较为全面，具有中国特色的民族职业教育政策体系逐步完善。在相关的政策文本中着重提及"弱势补偿"领域，如在招生规模、就业率、教师队伍等方面取得了一定的成绩。可以说，我国民族职业教育政策的发展起到了重要的规范、保障和引领作用，政策制度化建设的局面基本形成。本节基于民族职业教育政策文本内部关系的探讨，以政策工具配置、教育发展要素和政策价值取向这三个维度为主，以民族地区职业教育的相关数据为依据，结合民族职业教育政策的建设现状，来总结我国民族职业教育政策所取得的成效。

（一）高配置政策工具的成效

政策工具在构建的三维分析框架中处于横向维度，是连接纵向的教育

---

① ［美］B. 盖伊·彼得斯，弗兰斯·K. M. 冯尼斯潘. 公共政策工具：对公共管理工具的评价［M］. 顾建光，译. 北京：中国人民大学出版社，2007：120.

发展要素和横向的政策价值的中介点。关于这个维度的成效，我们主要根据民族职业教育的发展现况，结合政策工具使用的频度高低来进行考察。我们根据所收集的数据，通过对这个维度取得的成效进行考察，权威工具、能力建设工具在职业院校建设、师资建设、招生人数和在校生人数这四方面取得的成效较为显著。

1. 职业院校建设规模显著

改革开放以来，全国的职业教育处于快速恢复阶段，民族地区职业学校的发展与全国职业学校的兴办同步进行，那个时期是大力兴办大中专学校的关键时期。我国民族职业教育政策的刚性和层级性得到了空前提高，逐步形成中国特色的现代化职业教育体系。其中，权威工具在民族职业教育发展中起到重要作用，尤其是在大力兴办中、高等职业院校，培养初、中级技能人才方面的作用比较显著。我们从教育部统计关于民族地区职业院校办学情况的数据来看，民族地区职业院校办学情况良好，中、高职院校数量的增减比较一致。第一，民族地区中等专业学校的数量总体呈上升趋势，且出现两个比较明显的变化（见图7-1），在1998—2002年间，民族地区中等专业学校的数量出现缓慢下降的趋势，直到2004年，民族地区中等专业学校数量达到了1540所，比2002年增长了2倍，即2004—2017年期间，中等专业学校数量是1998—2002年间的2倍之多。从2011年开始，民族地区的中等专业学校数量逐渐减少，截至2018年，民族地区共有1286所中等职业学校。

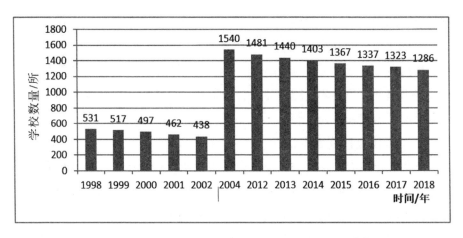

图7-1　1998—2018年民族地区中等专业学校情况①②

第二，我国民族地区高等职业教育比中等职业教育发展晚，专门的政策比较少。2000年7月，国家民委、教育部颁布的《加快少数民族和民族地区职业教育改革和发展的意见》专门提出建设民族地区高等职业院校的政策。2005年，教育部贯彻落实中共中央、国务院关于《进一步加强民族工作加快少数民族和民族地区经济社会发展的决定》，明确指出要支持民族地区高等职业教育的发展，在实训基地建设、专业设置方面彰显民族区域特色。在2005—2011年，民族地区高等专业学校数量呈现逐年上升的趋势（见图7-2），到2011年，民族地区高等专业学校的数量达到302所。

① 中华人民共和国教育部. 教育统计数据（1997—2019年）［EB/OL］.（2020-05-20）［2020-06-01］. http：//www. moe. gov. cn/s78/A03/moe_ 560/moe_ 569/.

② 国家统计局. 中国统计年鉴（1999—2019年）［EB/OL］.（2020-05-20）［2020-06-15］. http：//www. stats. gov. cn/tjsj/ndsj/.

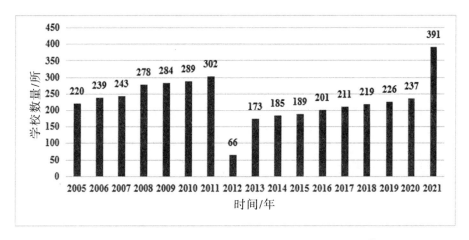

图 7-2　2005 年—2011 年民族地区高等专科学校情况①

2. 教师规模稳定增长

在民族职业教育政策中，国家注重"大力发展职业教育"的政策目标，培养优质的师资队伍，尤其是"双师型"教师队伍。关于教师队伍建设的内容在文本量化中归为能力建设工具中的基础设施建设领域，基础设施建设在整个政策文本中占比最高。改革开放以来，国家针对职业教育师资建设颁布了几项政策，如《关于加强中等职业学校教师队伍建设》（1997）、教育部《关于"十五"期间加强中等职业学校教师队伍建设的意见》（2001）、《关于进一步完善职业教育教师培养培训制度的意见》（2011）等政策文件，明确指出职业教育师资的培养规划和具体实施路径。在一系列的教师政策引领下，中等职业教育师资建设的成效较为显著。我们从数据统计的情况来看，民族地区中等职业学校（不含技工学校）专任教师人数总体呈上升趋势，2017 年专任教师达到 9.11 万人，为历年最高，2018 年下降到 8.99 万人。2003 年专任教师人数 3.21 万人，为历年最低，自 2004 年开始，随着中职学校数量的增多，专任教师数量上升至 6.6 万

---

①　国家统计局. 中国统计年鉴（2005—2021 年）［EB/OL］.（2020-5-20）［2023-08-15］. http：//www. stats. gov. cn/tjsj/ndsj/.

人，比 2003 年增加了 3.39 万人。2010 年，中等职业学校专任教师 8.21 万人，与 2009 年相比，减少了 0.02 万人（图 7-3），总体维持在合理的水平。另外，据 2019 年我国高等职业教育年度质量报告统计数据显示，民族地区高等职业院校专任教师占比平均在 50% 以上，在"双师型"教师、教师学历结构等方面得到进一步优化，平均占比分别为 45.42%、41.43%。由此可见，在民族职业教育政策中，师资队伍建设方面的成效较为显著，呈现稳定增长的趋势。

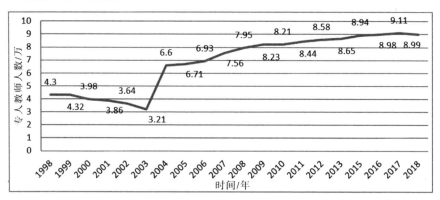

图 7-3 1998—2018 年民族地区中等专业学校专任教师的情况①

3. 职业院校招生人数稳步上升

在世界范围内，由于少数民族学生受教育水平和家庭条件的限制，少数民族学生接受的教育主要集中在职业教育领域。因此，职业教育是民族地区"改变境遇"和"保障权利"的重要方式和途径之一。② 在政策文本的量化统计中，发现能力建设工具的使用频度略高于权威工具，比权威工具多 12.2%。这表明民族地区在环境、教育资源、职业学校的基础设施等方面的欠缺，成为导致其发展缓慢的主要因素之一。本书所选取的能力建设工具正是基于这些主要因素，考察改革开放以来民族地区职业院校的招

---

① 国家统计局. 中国统计年鉴（1999—2019 年）［EB/OL］.（2020-05-20）［2020-06-15］. http://www.stats.gov.cn/tjsj/ndsj/.

② 李延平. 职业教育公平问题研究［M］. 北京：教育科学出版社，2009：6.

生情况。1998—2018 年民族地区中等职业学校的招生人数呈上升趋势，到 2010 年招生人数达到历史最高，共 111.91 万人；从 2011 年开始，我国民族地区的中等职业学校招生人数开始下降，截至 2018 年，中等职业学校招生 82.39 万人，比 2010 年招生人数减少了 29.52 万人。高职院校的情况与此相反，2005—2017 年民族地区普通高等专科学校招生人数呈上升趋势，2018 年招生 53.62 万人，达到历史最高。但在 2012—2013 年，民族地区普通高等专科学校招生人数出现下降的趋势，与 2011 年的 34.65 万人相比，2012 年、2013 年分别减少了 0.88 万人和 0.06 万人。到 2014 年，民族地区中等职业学校的招生人数为 38.53 万人，比 2011 年的招生人数增加了 3.88 万人，此后呈上升趋势。① 我们通过对这些数据的分析，所取得的成效与 106 件政策文本内容提供的制度支撑分不开。如国家在中等职业学校的招生政策中，对少数民族地区的学生给予一定的倾斜，即降分录取、优先录取，且倾向于招收农业类的初中毕业生。此外，国家在资助政策上也有所体现，采取给予贫困地区中等职业学校学生免除学费、发放生活费等方式，鼓励其积极接受职业教育，可见，国家和政府对民族地区职业教育的持续关注和大力扶持。国家秉持"人人出彩"的培养理念，在民族职业教育政策中以内容驱使的形式，鞭策学生提升自我价值的认同。

4. 少数民族学生在校生比例稳步提升

在扩大生源的同时，职业院校意识到在校生流失的危机，注重稳固少数民族在校生。据教育部 2019 年统计，2003 年以来民族地区中等职业教育（包括普通中专、成人中专、职业高中、中等职业学校、中等师范学校）的少数民族学生占比逐年上升。截至 2018 年，少数民族学生占中职学生总人数的比例为 31.73%，比 1997 年的 16.35%，增长了 15.38%。② 我们可以进一步验证，国家出台的系列政策法规不仅保障少数民族学生接

---

① 国家统计局. 中国统计年鉴（1999—2019 年）［EB/OL］.（2020-05-20）［2020-06-15］. http：//www. stats. gov. cn/tjsj/ndsj/.

② 中华人民共和国教育部. 教育统计数据（1997—2019 年）［EB/OL］.（2020-05-20）［2020-06-01］. http：//www. moe. gov. cn/s78/A03/moe_ 560/moe_ 569/.

受职业教育的权利，也使中等职业学校里少数民族学生的入学率得到稳固，辍学率明显降低，基本保证学生能够进入中等职业学校学习。同时，自 1999 年以来，民族职业教育政策注重提升职业教育的层次，打通中、高等职业教育一体化的渠道。我们从统计数据发现，普通专科、成人专科、网络专科的少数民族学生人数的占比逐年上升，由 2003 年的 9.51%，增加到 2018 年的 25.87%，增长了 16.36%。① 因此，在民族职业教育政策中，能力建设工具的使用频度高于其他教育政策是民族职业教育的一个特征，政策效果虽然不完全一致，但也是逐步往这个方向努力。同时，这也反映出民族职业教育政策需要依据现实的需要和人的教育需求做出相应调整。

（二）教育发展关键要素的成效

民族职业教育是职业教育的重要组成部分，促进民族职业教育的发展是贯彻落实教育发展政策的重要措施。针对奖助免政策、中等职业教育结构改革、招生规定、教师队伍建设规划、民族职业教育科研规划、扶贫规划、人才培养规划、民族文化传承与创新等 9 个要素，我们考察当前民族职业教育政策发展取得的成效。根据政策文本的单元分析编码表，我们可将教育发展要素与政策发展阶段结合，可得出图 7-4 的变化情况。根据此图的分析，教育发展关键要素在政策文本中的成效主要体现在两方面。

---

① 中华人民共和国教育部. 教育统计数据（1997—2021 年）［EB/OL］.（2022-12-18）［2023-01-17］. http：//www. moe. gov. cn/jvb_ sjzl/moe560/2021/.

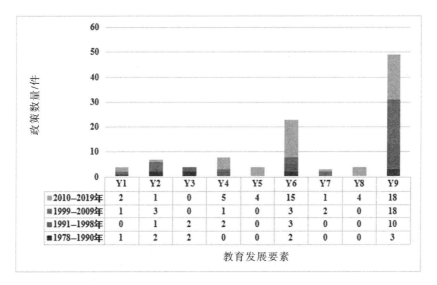

图 7-4　教育发展要素与政策发展关系图

1. 民族职业教育政策建设注重全局把控

据图 7-4 的分布情况，我们可以了解到民族职业教育政策的内容建设比较注重宏观的发展规划，即民族职业教育发展规划（Y_9）在民族职业教育政策演变的这四个阶段中，均涉及相关内容；其次是扶贫规划（Y_6）类内容的相关度仅次于（Y_9），在民族职业教育政策发展要素中，（Y_9）涉及的政策主题范围较广，如职业院校建设、多元化办学、助学体系、办学经费投入、管理体制改革等内容，占九项教育发展要素的 45.3%。我们不难发现，政策文本的全局性把控多从宏观层面来发展民族地区的职业教育，这是民族职业教育政策区别于非民族地区职业教育政策的重要特征之一。我们具体来看，注重全局把控的成效体现在两方面：一是民族地区职业教育的扶持力度逐渐加大。据统计，截至 2017 年，国家财政对民族地区的教育投入 5229.42 万元，比 1998 年增长约 223 倍；在社会团体、社会捐资和集资、教师专项支持、东部地区对口支援等扶持项目上，教育投入相对稳定，并呈现出缓慢增长的趋势。截至 2017 年投入 24.63 万元，仅比 2006 年多 0.58 万元。这些投入虽然比较有限，但帮助职业院校提升了基础设施建设能力和水平，其实践教学条件也得到一定程度改善。二是企业参与民族地区职业教育办学的积极性不断提升。据 2019 年度高等职业教育质量报告显示，截至 2018 年，企业参与民族地区职业院校办学数量逐年增加，总量为 105 家。民族地区职业院校开展校企合作时，也存在明显的区域差异，如西藏、青海、广西的企业参与职业院校办学，均低于 10 所，其中西藏仅有 1 所。总体而言，民族地区职业教育注重基础设施建设，想方设法来完善民族职业教育政策建设。

2. 民族职业教育政策逐渐制度化

根据民族职业教育政策的特点，以及内容倾向性分析，民族职业教育政策是完善民族地区职业教育运行机制的重要举措，同时也是促进教育公平与教育公正的有效手段。改革开放以来，我国民族职业教育政策的制度化逐渐形成，也取得一些制度上的成效，主要表现在以下几方面：第一，职业院校的管理形式趋于多元化。这方面的内容在政策文本中提及最多，如通过教育发展权的有效配置、管理权的放权与分权等方式，提高民族地区职业教育发展的适切性；积极引进非传统管理者，参与职业院校的办学，有效矫正了以经济为中心的民族职业教育倾向；健全权力的制约与监督机制，增强社会组织和公众参与职业教育发展的可行性[①]。第二，人才培养的运行模式逐渐得以完善。如广西、新疆、内蒙古、宁夏等民族自治地区都出台了贯彻落实《国务院关于加快发展现代职业教育的决定》的实施方案，推进民族地区职业院校跟进与融入国家职业教育发展的整体步伐，工学结合人才模式改革在民族地区职业院校的办学实践中逐步开展与深化。[②] 第三，师资队伍的制度建设得以健全。如安排实习指导教师培训、设立职教师范专业奖学金、引进和考核教师等方面得到进一步完善，民族地区职业院校的教师队伍规模取得了重大成效。第四，教育经费的投入机制。如为民族地区职业教育的建设设立专项经费，通过引进外来资源或企

① 李祥. 优化治理结构为民族地区职业教育优先发展提供制度保障 [J]. 中国民族教育，2015（12）：35-36.
② 蓝洁. 民族地区职业教育工学结合人才培养模式运行状况调查 [J]. 职业技术教育，2017（18）：50-54.

业的方式，拓宽教育经费渠道。

（三）政策价值取向的服务成效

我们从政策文本的价值取向来看，其政策内容的制定同时兼顾国家、社会、民族地区、个人等主体需求，力图全方面发挥政策价值效用。Z 维度是民族职业教育政策文本的横向延伸维度，根据构建的三维分析框架，以及对该维度内容的界定，以鲜明的办学定位、倾斜扶持和特色发展衡量政策文本成效的横向价值维度。据教育部统计的相关数据，随着政策建设的完善，民族职业教育各项指标取得了重要提升，尤其是少数民族学生在中、高等职教育中的比例稳固提升。这说明办学定位、倾斜扶持和特色发展这三个价值取向的核心是指向"人"，即注重学生的培养。政策制定者、目标群体、参与者与"人"的发展建立了密切联系。

1. 注重个体的发展诉求

就职业教育发展而言，国家通过补助、扶持的方式解决贫困人口辍学或办学难以满足学生需求的问题，以此来稳固少数民族学生接受职业教育的信心，是将"大力发展民族职业教育"落到实处的具体行动。在政策发展要素中，民族职业教育政策体系的建设，逐渐由普惠性向特殊性转变。从自身的发展来看，少数民族学生对职业教育的认可度有上升的趋势。如在校生比例的稳固，意味着因各种原因辍学的现象在逐步得到遏制，说明多数学生能在职业教育中实现自我价值。改革开放以来颁布的政策均提倡要改革中等职业教育，国家通过兴办学校、降分录取、就业扶持、师资培养等方式来发挥人的效能，是满足个人需要的集中体现。通过各种方式提高民族地区职业教育发展水平是改革开放以来持续关注的问题，后来逐渐注重人力资源的开发，这也说明政策内容制定由"社会本位"向"个人本位"的转变，且取得了较为显著的成效。我们如从就业率来看，据2017—2019 年的统计数据显示，我国民族地区高等职业教育的就业率逐年提高，且云南、西藏、宁夏、内蒙古等提高的速度较快。

2. 职业院校响应民族文化传承的使命

通过教育的方式，使深处民族地区的少数民族学生有机会走进城市，打破这种文化封闭的界限。布尔迪厄认为"教育是文化再生产与社会再生产的工具与手段"①。在文化再生产的过程中，"教育的主要目的是文化传承，学校则是文化传承的一个主要场所"②。相对于普通教育而言，职业教育在民族文化传承方面的优势就在于其包容性、普适性、可接受性，并在提高少数民族人口的生存能力方面有着明显的优势。2013 年，教育部、文化部、国家民委三部门联合颁布《关于推进职业院校文化传承与创新工作的意见》，该文件以政策的形式确立了职业教育肩负着民族文化传承的使命。随后，民族职业院校在专业设置、课程安排、师资建设方面，对传承民族文化均做出了相应的要求，尽管实际效果比较有限，仍有较大的提升空间，但相关的职业教育政策在民族地区得到了积极响应，政策的执行也取得了一定的成效。

二、我国民族职业教育政策的完善方向

本书从政策工具、教育发展要素、价值取向三个维度探讨民族职业教育政策的不足，以此来剖析民族职业教育政策存在的问题有一定的代表性和合理性。依据民族职业教育政策文本三维成效的分析，我们可知在民族职业教育政策文本中，并不是所选取的政策工具都发挥作用，甚至多数政策工具处于失效状态；在九个教育发展要素中，除了两个关键要素外，其余要素没有起到政策引领的作用；政策价值取向在特色发展方面的关注仍然不足。

（一）均衡民族地区间经费投入

我国现行职业教育管理体制遵循"分级管理，地方为主，政府统筹，社会参与"的原则。这种管理体制的特点是把中等职业教育的管理下放到市、县，政府拨款层次开始下移，即拨款方式逐步由国家财政或省级财政

---

① 黄俊，董小玉. 布尔迪厄文化再生产理论的教育社会学解读 [J]. 高教探索，2017（12）：35-40.
② 张蓉蓉. 教育与文化传承：贵州少数民族教育存在的两个问题 [J]. 贵州民族研究，2006（4）：157-160.

全额拨款向市、县级财政差额拨款转变。对于贫困地区市、县级的职业教育机构，国家只负责单位职工的基本工资，其他费用由地方自行解决。紧接着，国家通过实行职业教育财政专项拨款，对农村和城市贫困家庭的子女在接受中等职业教育中给予生活补助，一定程度上改善了办学条件，并对处境不利的学生起到积极的扶持作用。我们从表7-1中可以看出，2013—2014 年民族地区普通高中生均预算内经费平均增长率是 5.741%，而中等职业学校学生均预算内经费平均增长率是 6.57%。中等职业学校增长率最大的是西藏，高达 61.40%；其次是青海、内蒙古、广西，增长率分别是 12.77%、12.14%、6.90%；贵州、云南、宁夏、新疆呈现负增长，分别是-21.24%、-10.10%、-5.06%、-4.18%。可见，由于地方政府投入有限，民族地区教育发展和城乡之间存在差异，民族地区的各类教育经费投入不均衡。

表 7-1　中等职业学校与普通高中生均预算内教育事业经费情况表　（单位：元）

地区	中等职业学校								
	2013 年	2014 年	2015 年	2016 年	2017 年	2018 年	2019 年	2020 年	2021 年
内蒙古	11943.86	13393.40	16168.17	16389.99	18516.88	20117.85	21666.25	23498.69	23563.15
广西	6528.29	6978.79	8746.71	9754.12	10656.33	10672.02	11446.29	10722.40	10918.91
贵州	9060.32	7135.92	6995.93	6425.03	7770.97	7635.91	8846.18	9053.86	8789.75
云南	8105.25	7286.75	9645.03	11220.00	11752.73	12670.68	12608.46	12794.24	13268.80
西藏	15822.99	25538.19	32957.17	30228.19	58058.20	53705.74	48928.38	59486.19	41306.52
青海	7674.27	8653.92	10526.81	12867.51	18758.85	15715.03	2144.76	19245.95	18585.13
宁夏	9067.61	8608.73	9951.04	10561.81	15229.52	15938.47	15981.77	18099.82	15365.67
新疆	12741.22	12209.18	12440.81	13332.91	14758.08	14707.26	15908.35	15861.93	17672.40
地区	普通高中								
	2013 年	2014 年	2015 年	2016 年	2017 年	2018 年	2019 年	2020 年	2021 年
内蒙古	10670.59	10613.62	13192.30	14333.65	15770.70	17205.96	20147.88	22050.06	20883.21
广西	6712.68	6835.22	8177.45	9326.70	11203.64	10796.94	11903.01	11217.17	11435.09

续表

地区	中等职业学校								
	2013 年	2014 年	2015 年	2016 年	2017 年	2018 年	2019 年	2020 年	2021 年
贵州	6312.89	6820.40	8184.95	9637.74	11728.12	14061.30	14773.77	14346.09	15359.99
云南	6802.99	6796.01	8231.96	10370.21	13389.76	14123.11	14514.6	18449.37	15991.56
西藏	15315.65	20187.23	26541.85	27454.25	48139.15	33786.13	41728.42	42357.22	42418.17
青海	11673.77	11726.99	12795.38	14062.50	18174.68	19995.36	23378.89	21719.00	21855.36
宁夏	8408.39	8622.80	9845.02	10899.08	14556.94	14302.11	14595.05	16757.76	15833.00
新疆	11771.52	11991.78	14630.08	14772.19	15535.06	16993.14	18376.65	19133.31	20118.50

注：根据 http://www.moe.gov.cn/jyb_sjzl/sjzl_jfzxgg/ 中华人民共和国教育部教育经费数据统计结果整理。

马克思曾经说过："人们为之奋斗的一切，都同他们的利益有关"[1]，并且这个世界并不是一种利益的边界，而是许许多多利益的天下。在合理的制度安排下，利益分化在一定程度上还构成了社会发展的动力机制。相对于其他非少数民族地区而言，大力扶持、给予经费上的倾斜、设立专项教育经费等措施手段是一种权衡利益分配的表现，也是体现社会公平正义的价值取向。有研究表明，职业教育需要投入的经费大约是普通教育的 4 倍，民族地区的职业教育不止 4 倍，因为包括办学经费、助学经费、生活补助、师资引进、教学设备购买等方面，需要投入大量的资金维持办学。[2] 本书从社会团体和公民办学、社会捐资和集资两大维度来考察。据教育部的统计数据显示，在社会团体和公民办学方面，1998—2006 年的经费投入逐年增加，其中从 1998 年的 18424 万元到 2006 年的 240479 万元，增长了 222055 万元；2006 年开始出现下降，到 2009 年又缓慢回升，但远低于 1998—2006 年的增长速度。在社会捐资和集资方面，1998—2006 年处于下降状态，而后开始缓慢回升，但远低于社会团体和公民办学经费的增长

---

① 马克思，恩格斯. 马克思恩格斯全集：第 1 卷 [M]. 北京：人民出版社，1995：187-272.

② 李延平. 职业教育公平问题研究 [M]. 北京：教育科学出版社，2009：133.

量。从这些年来看，民族地区教育经费投入虽然持续增长，但专项经费使用成效不高和配套措施不够，主要有三方面的原因：一是对民族地区职业教育发展差异界定不清晰，导致教育政策的决策者不能因地制宜地给予相应的扶持，忽视经费投放的合理性①；二是民族地区职业教育发展规划不够明确，下拨的教育经费没能合理使用，教育资源配置不均，存在浪费的现象；三是外来资本或社会力量投入不足，影响民族地区职业教育人才培养没能较好地投向市场②。

（二）完善职业教育科研体制机制建设

从民族地区的现实出发，对民族教育改革发展而言，民族教育科研规划具有基础性、先导性和战略性，是教育研究与实践相统一的过程。③ 没有民族教育事业的发展，就没有全国教育事业的发展，这是一个现实问题，国家如果忽略对少数民族地区教育的关注和研究，最终将影响到教育事业的整体发展水平。2014 年 11 月，教育部办公厅印发《全国民族教育科研规划（2014—2020 年）》，这是新中国成立以来第一个关于民族教育科研规划的专门政策，为各项民族教育研究指明了方向。随后，2015 年 8月，国家在《国务院关于加快发展民族教育的决定》中，再次强调民族教育科研的重要性。改革开放以来，我国尽管民族教育科研工作取得了较大进步，但由于起步晚、底子薄、政府支持有限、研究方法老旧、现实问题关注不够、科研力量缺乏有效整合等问题，依然阻碍民族职业教育科研服务能力的提升。④

据 2019 年高等职业教育质量统计，多数民族省份的科研贡献度趋于稳

---

① 瞿连贵，石伟平. 大力发展中等职业教育：西部地区普及高中阶段教育的战略选择［J］. 中国教育学刊，2019（4）：16-21.

② 苏敏. 我国职业教育经费投入的成绩、问题与政策建议［J］. 职教论坛，2013（25）：4-8.

③ 巴战龙. 应启动新版民族教育科研规划研制工作［J］. 中国民族教育，2019（1）：17.

④ 沈沫，陈立鹏. 加强民族教育科研的思考与建议［J］. 华南师范大学学报（社会科学版），2016（1）：119-122.

步增长，如贵州、广西的横向技术服务费用、纵向科研经费的增长较为明显，但青海、新疆、云南等科研经费明显下降，这主要归咎于我国民族教育科研工作体制机制不完善，一定程度上反映出我国民族职业教育科研水平不高。这也是我国民族地区职业教育科研的共性问题，如夏铸认为民族教育科研要重点探讨民族教育与全民教育、民族教育与民族经济和社会发展的关系，注重本地特有少数民族教育的研究等问题。① 因此，民族职业教育研究如何提高科研服务能力、促进民族地区职业教育的发展，是民族职业教育需要直面的问题。同时，这也充分说明民族职业教育政策在科研激励方面，尤其是在科研工作机制、科研奖励、科研团队的建设、参与协同机制等方面的政策需要进一步完善。

（三）加大精神扶贫宣传和物质激励

清华大学公共管理学院蓝志勇教授在"学习贯彻党的十九大精神，推进精准扶贫政策创新"学术研讨会上，以精神扶贫的视角，综合全面地指出新时代中国扶贫走的是一条具有中国特色的精准扶贫之路。在政府层面，积极引进社会力量，应用区域发展与片区扶贫的开发方式；在制度层面，将普惠和特惠政策相配套，与保障制度相衔接；在个人层面，增强自我发展的能力，为区域经济的发展创造人力资源②。贫困程度深、扶贫成本高和脱贫难度大是民族地区脱贫致富面临的现实困境，民族地区作为全面建成小康社会的"主战场"，亟须注入新的扶贫方式，即加大精神扶贫的理念宣传，最大限度地挖掘少数民族人们的内在潜力，提高民族地区职业教育政策制定的精准度。在选取的 106 件政策文本中，提升少数民族人们的自力更生能力是精神扶贫的集中体现，属于自愿性政策工具中的自我管理领域，出现的频次为 24，这在 1992 年颁布的政策中已有涉及，但使用频度不高。可以说，教育政策中精神扶贫理念宣传不到位，影响其解决某一领域政策问题的效果。因此，在依靠政府部门推行和扶持的同时，

① 夏铸. 搞好民族教育科研　开创民族教育新局面 [J]. 青海教育，1994 (3)：5-6.
② 李敬，吕朝辉. 新时代精准扶贫的挑战及应对："学习贯彻党的十九大精神，推进精准扶贫政策创新"学术研讨会综述 [J]. 中国行政管理，2018 (2)：158-159.

还要激发少数民族地区贫困人口的内生动力，提升其可持续发展的能力。国家通过物质供给、技术扶持、规划制定等方式，扶持民族地区职业教育发展，从而更好地依靠职业教育增强民族地区贫困人口脱贫致富的可行能力。

另外，象征与劝诫工具的时效性不强是物质激励薄弱的集中体现。国家通过引导社会力量、企业、人才、对口支援等方式，增强职业教育的办学活力，改善办学的条件以适应市场需求，那些方式是践行扶贫理念的重要路径。在职业院校办学中，引入社会力量是政策文本重点强调的领域，也是扶持民族地区职业教育的一种方式，间接增加教育投入的力度。目前，承担中专或技校办学的国企数量逐渐减少，规模偏小的企业本身不具备办学的能力和条件，企业虽然与职业院校合作能吸纳人才，但在没有更大利益的驱使下，投入大量资金与民族地区职业院校合作办学是非常谨慎的，这也是"产教融合""校企合作""混合所有制"等办学模式，难以融入民族地区的主要原因。在政策设计方面，企业参与民族地区职业教育办学的权益保障和利益分配还不够完备，它们在职业教育发展中的社会角色和功能定位尚需进一步明确，政策激励的力度和管理权力的自主性也有待进一步加强，我国民族职业教育政策法规、运行机制、激励机制等尚不够健全。随着职业教育层次类型的丰富和管理体制的变革，民族职业教育的多项政策虽然使用象征与劝诫工具的频次逐渐增加，但未能较好地发挥其时效性。

（四）促进民族文化挖掘和传承

民族文化是民族精神和物质集时间、空间为一体创造和发展起来的，具有民族特点的一种符号。通常所说的民族文化是指精神文化，主要包括语言、文字、科学、艺术、哲学、宗教、风俗、节日等。[①] 民族教育是民族文化的重要组成部分，民族职业教育政策与民族文化有着紧密的联系。2013 年，教育部、文化部、国家民委在《关于推进职业院校民族文化传承

---

① 金炳镐. 民族理论政策概论 [M]. 北京：中央民族大学出版社，2004：301.

与创新工作的意见》中，对民间传统手工艺的传承路径进行明晰，要求调整和优化职业院校的民族类专业设置，且与国情、省情和市情相结合，形成本土化的区域特色，这有助于推动民族特色的职业教育政策体系的建设。根据研究需要，本书从国家相继颁布 100 个首批全国职业院校民族文化传承与创新示范专业点名单中，选取部分民族地区的职业院校（见表 7-2），结合 2015 年调整的《中等职业学校专业目录（征求意见稿）新旧专业对照表》和《普通高等学校高等职业教育（专科）专业目录新旧专业对照表》，针对民族地区职业院校的专业设置现状进行考察分析。我们通过表 7-2 可知，2015 年，民族传统工艺、美术、服装与服饰、民居装饰这四个专业，新增到高等职业教育专业设置目录中。从民族地区中高职院校 2019 年的招生简章来看，只有少部分地区（其中，云南省主要有昆明市、剑川县、马关县、丽江市、怒江州等）的职业院校开设民族音乐与舞蹈、木雕工艺、服装设计与工艺、民族表演艺术等专业。

表 7-2　民族地区职业院校民族文化传承与创新示范专业点名单（2013 年）

自治区（省）	学校	专业	技能方向
内蒙古	锡林郭勒职教中心	民族工艺品制作	蒙古族传统手工艺品制作
	鄂托克前旗民族职业高中	民族工艺品制作	蒙古族传统手工艺品制作
	阿鲁科尔沁旗民族职业教育中心	民族音乐与舞蹈	胡仁乌力格尔
	科尔沁艺术职业学院	民族音乐与舞蹈	科尔沁蒙古民歌歌唱
广西	广西职业技术学院	产品造型艺术设计	坭兴陶
	广西艺术学校	民族音乐与舞蹈	广西民族舞蹈

续表

自治区（省）	学校	专业	技能方向
贵州	贵州轻工职业技术学院	旅游工艺品设计与制作	安顺蜡染、大方漆器
	黔东南民族职业技术学院	民族音乐与舞蹈	侗族大歌、牛腿琴演奏
云南	云南省民族中等专业学校	民族工艺品设计与制作	云南少数民族工艺品制作
	云南民族大学职业技术学院	艺术设计	云南少数民族工艺品制作
	云南文化艺术职业学院	舞蹈表演 乐器制造与维护	云南少数民族音乐与舞蹈
西藏	堆龙德庆区职教中心	民族工艺品制作	藏纸生产工艺
	达孜区职教中心	民族工艺品制作	唐卡制作
	西藏林芝市职业技术学校	民族音乐与舞蹈	藏族歌舞
青海	西宁市湟中职业技术学校	民间传统工艺	唐卡、堆绣、木雕
	青海省文化艺术职业学校	民族音乐与舞蹈	青海藏族民间舞
新疆	新疆艺术学校	民族乐器修造	新疆少数民族乐器修造
	喀什艺术学校	民族音乐与舞蹈	维吾尔木卡姆艺术
	农十四师职业技术学校	民族民居装饰	民族特色房屋装饰

来源：根据上述自治区（省）2019年职业院校招生简章中专业设置整理而成。

陈旭麓认为，"生产环境的狭隘造成了眼界的狭隘，眼界的狭隘造成了思想的狭隘"①。思想的狭隘是最难去启蒙和唤醒的，尤其是民族地区职业教育"双低"的现实困境，即职业教育整体发展水平普遍低和民族地区经济发展水平低。面对民族地区的境况，国家通过挖掘地方特色产业、建设民族村寨旅游基地、推广民族服饰工艺和销售民族民歌等方式来提高当地的经济水平，是当前普遍使用的扶贫脱贫手段。从选取的政策文本来看，涉及民族文化传承和创新的专门政策有 4 件，即国家民委《关于印发少数民族特色村寨保护与发展规划纲要（2011—2015 年）》（2012 年）、教育部、文化部、国家民委《关于推进职业院校民族文化传承与创新工作的意见》（2013 年）、教育部等六部门《关于现代职业教育体系建设规划（2014—2020 年）》（2014 年）、教育部、财政部《关于实施中国特色高水平高职学校和专业建设计划的意见》（2019 年）。我们从这些政策文本出台的时间来看，注重职业教育在民族文化传承中的作用较晚；从政策文本的内容来看，主要以能力建设工具为主，权威工具次之，自愿性工具和需求工具使用较少，这意味着在自力更生、自我管理、特色教材编写等方面的关注不够；从相关情况来看，少数高等民族院校开设了民族服饰类、音乐舞蹈类等专业，民间文化进入民族职业院校仍比较有限。总的来说，在民族文化传承上，我国民族职业教育还没有充分发挥本地区的特色和优势，国家对民族文化的挖掘明显不够。因此，我国民族职业教育政策应注重民族传统文化传承的方向及传承的形式和路径，通过政策供给来进行引导，并提供相应的保障，进一步完善我国特色的民族职业教育政策体系。

---

① 陈旭麓. 近代中国社会的新陈代谢［M］. 上海：上海人民出版社，1992：85.

第八章

我国民族职业教育政策的优化路径

在政策实施过程中，试图获得政策工具内容与政治体制关系的理解，是完善民族职业教育政策的前提条件。[①] 本书基于政策工具与政策内容的关系，运用政策工具，结合数据分析和内容归结的方式，对我国民族职业教育政策文本进行量化统计，分析我国民族职业教育政策取得成效的同时，根据政策文本实施的相关不足，提出我国民族职业教育政策优化建议。

一、我国民族职业教育政策工具效果

政策工具的运用总是会受到各种因素或机制的制约，即所选取的政策工具在一段时间以后会变得过时，使得这些政策工具的效果减弱。因此，本书从政策工具选择的角度，提出两个建议：第一，在基本的政策工具分类框架之下，试图丰富和拓宽我国民族职业教育政策工具使用的范围，增加政策工具选择的弹性，创新、均衡地使用政策工具；第二，化解民族职业教育政策的价值理性与工具理性之间的冲突，以达到政策实施效果最大化的目标。基于上述两个建议，结合现存问题，本书将从以下几方面提出提升我国民族职业教育政策工具使用效果的具体建议。

（一）创新合理地使用各类教育政策工具

1. 权衡各政策工具之间的轻重，实现"失衡"向"均衡"转变

每种教育政策工具都有特定的运用环境、适用范围和价值，以便解决

---

① [美] B. 盖伊·彼得斯，弗兰斯·K. M. 冯尼斯潘. 公共政策工具：对公共管理工具的评价 [M]. 顾建光，译. 北京：中国人民大学出版社，2007：120.

不同的教育政策问题。① 我们据政策工具使用频数统计可知，政策工具的使用明显存在不均衡现象，偏离了政策工具选择的基本原则，其主要表现在三方面：第一，民族职业教育政策倾向使用权威工具、能力建设工具，多数政策工具处于无效状态，不利于政策工具的创造性运用。第二，能力建设工具和象征与劝诫工具的经济实效性没有形成补充。由于政府在职业教育投入与回报长期失衡，且没有及时引进社会力量，使得政策成效不够显著；第三，政策执行者对自身定位不清晰，政策工具使用偏好，力求在政策执行过程中极力规避可能出现的各种风险，以"求稳"为主②，使得政策工具不适应政策环境。民族职业教育法案诉求已经发生变化，民族地区职业教育发展问题不是通过采取一些零散的扶持政策，依靠各种资源的倾斜和投入就可以解决问题的。③ 因此，国家权衡各政策工具之间的轻重尤为重要，平衡各政策工具使用频率和效力，适当减少和化解不同政策工具之间的内在冲突，实现由"失衡"向"均衡"转变。

具体来说，国家应从三方面努力：第一，建立政策工具之间的"补充"机制。首先，厘清各政策工具之间的特性，挖掘各政策工具的功能优势，使选取的政策工具之间形成相辅相成的局面；其次，针对教育政策的具体问题，规避政策工具的选取偏好，制定政策时兼顾全面、长远的规划，均衡地运用各类政策工具；最后，在政策目标单一的情况下，根据当地的实际情况，因地制宜，合理使用政策工具，创造性地解决民族职业教育政策可能未涉及的"盲区"，试图突破教育政策存在的有限理性。第二，明确政策环境的差异性，确保各主体的利益表达和整合。在政策目标多元的情况下，兼顾民族区域发展的差异性，更好地发挥职业教育在人才培养、扶贫脱贫、服务民生等方面的作用。在注重基础设施建设的同时，考

① 吴光芸. 公共政策学 [M]. 天津：天津人民出版社，2015：99-100.
② 孙翠香. 地方政府职业教育政策创新：基于"普职比大体相当"相关政策的分析 [J]. 教育与职业，2018（23）：8.
③ 李祥. 优化治理结构为民族地区职业教育优先发展提供制度保障 [J]. 中国民族教育，2015（12）：35-36.

虑到不同群体的利益诉求，尽快出台相关的协作条例或配套的法律法规，使各利益主体的权益得到合理整合。第三，提升政策工具使用的弹性和灵活性。单个政策工具的使用是有限的，但多个政策工具的均衡使用在有限的基础上增加了一定的无限性。教育政策目标是多维的，即在政策工具执行的一段时间里，要适时考虑政策目标是否发生转变，若目标已发生转变，便要考虑目标达成的工具是否还有存在的必要，以及是否需要选择新的工具，这对创新使用各类工具提出了要求①，也对教育政策工具的选择提供了较为合理的借鉴，从而更好地衔接政策工具与政策目标。

2. 凸显需求型政策工具的优势，实现"短期化"向"长期化"的转变

需求型政策工具在政策文本中使用频度较低，仅占4%，其中，以技术引进和海外机构这两个领域为主，且这种现象普遍存在公共政策中。有学者指出行政管理体制和社会主义市场经济体制的变革，需求政策工具不再是政策执行的主要工具，政府也不再是公共管理的唯一主体，即需求型政策工具在整个政策工具系统内所占的比重日趋降低。② 这类政策工具使用频度不高的原因主要有两个：第一，常用的政策工具能基本实现政策的目标，在政策文本的后期发展中没有必要单独以需求的形式解决政策问题；第二，过于注重短期的政策成效，倾向于开发和运用见效快、成本低的政策工具。需求型政策工具使用频次低，主要原因是政策比较倾向后者，长此以往，政策建设便陷入封闭状态。马克斯·韦伯（Max Weber）说："无论一种社会关系是开放的还是封闭的，都可能要么决定于传统或情绪，要么决定于价值理性或工具理性。"③ 民族地区职业教育实现从"短期化"到"长期化"的转变，是打破这种封闭状态的可行路径。

具体而言，可从三方面着力：一是以一种辅助性的政策工具介入民族职业教育政策中。需求型政策工具包含内容较广泛，涉及自愿工具、能力

---

① 吴光芸. 公共政策学［M］. 天津：天津人民出版社，2015：99.

② 章文光，汪波，李坤. 国家战略与政府治理现代化［M］. 北京：中国经济，2018：39.

③ ［德］马克斯·韦伯. 经济与社会：上卷［M］. 上海：上海人民出版社，2010：135，138-139.

建设工具、象征与劝诫工具等政策工具。它通过弥补其他政策工具的不足，完善技术引进的激励机制、加强特色教材编写、依托企业力量提高民族地区的基础能力建设，以校企合作的形式引进社会组织机构，或鼓励民间工艺大师以挂职的形式充实师资队伍力量。二是构建供给性教育资源平台。当前，要形成与民族现代化进程相适应的高水准教育形态，既要不断提升公共教育质量，补齐基本公共教育服务短板，促进民族地区各类教育协调发展，又要有效开展民族团结、多元一体化的教育。[①] 2015 年，国务院在《关于加快发展民族教育的决定》中明确指出，要加强民族教育现代信息技术支撑体系，加快实现民族地区教育现代化。首先，引进理论和实践实训的教学资源。这可以凭借国家实施东西部协作对口帮扶战略，引进东部地区的优质教育资源，改变民族地区教育资源长期处于"封闭化"的境况；其次，进一步提高民族文化传承人（即非物质文化遗产代表性传承人）的服务津贴，加强民族特色文化课程建设和开展丰富多彩的技术技能活动；最后，加快实现深度贫困地区网络宽带的普及化、教育信息化，改善计算机类或机械类专业的硬件设施。三是制定民族特色的人才培养方案。2004 年，教育部等五部委实施《少数民族高层次骨干人才计划》，要求从 2006 年起用五年时间为西部培养一批少数民族高学历专业人才。截至 2019 年，该政策已实行 13 年。对此，民族地区的政府部门要把握每年高校培养的高层次人才资源，及时弥补民族地区的人才缺位，真正把"定向就业、定向服务"落到实处，用以充实民族地区职业院校的师资队伍。

3. 提高自愿性工具的效力，实现"政府主导"向"多元共治"转变

我们根据前述统计可知，权威工具使用频次（占比为 26.6%）仅次于能力建设工具（占比为 38.8%）。一定程度上说明，我国民族职业教育政策在能力建设的基础上，推行以行政主导的管制政策，具有浓厚的行政管理色彩。民族职业教育政策引入自愿性政策工具是打破政府、社会、企业

---

① 罗江华. 以信息技术应用促进民族教育现代化 [J]. 教育发展研究，2017（17）：79-81.

长期锁定的非合作状态的关键要素，成为激励、监督多方合作的介质。①
自愿性工具作为经济政策和社会政策的补充工具，灵活度高、自由性高和
文化适应强是其突出特征，它是民族职业教育政策中的一把利剑。② 在民
族职业教育政策中增加自愿性政策工具的目的在于让地方政府、行业企
业、职业教育专家、学生家长等利益主体，能自愿、主动承担起相应的责
任，参与民族职业教育决策，形成多元协同共治的局面。国家要持续提升
行政部门、职业院校等组织机构的工作效率，推进我国职业教育管理体制
逐步由"管理"向"治理"的转变。如何有效发挥自愿工具的优势，协调
好多方主体在参与民族职业教育办学中的权责问题，是实现民族职业教育
由"政府主导"向"多元共治"转变的前置条件。

　　为此，民族职业教育主要从三方面进行转变：一是提升多元主体的功
能地位，增强政策的适切性。管制是政府从公共利益需要出发，弥补市场
失灵，提高资源配置效率，实现社会福利最大化。③ 治理的主要任务是优
化民族职业教育管理权力下移的治理过程，意味着办好事情的能力不仅限
于政府的权力，即适当减小政府权威的一种方式。④ 因此，以削弱"管制"
权威的方式，充分发挥自愿性工具在民族职业教育政策中的效用和在政策
文本中的作用。在民族职业教育政策中，民族职业教育积极引入自愿性政
策工具，建立相应的配套政策规范社会主体的责任和权利，进一步引导、
鼓励职业院校、企业行业和社会公众积极参与职业教育办学，增强政策的
适切性，及时回应人民群众对职业教育的诉求。二是适当消解政府的管制
权威，开拓多元的治理路径。历史证明，管制权威层级过高，难以转变以

---

① 马小明，赵月炜. 环境管制政策的局限性与变革：自愿性环境政策的兴起 [J]. 中
国人口资源与环境，2005 (6)：19.

② ［美］豪利特，M. 拉米什. 公共政策研究：政策循环与政策子系统 [M]. 庞诗，等
译. 北京：生活·读书·新知三联书店，2006：146.

③ 刘大立，李锋亮. 教育管制能够促进教育公平吗：来自北京市的实证研究 [J]. 教
育学术月刊，2013 (6)：4.

④ 俞可平. 治理与善治 [M]. 北京：社会科学文献出版社，2000：4.

政府完全主导的民族职业教育治理路径。① 因此，适当消解政府对民族职业教育的管制权威，让志愿者或非营利组织提供大量的社会服务成为可能。在民族职业教育政策的制定中，政府要合理运用自愿性政策工具，并视之为处理民族职业教育公共问题的重要手段，其地位和作用将随着政府职能的转变而日益彰显。民族职业教育发展要打破政府"一元"主导的体制，规避路径依赖的风险，形成独具特色的民族职业教育治理路径，是自愿性政策工具对民族职业教育管制权威消解的集中表现。三是建立层级式的多元主体长效合作机制。多元合作机制的建立是自愿性政策工具在民族职业教育政策中运用的基础。民族职业教育对参与办学主体的权责须分明，保证各主体利益的表达，同时，设立社会公众利益表达的议事机制，使参与者与决策者之间形成意见转化、吸纳的良性互动，确保他们的知情权、话语权、参与权和监督权，激发多元主体积极参与民族职业教育的协同治理，为长效合作提供制度性保障。

4. 政策工具应适应政策目标的多维性，实现"即时性"向"持续性"转变

政策目标是政策活动的目的所在，是政策制定的核心要素和政策评价的标准。提高政策质量是政策制定主体的任务，其基本功能是确认政策问题、目标和组织政策方案设计的最终决定。② 最终的决策将取决于不同目标指定的相对重要性，以及对一定方案所能实现目标的程度判断。③ 为此，政策制定的首要任务就是厘清制约政策目标实现的问题，强化目标导向。④ 我国民族职业教育政策目标的多维性，具体表现：一是以改革和调整中等职业教育结构为主，不断壮大民族地区中等职业教育规模，稳固初、中级

① 李祥. 优化治理结构为民族地区职业教育优先发展提供制度保障 [J]. 中国民族教育，2015（12）：35.

② 张国庆. 公共政策分析 [M]. 上海：复旦大学出版社，2004：130.

③ [美] 赫伯特·西蒙. 管理行为：管理组织决策过程的研究 [M]. 杨砾，等译. 北京：北京经济学院出版社，1988：9.

④ 陈秋苹. "现代职业教育体系"政策目标分析 [J]. 扬州大学学报（高教研究版），2015（5）：5.

技能人才的供给；二是出台相应的优惠政策，加大对人才培养的扶持力度，切实发挥职业教育在扶贫脱贫方面的优势，如《关于职业教育改革与发展情况的报告》要求进一步落实职业院校学生资助政策，逐步实行中等职业教育免费；三是试图探索、挖掘民族地区特色，将民族传统特色文化融入职业教育，通过教育的方式，起到传承和发扬的作用。

综上可知，政策目标既要具有稳定性，不能朝令夕改，又要适应社会环境的变化，具有应变能力。① 民族职业教育政策的制定还应注重持续性，兼顾长远目标和宏观目标，既要迎合国家发展民族职业教育的时代需要，也要满足民族地区人口生存技能的现实诉求。具体来说，民族职业教育政策要实现"即时性"向"可持续性"转变，具体可以从两方面努力：第一，适当减轻弱势补偿领域的倾向性，提升自力更生的能力。根据教育部、文化部、国家民族事务委员会联合下发《关于推进职业院校民族文化传承与创新工作的意见》（2013 年），要求各地根据实际，制定本地区民族文化人才培养的地方性法规和政策，发展本民族的传统文化。其实，这是民族地区由"劣势"向"优势"转变的一个重要指向，国家重视教育在民族文化传承的功能优势，也就是看重少数民族挖掘、创新本土民族文化和传承的能力，即以一种教育扶持的方式来减轻各政策工具在弱势补偿领域的超重现象。紧接着，国务院《关于加快民族文化的决定》（2015 年）中，第一，鼓励、支持内地有条件的企业参与民族职业院校的办学，落实税收等相关优惠政策，并加强与文化企事业单位合作，挖掘民族优秀文化资源。第二，增强民族职业教育政策适应政策环境变化的能力。在民族地区，无论外部环境和内部制度的变量变化与否，都应尽量保证政策变量与环境变量的同向变化。② 对于一些长期性的教育政策，要建立常设性的教育决策机构，以保持教育政策各阶段的连续性。③ 政策问题是政策目标的

---

① 陈庆云. 公共政策分析 [M]. 北京：中国经济出版社，1996：56.
② 张力. 从教育热点问题的成因看教育决策的科学化与民主化 [J]. 教育研究，2001（1）：8.
③ 祁型雨. 利益表达与整合：教育政策的决策模式研究 [M]. 北京：人民出版社，2006：349.

逻辑起点，而政策工具是解决政策问题、实现政策目标的重要手段，三者之间的关系应根据具体的情况、社会的环境进行灵活调整。只有理性认识民族区域发展的差异性，寻求民族地区职业教育发展的合理路径，才能保证政策的适切性和可持续性。

（二）融洽政策工具在价值理性与工具理性之间的关系

目前，工具理性已渗透社会的各个领域，造就了异化、物化或单面的社会思维方式及思想文化。马克斯·韦伯在继承和发展黑格尔关于理性是事物本质和内在规律性的思想基础上，提出了工具理性和价值理性两者的区别，工具理性不计较目的的恰当与否，注重使用手段的合适和有效[①]，而价值理性则注重纯粹信仰且不计功利的价值理性[②]，两者的侧重点有所不同。民族职业教育政策作为社会治理的一种手段，无论是哪一方越位或缺位，都将对其发展带来一定的社会危害。当前，政策工具的价值理性与工具理性之间存在的冲突，主要表现在三方面：一是政策制定者对政策目标的定位过于理想化，对政策的合理性、可行性等考虑不够，这在一定程度上导致教育投入资源的浪费，以及政策执行过程中投机行为的产生和重叠；二是政策工具的选取具有一定的主观意识，政策的制定者或执行者对教育政策工具的选择、使用存在一定的偏好性，使得选取的政策工具不可替代，忽略其他教育政策工具的使用价值；三是在政策执行过程中，对制度和体制过于强调和依赖，导致政策的执行者偏离原有的执行标准，选择规避执行责任。因此，要融洽民族职业教育政策工具在价值理性与工具理性之间的关系。

1. 民族职业教育政策执行过程中工具理性的回归

目前，关于民族职业教育政策工具理性和价值理性的错位，体现在过于注重技术技能人才的培养，这贯穿于民族职业教育政策的始终，从而便

---

① 陈振明. 工具理性批判：从韦伯、卢卡奇到法兰克福学派 [J]. 求是学刊, 1996 (4)：4-9.

② 李伟. 工具理性与价值理性的统一：职业教育二元困境分析及破解 [J]. 教育与职业, 2019 (18)：5-10.

有对应的政策工具需求。我们从国家层面的民族职业教育政策的文本分析来看，在民族职业教育政策制定、实施、执行中，要实现工具理性的回归，应遵循职业教育本身的发展规律，兼顾民族区域之间的差异性、多样性等特点。同时，国家加大对深度贫困地区的扶持和补偿，建设具有民族地区特色的职业教育，将其融入民族地区的社会生活，在注重工具运用合适、有效的同时，遵循应然的发展是公共政策的工具理性自然回归到价值理性的可行路径。因此，在针对人才培养的形式上，国家要注重创建差异化、情景化的人才培养路径，挖掘实践中的规范性、规制性、认知性育人要素。探索民族职业教育政策中不同要素之间的结合形态，使得制定的教育政策在具体生产或服务情境中，能够形成政策目标群体的行为，尤其要关注技能人才的匠趣激发、匠心培育，以主体性发展来提升匠技。[1] 避免过于片面地扩大政策的工具理性，而导致政策预期实现目标偏离的现象，两者要在既定预期政策目标和政策所设置的基本前提下，共同发挥综合性的作用。

2. 重塑民族职业教育政策的价值理性

民族职业教育政策既是静态的政策文本，也是动态的发展规划，因此，政策的价值理性是动态变化的。根据时代的变迁，重塑不同阶段的政策价值理性显得尤为重要。民族职业教育政策的价值理性相当于信仰，任何事物的发展都是有信仰的，也就是追求的目标。职业教育的价值取向旨在体现社会本位需求的同时，突出个体本位的发展性需求，尤其是对民族职业教育而言，更应凸显其特殊性和独特性。在政策内容的设置方面应体现"人的全面发展"为根本的价值取向与追求，在具体指导方面不仅要强调外在的效用目的，在工作过程导向的实践教学情境中也要不断引导职业教育者关注和追求更高的生命境界。[2] 因此，政府在民族职业教育政策的

---

① 周晶. 职业教育发展中工具理性与价值目标融合的逻辑与机制 [J]. 教育学术月刊, 2019 (9)：39-47.

② 马蕾. 工具理性与价值理性张力何以平衡：职业教育加强职业技能和人文精神综合培养的理论机理与实践探微 [J]. 职业技术教育, 2018 (33)：42-47.

制定与实施过程中，要始终坚持以相关利益主体为导向的基本原则，即以民族地区职业教育的受教育者为服务目标，以职业教育接受者的基本利益为导向，追求公共政策执行过程中政策执行主体的道德化。从民族职业教育本身的教育属性出发，以民族地区的人口素质水平提升为导向，以促进民族地区的经济发展水平为旨归，是重塑民族职业教育政策价值理性的实践逻辑起点。

3. 民族职业教育政策执行的道德化

道德在教育中的缺失导致教育与道德逐渐脱节。在民族职业教育政策执行中，由于缺乏道德价值，导致个体在个人偏好以外，并未能体现道德的是非观念，因此，在政策执行中注重强调运用道德化的手段。每一份政策置身不同的生活领域，理应受到不同的定律支配。韦伯认为政治的决定性手段是暴力，从道德的观点看，手段和目的之间存在紧张关系，若利用目的为手段辩护，则失效的必然是信念伦理，即认为只有采取有害的手段行为，才是合乎道德逻辑的结果。① 可见，在政治里显然缺乏合乎伦理或者道德的意识，因此，在赋予政治化的民族职业教育政策执行中，国家需要渗入一些道德化的意识和做法。政策的执行切忌过于注重结果而忽视过程，应以一种"换位思考"的方式，去提升政策文本的内在品质。如对民族职业教育政策执行中所涉及的制度、程序做出合理的规范，试图建立一种政策价值理性对工具理性的导向，提高政策执行的效率。

二、我国民族职业教育发展要素应与政策价值取向有机融合

教育政策发展要素是衡量政策演变历程的重要标准，是教育政策价值取向的核心所在。民族职业教育政策的制定旨在推动民族地区职业教育的发展，真正发挥其教育脱贫的功能优势。因此，教育发展要素在政策内容的优化上是至关重要的，具体可从以下三方面来融合。

---

① ［德］马克斯·韦伯. 学术与政治：韦伯的两篇演说［M］. 冯克利，译. 北京：外文出版社，1997：104-106.

（一）教育发展要素应凸显倾斜扶持的重要性

倾斜扶持的政策举措贯穿各项政策，尤其是改革开放初期，由于民族地区自身发展的限制，导致教育、经济方面的发展长期处于滞后状态，这是倾斜扶持的重要条件。自改革开放以来，政府始终重视民族地区职业教育的发展，在职业教育政策或扶贫政策中，对各项指标的发展规划和具体举措均有体现，且在基础能力建设方面取得了一定的成效。但从政策内容的纵向比对来看，其存在的问题也应引起思考。也就是说，从招生、发展规划、扶贫规划等方面的扶持是不够的，整体的均衡扶持应是未来发展重点关注的领域，这是取得长效的关键。所以，政府应从两方面凸显教育发展要素倾斜扶持内容：一方面，根据前文划分的教育发展要素，在现有民族职业教育政策文本的基础上，进行地区规划、扶持比例等关键要素的考虑，如中等职业教育发展、教师队伍建设、科研服务等教育发展要素，政府应给予全面的扶持。另一方面，发挥教育发展要素的综合作用，在民族职业教育政策的九个教育发展要素中，以实践的形式将倾斜扶持显性化，及时弥补存在的空缺。因此，在今后制定的职业教育政策中，教育发展要素应重点关注这些方面的内容，并为此寻求一条可行的发展路径。

（二）缓解教育发展要素导向的权威压力

在我国的教育管理体制中，职业教育主要由地方管理，但教育部对专业设置、人才培养过程甚至教学资源建设都有明确的业务指导，甚至通过示范校之类的项目加以直接管理，这在很大程度上抑制着各地职业教育发展的灵活性。[①] 对此，要改善职业教育的治理形式，有必要在我国职业教育领域开展多元治理队伍建设活动，适当缓解教育发展要素导向的权威压力，逐渐解决权力过于集中、管理化程度不高、参与职业教育治理的社会组织积极性不高等问题。导向性鲜明这个政策价值链子维度贯穿民族职业教育政策发展，国家的办学理念是以社会主义的建设需要和民族地区的现

① 臧志军. 职业教育领域政府的分权化治理：半自治代理机构的兴起［J］. 职教通讯，2016（25）：1-6，16.

实需求为基础。当然，这已经形成一种共识。因此，对于教育发展要素表现出来的权威压力，可以适当减弱，将更多的精力花费在其他薄弱方面，以此彰显民族职业教育发展的应然理想状态。积极应对新时代的需求和政策的动态调整所带来的挑战，形成民族职业教育小范围的特色发展和多元主体管理的局面，在此基础上，应适当减弱权威效应在教育发展要素中的制约作用。紧随时代的发展是矫正民族职业教育思想"狭窄"的良药，同时也符合本土的教育实情，挖掘自身的特色，办适合本地区岗位群的职业教育，才是将特色融入职业教育发展理念中的一剂良药。因此，适当降低导向性鲜明的内容相关度，激发、提高在倾斜扶持和特色发展领域的关注度，真正办有特色的职业教育。

（三）凸显教育发展要素中特色发展领域

民族地区的地域广大、物产资源丰富，有巨大的潜在市场，处于重要的战略位置。对此，国家需要转变政策目标群体的思想观念，激发创新发展的能力，发挥主观能动性，充分挖掘潜力和优势，大力发展民族特色经济带。同时，民族文化是一个民族的历史遗产，全面记录了一个民族发展进步的历程，具有不可估量的价值。因而，国家需要加强对少数民族文化的保护和发展，同时也要注重民族文化的传承。文化传承在一定程度上取决于民族教育的兴旺。"百年大计，教育为本"，只有抓好少数民族教育，才能维持少数民族文化的长久不衰，实现全面小康。① 因此，民族职业教育政策应注重特色发展，从规划、内容到实施，指明职业教育传承与发展民族传统技艺文化的可行路径。同时，在调研和实践中不断发现并总结政策执行的问题，适时做出相应的调整，这是我国民族特色职业教育政策体系形成的重要环节。近年来，为了突破民族职业教育发展的瓶颈，政策的制定者在民族职业教育政策制定的过程中，根据地方特点进行"量体裁衣"，对民族地区职业教育的发展，进行积极的探索与实践。此外，为了更好地将民族特色发展融入职业教育政策中，国家还应从两方面努力：第

---

① 李淮. 新时代民族平等思想的理论创新与实践指导意义［J］. 广西民族研究，2019
（3）：96-104.

一，统一思想，提高认识。在民族职业教育政策研制过程中，统一教育行政组织、制定者和政策目标群体的思想观念，在深入挖掘民族地区特色文化的过程中，借助职业教育的独特优势，加快民族传统服务行业向现代服务行业的转型。第二，汇聚优势，整合资源。在内部资源方面，创新性地将自身的特点或特色融入职业教育理念，相互借鉴不同民族的文化和工艺技术；在外部资源方面，加强对外合作，有助于丰富本地的民族文化特色，同时，还应加强渠道的掌控，增强盈利能力，促进经济社会的发展。

三、我国民族职业教育政策价值取向应与政策工具选择保持一致

政策工具是政策文本的特殊符号，两者属于部分与整体的关系，即政策文本的内容相当于政府的计划，然后有了政策工具。政策的制定者对政策工具的选取具有重要影响，但政策文本有效性，并不完全取决于政策工具的选择，因为在不同的政策发展阶段，所面临的政策环境不一样。对此，还应注重政策工具与政策环境相适应的原则，挖掘其内在的价值取向。为了使我国民族职业教育政策的制定者更好地把握政策工具选择的方向，发挥民族职业教育政策的执行效果，可进一步从以下几方面来考虑和抉择。

（一）保持政策价值内容与政策工具的匹配性

政策价值链维度的设计，应从人文性、民族性、教育性和现实性来挖掘政策的内容，拓宽剖析民族职业教育政策工具的视野。能力建设工具、激励工具、需求型工具与这一维度的相关性较低，尤其是在激励工具中，导向性不够鲜明，扶持倾斜颇显不足。对此，国家可从两方面改进：一方面，应注重挖掘政策工具的价值理性，发挥不同政策工具类型所独有的优势，将民族职业教育政策的本真理念深度融入政策工具。我们通过梳理我国民族职业教育政策的演进历程，发现其是一种注重经济价值、民族教育优先发展、地方政府主导及掌握话语权的取向。我们挖掘其蕴含的价值属性，未来能更好地引领我国民族职业教育政策特色发展，使政策配置不均的问题得以缓解，有利于推动政策工具的创新性使用。另一方面，在政策

内容的制定上，政策价值的内容要和所选取的政策环境、政策工具相匹配，适时创造性地使用政策工具，超越我国民族职业教育政策的理性限度。随着时代的变迁和社会的发展，政策价值应不断更新内容，始终与时俱进。

（二）提高政策价值内容在政策工具的相关性

在我国民族职业教育政策中，政策价值的内容虽然与政策工具的使用出现负相关，但不能就此否认其存在的合理性，因为政策工具和我国民族职业教育政策本身所具有的特殊性不能忽略。因此，适当降低政策工具与政策价值链负相关的主要原因：第一，在国家层面，需要考虑民族地区的现实特殊性，给予特殊的教育政策支持，这是扶持民族职业教育持续发展的基础。在此基础上，逐渐融入政策价值的内容取向，是我国民族职业教育政策内涵建设和特色发展的重要路径。第二，在地方层面，东部地区对西部地区的职业教育帮扶，从财政、技术、人才等方面支援民族地区职业教育的发展，提高民族地区的经济水平和物质文化水平，缩小民族地区的贫富差距。解决不同地区发展不平衡不充分的问题，不仅是凸显政策工具配置使用的效能，也是探寻民族职业教育发展帮扶政策的前提。第三，在个人层面，与普通教育相比，职业教育具有实践性和实效性强的特点，通过"职教一人，就业一人，脱贫一家"，对民族地区阻断贫困群体的代际传递和脱贫致富发挥了重要作用。"职业教育精准扶贫"的实施，因地制宜，因人施策，通过"造血式"的扶贫，提高贫困群体的可行能力，更好地适应劳动力市场的需求。因此，在我国民族职业教育政策中，把职业教育巩固脱贫攻坚成果同乡村振兴衔接成效纳入党政领导的政绩考核和评价体系中，形成激励、惩罚的长效机制，有助于进一步提高民族职业教育政策的层级和刚性。

（三）增强需求型政策工具与政策价值链的相关性

如前所述，需求型政策工具在民族职业教育发展中具有重要作用。根据民族地区的实际情况和不同特点，可从两方面增强需求型工具在政策价值链中的相关度：一是权衡好价值理性和工具理性，在技术引进、服务外包、海外资本、委托等方面适当渗入民族职业教育政策的价值理性，是协调其他政策工具可持续发展的关键要素。在不同的环境中，价值理性和工具理性的指向不同。在民族职业教育政策中，运用需求工具对民族地区职业教育发展给予相应的支持，更侧重工具理性，即通过技术引进、服务外包等形式获得更多的发展资源和机会，但忽略了一个比较关键的要素，即对政策价值取向的进一步体现，过于追求效率，失去了民族的特殊性，因此，权衡好价值理性和工具理性，成为需求工具发挥效用的关键。二是适当增加需求型政策工具，因地制宜地运用政策价值链的各个维度，丰富民族职业教育政策内容，使其更具完整性和前沿性。随着时代的发展，民族职业教育基于民族地区的特色，完成与国家职业教育政策同步发展的同时，还能进阶到助力铸牢中华民族共同体意识，实现民族职业教育政策的价值理性和工具理性的统一。

四、我国民族职业教育政策制定应与民族地区高度契合

民族职业教育政策是国家发展民族地区职业教育的行动计划，其政策的制定需要基于民族地区职业教育发展的现实，理应与民族地区经济社会发展高度契合，这样才能更好地体现民族职业教育政策的科学性和适切性。根据前文对民族职业教育政策成效和不足的分析，结合民族职业教育发展的数据，基于政策工具的选用和政策文本内容的基本特征，本书提出进一步完善我国民族职业教育政策的建议。

（一）制定教育经费输入的配置方案

要回答"我国需要何种职业教育"这一问题，我们首先要明晰职业教育应顾及社会经济标准的提高，国民财富分配合理化。① 当前，我国职业教育的发展已经进入新时代，但职业教育发展不平衡、不充分的基本矛盾将在较长时期内存在。针对民族地区的发展，国家相关部委先后颁布了《关于对全国 143 个少数民族贫困县实施教育扶贫的意见》《关于加强中西

---

① 熊子蓉. 我国需要何种职业教育［J］. 教育与职业，1935（162）：87-91.

部地区职业教育改革与发展的意见》《关于加强"十三五"期间教育对口支援西藏和四省藏区的工作意见》等政策，强调对民族地区教育发展给予专项经费扶持。根据政策和现实问题解决的紧迫性，国家需从两方面制定民族职业教育经费分配方案：一是在教育经费方面，除财政拨付的教育经费外，还应进一步拓宽经费渠道。首先，政府和学校应鼓励并吸纳第三方参与职业教育办学，以提高第三方参与的积极性和责任感①；其次，在以学校为主体的基础上，制定企业或社会组织进入职业院校的规则，确保社会全体成员共享充足、公平、优质的教育资源，构建透明化的公共教育决策和执行机制，权衡双方利益主体的权利范围和责任担当②；再次，鼓励社会人员（包括个人、团体、机构等）以捐赠的形式支持职业教育，同时赋予捐赠者话语权、参与权和监督权；最后，通过借鉴、学习的方式，挖掘地区产业特色，创造一条提升本地资本的路径。二是在职业教育经费投入方面，首先要设立资金运营的监督平台，在各方面资金到位后，根据地方职业教育发展需求进行合理安排；其次，在规定时间内，要求民族地区提交地方上一年度的职业教育经费投入与使用情况报告，作为本年度职业教育经费拨付的参考依据；最后，定期评估与监测我国民族职业教育政策的执行与实施成效，检验其合理性及存在的不足。此外，国家加大对民族地区职业教育经费的投入与扶持，进一步缩小与非民族地区职业教育发展的差距，缓解区域间职业教育发展不均衡不充分的矛盾，有助于促进民族经济社会的发展和民族关系的融洽。

（二）完善职业院校教师科研的激励机制

2019 年是全面建成小康社会，实现第一个百年奋斗目标的关键期和冲刺期。民族深度贫困地区这块难啃的"硬骨头"是社会各界重点关注的领域。自习近平总书记提出"精准扶贫"以来，学术界学者结合自身的专业

---

① 祁型雨. 利益表达与整合：教育政策的决策模式研究［M］. 北京：人民出版社，2006：16.

② 吴霓，王学男. 教育扶贫政策体系的政策研究［J］. 清华大学教育研究，2017（3）：84.

特长，进一步思考和研究民族地区的"贫困问题"，并产出了颇为丰硕的研究成果。据不完全统计，截至2019年，我国职业教育扶贫研究的相关文献约为564篇，其中涉及民族地区的文献44篇，仅占总文献篇数的7.8%，从侧面反映出，我国民族地区职业教育研究仍处在初步探索阶段。同时，数字化转型对职业教育科学研究提出了新挑战，比如职业教育公平的实证研究、职业教育实践的效果评估、职业教育资源的有效利用和政策的落实情况等问题，都需要进一步开展科学化的研究。实现职业教育公平，既需要国家在政策上提供保障和支持，落实国家的责任，也需要在研究上为政策制定和实施提供科学的论证。[①] 因此，在民族职业教育政策中，可从物质和精神层面来提升国家对职业教育科研的重视度，具体包括三方面：一是加强民族地区高校和职业院校的合作，提升教师的科研能力，搭建高校与职业院校教师交流和学习的平台，通过访问学者计划或培训辅导的方式，提升职业院校教师的学术研究能力，提高教师科研的认同感。二是完善民族地区职业院校科研激励机制，设立岗位晋升的绿色通道。如在职称评聘中，设置多种职称评审类型，把科研与教学作为职称晋升的标准。对此，常态化开展职业院校优秀科研人才的评选，对科研能力突出的教师不仅提供破格晋升的机会，还获得与之相对应的薪酬待遇、国外访学、学术休假的机会。三是鼓励民族地区职业院校举办各种学术论坛，分享交流各自在人才培养、学科建设、科学研究、平台建设等方面的经验做法，提升职业院校教师科研能力，汇聚民族地区职业教育研究成果，提升民族职业教育科研服务水平，为民族地区巩固脱贫攻坚成果同乡村振兴有效衔接的永续发展提供强大的理论支撑和智力支持。

（三）政策内容制定中嵌入人文关怀

对于教育扶贫，一位支教校长语重心长地指出"首先要扶的是精神"[②]。目前贫困地区高中阶段的教育在招生、减少辍学等方面取得了一定

---

① 李延平. 职业教育公平问题研究 [M]. 北京：教育科学出版社，2009：201.

② 陈立群. 教育扶贫，首先要扶的是精神：一位支教校长眼中的欠发达地区高中教育 [J]. 人民教育，2016（23）：37-38.

的成效，但同时也面临一些问题。中等职业教育即使实施免学费、加大资助等措施，也难以改变有些地区的家长仍不重视教育、学生上学愿望不强等状况。因此，政府在不断加大民族地区职业教育基础设施建设的同时，深入群众做好政策宣传和思想动员工作，用好物质激励和精神扶贫的力量，采取柔性措施去处理强制性政策难以解决的问题。对于民族地区而言，职业教育除了"扶技"之外，更重要的是"扶智""扶志"，注重贫困群体的"精神扶贫"，激发其内生动力和可持续发展能力。首先，关注民族地区职业院校学生的精神发展。将精神扶贫融入职业教育政策，国家在办学理念、课堂思政、实习实训、学生活动等方面，不断加强"精神扶贫"的渗透。国家重视学生的人生梦想，为职业院校的学生提供实现自己人生理想的舞台，"努力让每个人都有人生出彩的机会"。① 其次，通过职业教育的方式破除传统的办学思想。根据民族地区群众接受职业教育的需求，"以人民为中心"，办人民满意的职业教育，真正使他们体会到职业教育带来的实际效益，拥有更多的"获得感""幸福感"。再次，在民族职业教育政策中，加强"自力更生""劳动光荣""创造伟大"的宣传理念，转变"等、靠、要"的观念，倡导"幸福是靠奋斗出来的""梦想是需要努力和汗水去浇灌的"理念。最后，结合民族地区的资源优势，发挥其传统工艺、文化创意等产业特色。在学习工具中，加强精神力量的重要性宣传，让民族地区既能获得物质的扶持，也能借助自身的优势，坚定本民族的信心，助力本民族、本地区经济社会的发展，缩小区域间的差异。

（四）政策内容应兼顾民族文化传承与创新

韦伯提出任何一项事业推进的背后，必然存在着一种与所处社会文化背景有密切渊源的、无形的精神力量。② 对民族职业教育政策而言，这种

---

① 新华社. 习近平：加快发展职业教育让每个人都有人生出彩机会［EB/OL］.（2014-06-23）［2020-06-22］. http：//www. zjchina. org/mms/shtml/216/news/1492. shtml.

② ［德］马克斯·韦伯. 新教伦理与资本主义精神［M］. 黄晓京，彭强，译. 成都：四川人民出版社，1986：3.

无形的精神力量便是民族文化力量。民族文化传承对民族职业教育发展具有重要的促进作用，同时职业教育也是一种文化传承活动，因为职业教育可以推动少数民族知识传承，增强民族成员的历史感和责任感。① 当前，对民族地区职业教育的功能认识不到位、与区域产业结构衔接不适是阻滞民族文化教育功能发挥的主要原因。② 之所以要在职业教育政策内容上突出民族文化，其主要原因有三点：一是加强民族特色职业教育政策体系的建设；二是提高民族地区职业教育的社会地位，试图转变社会对职业教育的刻板印象，树立民族地区职业院校的社会声誉，增强民族职业教育的吸引力、含金量；三是通过实施职业教育，使民族地区更多的民众在习得专业知识和技术技能的同时，不断增强民族文化的认同感。

因此，在民族职业教育政策中，从政策价值取向凸显民族特色的重要性：一是扬弃人才培养的实用主义至上的原则。从民族地区长远发展利益出发，职业院校培养出更多能担当民族技艺与传统文化保护、传承、创新的技术技能人才，既能适应民族地区经济社会发展的要求，又能满足民族文化创新发展的复合型人才所需。二是民族传统文化教育融入职业教育教学。根据当地的民族特色与优势，增设相应的专业（群），打造民族技艺与传统文化专业集群，聘请民间技能大师、非遗传承人等能工巧匠，培养具有民族地区特色的技术技能人才。总之，在职业教育政策的制定中，兼顾民族技艺与传统文化的传承，不仅能够丰富民族职业教育政策的文本内容，同时也是民族文化认同感的一种政策价值取向，为铸牢中华民族共同体意识贡献民族职业教育政策应有的力量。

---

① 何一成，陈恢军. 西部地区民族职业教育发展着力点：民族文化 [J]. 贵州民族研究，2015（4）：202-205.
② 夏光祥. 民族地区职业教育承载民族文化教育功能的困境与拓展 [J]. 广西职业技术学院学报，2016（4）：31-36.

结　语

民族职业教育政策是民族教育政策与职业教育政策在公共政策的具体体现。我国专门的民族职业教育政策法规较少，有关民族职业教育的内容大多"镶嵌"于民族教育、职业教育、扶贫脱贫等政策中，我们需要对所涉及的政策文本进行归类、甄别、筛选，在确定相关的民族职业教育政策文本的基础上，对其相关内容进行抽离。胡宁生指出，"减少政策的失误，提高决策的效率是公共政策分析的核心意义。"[①] 这说明教育政策分析的重要性，也给研究公共政策的学者提供了更多的动力。由于教育政策工具的类型至今尚未形成统一的规定，所以政策工具运用到职业教育政策的研究中，具有一定挑战。职业教育政策作为公共政策的组成部分，借鉴政策工具理论来研究我国民族职业教育政策，是践行公共政策分析意义的重要体现。借助政策工具理论，运用文本量化的形式，拓展民族职业教育政策的分析视角，这在民族职业教育政策研究领域既是一种探索，也是一种尝试性创新。

改革开放以来，尤其是党的十八大以来，我国民族职业教育政策数量不断增多、政策内容不断丰富、政策体系逐步完善，这既是民族特色职业教育政策发展取得的显著成就，也是中国特色职业教育政策体系建设的重要组成部分。这些政策为民族职业教育事业的健康发展提供了制

[①]　胡宁生. 公共政策分析的意义与模式 [J]. 中国行政管理，2001（4）：56-57.

度性保障，起到了通过"扶民族职业教育之贫"，来更好地发挥"民族职业教育扶贫"所具有的独特功能和优势的作用，为民族地区经济社会发展所需的技术技能人才提供了重要政策支撑，在解决民族地区贫困群体"能力贫困""技术贫困""精神贫困""智力贫困"的问题上，起到了民族职业教育政策工具应有的作用，缓解了因经济社会落后、区域资源分布不均衡等因素带来的"经济资本""文化资本""社会资本"的矛盾，有效地起到了阻断贫困的代际传递的作用。民族职业教育政策作为政府治理贫困的重要工具，无论在全面建设小康社会时期，还是在消灭绝对贫困、解决温饱问题，如期全面建成小康社会时期，都发挥了应有的作用。随着乡村振兴战略的实施，巩固脱贫攻坚成果同乡村振兴有效衔接的不断推进，民族职业教育政策在扎实推进共同富裕重大战略目标中，肩负起新的时代使命。

本书以政策文本为研究对象，梳理改革开放以来民族职业教育政策文本及其发展演进的历史脉络，深入分析政策工具使用的总体情况和主要特征，明确其存在的问题。在民族职业教育政策文本量化研究中，政策工具的配置与政策制定者的偏好显著相关，存在不适应政策环境的现象，政策文本仍需面对政策工具使用失衡、文本内容取向脱轨、政策文本失效等问题。此外，民族职业教育政策在教育经费投入、民族传统技艺文化融入、职业院校办学特色等方面的不足，一定程度上阻碍了民族职业教育特色发展的进程。这些问题，将是新时代民族职业教育政策体系建设和民族职业教育高质量发展必须直面的问题。

因此，我们需要对民族职业教育政策的文本内容、基本特征、主要成效、存在问题、优化策略等方面，进行系统深入全面的研究，才能更好地完善民族教育政策体系，为民族职业教育事业的高质量发展提供政策支持和制度保障，从而更好地服务于民族地区的乡村振兴和共同富裕。本书通过对改革开放以来民族职业教育政策文本量化统计分析，对民族职业教育政策工具使用频度、内容相关度的统计、整理、分析，掌握民族职业教育政策发展与政策工具选用的关系及其成效，探讨民族职业教育政策文本设计的内在机理。其中，选取类型多样的教育政策工具，是对民族职业教育政策文本量化的关键，综合考虑民族职业教育的政策特点、政策环境等因素至关重要。本书借助政策工具量化的方式，作为分析民族职业教育政策设计合理性的检验工具。本书通过运用合理的分析框架，在政策文本中综合使用定量和定性相结合的研究方法，充分肯定了民族职业教育政策对民族地区职业教育健康发展的促进作用，辩证地看待政策环境因素和时代变迁对其带来的影响。

参考文献

（一）中文文献

1. 著作类

［1］汉斯. 教育政策原理［M］. 陈汝衡，译. 北京：商务印书馆，1934.

［2］［德］马克斯·韦伯. 新教伦理与资本主义精神［M］. 黄晓京，彭强，译. 成都：四川人民出版社，1986.

［3］［美］赫伯特·西蒙. 管理行为：管理组织决策过程的研究［M］. 杨砾等，译. 北京：北京经济学院出版社，1988.

［4］国家民族事务委员会经济司. 民族工作统计提要（1949—1989年）［M］. 北京：民族出版社，1990.

［5］［美］斯图亚特·S. 那格尔. 政策研究百科全书［M］. 北京：科学技术文献出版社，1990.

［6］陈旭麓. 近代中国社会的新陈代谢［M］. 上海：上海人民出版社，1992.

［7］马克思，恩格斯. 马克思恩格斯全集：第1卷［M］. 北京：人民出版社，1995.

［8］陈庆云. 公共政策分析［M］. 北京：中国经济出版社，1996.

［9］［德］马克斯·韦伯. 学术与政治韦伯的两篇演说［M］. 冯克利，译. 北京：外文出版社，1997.

［10］刘凤英，许锐. 有限理性的奠基人西蒙评传［M］. 太原：山西

经济出版社，1999.

[11] 徐蕉艳，苏丹. 教育政策法规 [M]. 北京：兵器工业出版社，2000.

[12] 俞可平. 治理与善治 [M]. 北京：社会科学文献出版社，2000.

[13] [法] 米歇尔·福柯. 规训与惩罚：监狱的诞生 [M]. 刘北成，杨远婴，译. 北京：生活·读书·新知三联书店，2003：103.

[14] 金炳镐. 民族理论政策概论 [M]. 北京：中央民族大学出版社，2004.

[15] 张国庆. 公共政策分析 [M]. 上海：复旦大学出版社，2004.

[16] [美] 迈克尔·豪利特，M. 拉米什. 公共政策研究：政策循环与政策子系统 [M]. 庞诗，等译. 北京：生活·读书·新知三联书店，2006.

[17] 祁型雨. 利益表达与整合：教育政策的决策模式研究 [M]. 北京：人民出版社，2006.

[18] 胡宁生. 现代公共政策学 [M]. 北京：中央编译出版社，2007.

[19] [美] B. 盖伊·彼得斯，弗兰斯·K. M. 冯尼斯潘. 公共政策工具：对公共管理工具的评价 [M]. 顾建光，译. 北京：中国人民大学出版社，2007.

[20] 谢维和. 教育活动的社会学分析：一种教育社会学的研究 [M]. 修订版. 北京：教育科学出版社，2007.

[21] 刘德恩，徐国庆. 职业教育原理 [M]. 上海：上海教育出版社，2007.

[22] 李延平. 职业教育公平问题研究 [M]. 北京：教育科学出版社，2009.

[23] [德] 马克斯·韦伯. 经济与社会：上卷 [M]. 上海：上海人民出版社，2010.

[24] [美] 安德森. 想象的共同体 [M]. 上海：上海人民出版社，2011.

[25] 赵德余. 公共政策共同体、工具与过程 [M]. 上海：上海人民出版社，2011.

[26] 朱春奎. 政策网络与政策工具：理论基础与中国实践 [M]. 上海：复旦大学出版社，2011.

[27] 徐建平，茅锐，江雪梅. 教育政策与法规 [M]. 重庆：重庆大学出版社，2013.

[28] 国家民族事务委员会经济发展司，国家统计局国民经济综合统计司. 中国民族统计年鉴（2012年）[M]. 北京：中国统计出版社，2013.

[29] 褚宏启. 教育政策学 [M]. 北京：北京师范大学出版社，2014.

[30] 周明星. 职业教育管理学 [M]. 北京：高等教育出版社，2014.

[31] 俞可平. 论国家治理现代化 [M]. 修订版. 北京：社会科学文献出版社，2014.

[32] 国家民族事务委员会经济发展司，国家统计局国民经济综合统计司. 中国民族统计年鉴（2013年）[M]. 北京：中国统计出版社，2014.

[33] 吴光芸. 公共政策学 [M]. 天津：天津人民出版社，2015.

[34] 国家民族事务委员会经济发展司，国家统计局国民经济综合统计司. 中国民族统计年鉴（2014年）[M]. 北京：中国统计出版社，2015.

[35] 李国正. 公共管理学 [M]. 桂林：广西师范大学出版社，2016.

[36] [美] 戴维·E. 阿普特. 现代化的政治 [M]. 陈尧，译. 上海：上海人民出版社，2016.

[37] 国家民委，国家统计局. 中国民族统计年鉴 [M]. 2017版. 北京：中国统计出版社，2018.

[38] 章文光. 国家战略与政府治理现代化 [M]. 北京：中国经济出版社，2018.

2. 期刊类

[1] 邵元冲. 民族教育之内涵 [J]. 建国月刊（上海），1935（1）.

[2] 熊子蓉. 我国需要何种职业教育 [J]. 教育与职业，1935（2）.

[3] 沈雪夜. 复兴民族与职业教育 [J]. 福建教育，1936（2）.

[4] 佚名. 职业教育面面观 [J]. 职业教育杂志, 1937 (10).

[5] 张力. 从教育热点问题的成因看教育决策的科学化与民主化 [J]. 教育研究, 2001 (1).

[6] 马小明, 赵月炜. 环境管制政策的局限性与变革: 自愿性环境政策的兴起 [J]. 中国人口・资源与环境, 2005 (6).

[7] 衣华亮. 教育政策失真: 概念、特点与主要表现 [J]. 现代教育管理, 2009 (1).

[8] 于春江. 1994—2009: 民族教育政策研究文献分析 [J]. 河南社会科学, 2010 (2).

[9] 赖秀龙. 义务教育师资均衡配置的政策工具分析 [J]. 教育发展研究, 2010 (23).

[10] 林小英, 侯华伟. 教育政策工具的概念类型: 对北京市民办高等教育政策文本的初步分析 [J]. 教育理论与实践, 2010 (25).

[11] 荆晅. 教育政策的有限理性及其超越 [J]. 现代教育管理, 2011 (1).

[12] 李春蓉, 李滨滨. 改革开放以来职业教育政策演变的政府因素分析 [J]. 湖北职业技术学院学报, 2012 (3).

[13] 扶松茂. 国家及五个自治区政府中长期民族教育规划的政策工具分析 [J]. 云南行政学院学报, 2012 (5).

[14] 张端鸿, 刘虹. 中国高等教育改革与发展的政策工具分析 [J]. 复旦教育论坛, 2013 (1).

[15] 王丽丹. 试论我国少数民族职业教育发展的现状及对策 [J]. 中国成人教育, 2013 (10).

[16] 刘大立, 李锋亮. 教育管制能够促进教育公平吗: 来自北京市的实证研究 [J]. 教育学术月刊, 2013 (6).

[17] 李津石. 我国高等教育"教育工程"的政策工具分析 [J]. 中国高教研究, 2014 (7).

[18] 黄文伟. 广东省高职教育质量政策的工具选择与评价 [J]. 职业

技术教育，2014（1）.

[19] 黄莘，赵培强，苏竤.基于政策工具视角的我国少数民族双语教育政策文本量化研究 [J].清华大学教育研究，2015（5）.

[20] 陈秋苹."现代职业教育体系"政策目标分析 [J].扬州大学学报（高教研究版），2015（5）.

[21] 何一成，陈恢军.西部地区民族职业教育发展着力点：民族文化 [J].贵州民族研究，2015（4）.

[22] 高承海，党宝宝，万明钢.我国民族教育政策：问题与建议 [J].当代教育与文化，2016（1）.

[23] 李湘，曾小军.政策工具视角下民办高校分类管理的障碍及突破 [J].浙江树人大学学报（人文社会科学版），2016（6）.

[24] 蓝洁，唐锡海.地方加快发展现代职业教育的政策文本量化分析：基于政策工具的视角 [J].职业技术教育，2016（12）.

[25] 夏光祥.民族地区职业教育承载民族文化教育功能的困境与拓展 [J].广西职业技术学院学报，2016（4）.

[26] 宋亚峰，马君.我国民族职业教育研究热点及前沿分析：基于中国知网（CNKI）数据库（1987—2016 年）收录相关文献关键词共现的计量与可视化分析 [J].职业技术教育，2017（34）.

[27] 车峰.我国民族教育政策的嬗变与展望：基于政策文本的量化分析 [J].西南民族大学学报（人文社科版），2017（12）.

[28] 李进，夏人青，严军，等.上海职业教育政策演变述论：基于1980—2013 年文本的分析 [J].教育发展研究，2017（5）.

[29] 孟凡华，郭丹.十八大以来中国特色现代职业教育政策推动报告 [J].职业技术教育，2017（24）.

[30] 吴霓，王学男.教育扶贫政策体系的政策研究 [J].清华大学教育研究，2017（3）.

[31] 罗江华.以信息技术应用促进民族教育现代化 [J].教育发展研究，2017（17）.

[32] 蓝洁.民族地区职业教育工学结合人才培养模式运行状况调查 [J].职业技术教育，2017（18）.

[33] 徐赟."双一流"建设中政策工具选择与运用的问题及对策 [J]. 教育发展研究，2018（1）.

[34] 李运华，王滢淇.新时代我国职业教育政策分析：基于政策工具 视角 [J].教育与经济，2018（3）.

[35] 管培俊.民族地区同步小康与职业教育的使命 [J].教育研究， 2018（2）.

[36] 蔡文伯，王亚芹.改革开放40年职业教育校企合作的价值嬗变 与制度重构：基于国家政策文本的分析 [J].职业技术教育，2018（9）.

[37] 王忠昌.改革开放40年我国职业教育国际化政策的变迁及展望： 基于42份国家层面政策文本的分析 [J].职业技术教育，2018（21）.

[38] 祁占勇，王佳昕，安莹莹.我国职业教育政策的变迁逻辑与未来 走向 [J].华东师范大学学报（教育科学版），2018（1）.

[39] 任玉丹，韦小满.改革开放40年来我国民族教育政策研究的可 视化分析 [J].民族教育研究，2018（5）.

[40] 冯新新.民族教育政策执行研究范式探析：行政生态视角 [J]. 内蒙古师范大学学报（教育科学版），2018（8）.

[41] 阿依提拉·阿布都热依木，古力加娜提·艾乃吐拉.俄罗斯民族 教育政策价值取向的时代转向 [J].民族教育研究，2018（4）.

[42] 祁占勇，王锦雁.改革开放40年民族职业教育政策的演进逻辑 与展望 [J].青海民族研究，2018（3）.

[43] 李祥，刘莉.民族地区职业教育政策四十年：历程回顾与趋势展 望 [J].终身教育研究，2018（3）.

[44] 郝亚明，赵俊琪.改革开放以来中国民族政策的变迁：基于共词 分析方法和政策工具的视角 [J].中南民族大学学报（人文社会科学版）， 2018（3）.

[45] 褚宏启.中国教育发展方式的转变：路径选择与内生发展 [J].

华东师范大学学报（教育科学版），2018（1）.

[46] 巩红冬，鲍嵘. 空间正义视角下的职业教育民族文化传承功能及其发挥 [J]. 重庆高教研究，2019（3）.

[47] 焦后海，柴然. 改革开放以来我国职业教育政策调整取向探析 [J]. 湖北成人教育学院学报，2019（1）.

[48] 祁占勇，王志远. 改革开放40年企业参与职业教育办学政策的演进与展望 [J]. 河北师范大学学报（教育科学版），2019（1）.

[49] 李祥，王路路，陈凤. 我国民族教育政策变迁的脉络、特征与展望：基于《教育部工作要点》的文本研究 [J]. 民族教育研究，2019（1）.

[50] 张学敏，石泽婷. 民族教育发展与中华民族共同体意识建设的内生逻辑：新中国70年民族教育及其政策回溯与前瞻 [J]. 西南大学学报（社会科学版），2019（4）.

[51] 欧以克，付倩. 改革开放以来民族教育政策价值取向演变分析 [J]. 民族高等教育研究，2019（1）.

[52] 刘超洋. 政策工具视角下京津冀职业教育协同发展政策分析 [J]. 职业技术教育，2019（4）.

[53] 石伟平，郝天聪. 从校企合作到产教融合：我国职业教育办学模式改革的思维转向 [J]. 教育发展研究，2019（1）.

[54] 方勇. 职业教育与平均受教育年限的相关性研究 [J]. 职业技术教育，2019（24）.

[55] 刘春生. 发展职业教育需要良好政策环境 [J]. 中国高等教育，2001（19）.

[56] 刘复兴. 教育政策价值分析的三维模式 [J]. 教育研究，2002（4）.

[57] 曾昭华. 坚持和完善优惠性的民族教育政策 [J]. 中南民族学院学报（哲学社会科学版），1993（4）.

[58] 夏铸. 搞好民族教育科研 开创民族教育新局面 [J]. 青海教育，

1994（3）.

　　［59］陈振明. 工具理性批判：从韦伯、卢卡奇到法兰克福学派［J］.
求是学刊，1996（4）.

　　［60］孟立军. 论新中国民族教育实践的成就［J］. 民族教育研究，
2001（1）.

　　［61］胡宁生. 公共政策分析的意义与模式［J］. 中国行政管理，2001
（4）.

　　［62］刘复兴. 教育政策的边界与价值向度［J］. 清华大学教育研究，
2002（1）.

　　［63］刘爱青. 对职业教育政策的界定和划分［J］. 职教论坛，2005
（10）.

　　［64］谢维和，陈超. 中国教育改革发展的政策走向分析：20 世纪 80
年代中期以来中国教育政策数量变化研究［J］. 清华大学教育研究，2006
（3）.

　　［65］张蓉蓉. 教育与文化传承：贵州少数民族教育存在的两个问题
［J］. 贵州民族研究，2006（4）.

　　［66］汝鹏，盖伊·彼得斯，弗兰斯·冯尼斯潘. 公共政策工具：对公
共管理工具的评价.［J］. 公共管理评论，2007（1）.

　　［67］陈立鹏. 改革开放 30 年来我国民族教育政策回顾与评析［J］.
民族研究，2008（5）.

　　［68］孟卫青. 教育政策分析的三维模式［J］. 教育科学研究，2008
（Z1）.

　　［69］李科利，梁丽芝. 我国高等教育政策文本定量分析：以政策工具
为视角［J］. 中国高教研究，2015（8）.

　　［70］孙翠香. 职业教育政策执行：一个亟需厘清的概念［J］. 职教论
坛，2015（34）.

　　［71］李祥. 优化治理结构为民族地区职业教育优先发展提供制度保障
［J］. 中国民族教育，2015（12）.

[72] 曾家. 我国高等职业教育政策的演进、问题与调适 [J]. 现代教育管理, 2016 (3).

[73] 吕玉曼, 徐国庆. 改革开放以来我国职业教育政策的演变: 基于宏观社会经济政策的视角 [J]. 职教论坛, 2016 (34).

[74] 赵利堂, 谢长法. 我国民办职业教育政策变迁的内在逻辑: 基于倡导联盟框架（ACF）的视角 [J]. 教育发展研究, 2016 (23).

[75] 李桐, 李忠. 职业教育改革与发展的政策支持: 基于政策执行失效视角的考察 [J]. 职教论坛, 2016 (16).

[76] 车峰, 孙萍. 改革开放以来我国职业教育发展的政策工具 [J]. 现代教育管理, 2016 (3).

[77] 沈沫, 陈立鹏. 加强民族教育科研的思考与建议 [J]. 华南师范大学学报（社会科学版）, 2016 (1).

[78] 陈立群. 教育扶贫, 首先要扶的是精神: 一位支教校长眼中的欠发达地区高中教育 [J]. 人民教育, 2016 (23).

[79] 蓝洁. 高等职业教育结构调整政策: 变迁、反思与展望 [J]. 职教论坛, 2017 (13).

[80] 李添翼, 董仁忠. 职业教育政策执行效能探微: 中等职业教育国家示范校政策执行的调查研究 [J]. 职教论坛, 2017 (13).

[81] 仲天宝, 车琳. 西方少数民族教育政策对我国少数民族教育政策的启示 [J]. 教育教学论坛, 2017 (6).

[82] 刘杨, 李祥. 民族地区职业教育精准扶贫: 政策实践与理论反思 [J]. 当代职业教育, 2017 (5).

[83] 习勇生. "双一流"建设的政策工具选择研究 [J]. 黑龙江高教研究, 2017 (11).

[84] 黄俊, 董小玉. 布尔迪厄文化再生产理论的教育社会学解读 [J]. 高教探索, 2017 (12).

[85] 虎文华. 西部少数民族地区职业教育精准扶贫研究综述 [J]. 中国职业技术教育, 2018 (3).

[86] 孙翠香. 地方政府职业教育政策创新：基于"普职比大体相当"相关政策的分析 [J]. 教育与职业，2018 (23).

[87] 方绪军. 政策语境下职业教育产教融合的逻辑及启示 [J]. 中国职业技术教育，2018 (12).

[88] 宋亚峰，王世斌，潘海生. 聚焦与演化：我国职业教育政策话语透视：基于 1987—2017 年教育部《工作要点》的计量分析 [J]. 高教探索，2018 (12).

[89] 李倩. 改革开放以来我国职业教育政策：发展历程、变迁逻辑及未来展望 [J]. 继续教育研究，2018 (11).

[90] 陈友力. 改革开放四十年中国高等职业教育政策的变迁：历史、结构与动力 [J]. 教育学术月刊，2018 (12).

[91] 祁占勇，王羽菲. 改革开放 40 年来我国职业教育产教融合政策的变迁与展望 [J]. 中国高教研究，2018 (5).

[92] 刘淑云，祁占勇. 改革开放 40 年我国中等职业教育政策的演进逻辑与展望 [J]. 职教论坛，2018 (7).

[93] 祁占勇，杨文杰. 改革开放 40 年来农村职业教育政策的演进逻辑与展望 [J]. 中国职业技术教育，2018 (27).

[94] 汤婷婷，谢德新. 改革开放 40 年我国职业教育扶贫政策的回顾与前瞻 [J]. 中国职业技术教育，2018 (33).

[95] 董仁忠，李添翼. 职业教育政策执行监督问题探析 [J]. 职教论坛，2018 (9).

[96] 黄彬云，赖勤，拉乌·拉莫斯. 职业教育政策执行中的区域差异 [J]. 中国职业技术教育，2018 (27).

[97] 谢珍珍. 改革开放 40 年职业教育立法与政策回顾 [J]. 中国职业技术教育，2018 (31).

[98] 孙翠香. 改革开放 40 年我国职业教育政策体系述评 [J]. 职教论坛，2018 (2).

[99] 魏明. 新时代我国职业教育政策模式的反思与超越 [J]. 中国职

业技术教育，2018（12）．

[100] 陈立鹏，任玉丹．改革开放 40 年我国民族教育政策成效显著 [J]．中国民族教育，2018（12）．

[101] 曹隽，刘丹．改革开放 40 年我国民族地区职业教育政策观察 [J]．中国职业技术教育，2018（34）．

[102] 马蕾．工具理性与价值理性张力何以平衡：职业教育加强职业技能和人文精神综合培养的理论机理与实践探微 [J]．职业技术教育，2018（33）．

[103] 蓝洁．新中国成立 70 年来少数民族和民族地区职业教育发展的变迁与展望：基于政策的视角 [J]．当代职业教育，2019（5）．

[104] 谢德新，邱佳．回顾与研判：改革开放以来我国民族职业教育政策的变迁逻辑与趋势展望 [J]．中国职业技术教育，2019（16）．

[105] 宋亚峰．改革开放 40 年民族教育政策研究热点及前沿分析 [J]．北方民族大学学报（哲学社会科学版），2019（3）．

[106] 陈衍，李阳，柳玖玲，等．地方现代职业教育体系建设政策移植与创新 [J]．现代教育管理，2019（2）．

[107] 过筱，石伟平．改革开放 40 年我国职业教育德育政策的演变与特点 [J]．教育与职业，2019（3）．

[108] 蓝洁．新中国成立 70 年来少数民族和民族地区职业教育发展的变迁与展望：基于政策的视角 [J]．当代职业教育，2019（5）．

[109] 郑彬．信息不对称视角下高职院校校企合作质量问题与对策 [J]．教育与职业，2019（22）．

[110] 瞿连贵，石伟平．大力发展中等职业教育：西部地区普及高中阶段教育的战略选择 [J]．中国教育学刊，2019（4）．

[111] 苏敏．我国职业教育经费投入的成绩、问题与政策建议 [J]．职教论坛，2013（25）．

[112] 巴战龙．应启动新版民族教育科研规划研制工作 [J]．中国民族教育，2019（1）．

[113] 李敬，吕朝辉. 新时代精准扶贫的挑战及应对："学习贯彻党的十九大精神，推进精准扶贫政策创新"学术研讨会综述 [J]. 中国行政管理，2018（2）.

[114] 李伟. 工具理性与价值理性的统一：职业教育二元困境分析及破解 [J]. 教育与职业，2019（18）.

[115] 周晶. 职业教育发展中工具理性与价值目标融合的逻辑与机制 [J]. 教育学术月刊，2019（9）.

[116] 李淮. 新时代民族平等思想的理论创新与实践指导意义 [J]. 广西民族研究，2019（3）.

3. 学位论文类

[1] 史婷婷. 终身学习视角下职业教育政策研究 [D]. 天津：天津大学，2011.

[2] 贾利帅. 我国民族教育政策嵌入式执行治理研究 [D]. 重庆：西南大学，2016.

[3] 王谦. 改革开放以来民族教育政策价值取向演变研究 [D]. 重庆：西南大学，2016.

[4] 张静. 广西中等职业教育招生政策优化研究 [D]. 南宁：广西民族大学，2016.

[5] 李雪飞. 改革开放以来我国职业教育政策变迁研究 [D]. 桂林：广西师范大学，2017.

4. 数据统计类

[1] 中华人民共和国教育部. 教育统计数据（1997-2019 年）[EB/OL]. （2020-05-20）[2020-06-01]. http：//www. moe. gov. cn/s78/A03/moe_ 560/moe_ 569/.

[2] 国家统计局. 中国统计年鉴（1999-2019 年）[EB/OL]. （2020-05-20）[2020-06-15]. http：//www. stats. gov. cn/tjsj/ndsj/.

（二）外文文献

1. 著作类

［1］Robert A. Dahl, Charles E. Lindblom. Politics, economics, and welfare［M］. New York: Harper& Row Publishers, 1953.

［2］Walter Zegveld. Industrial innovation and public policy: preparing for the 1980s and 1990s［M］. London: Greenwood Press Westport, 1981.

［3］Christopher C. Hood. The Tools of government［M］. London and Basingstoke: Macmillan Education UK, 1983: 2.

［4］B. Guy Peters, Frans K. M. Van Nispen. Public policy instruments［M］. Northampton: Edward Elgar Publishing. Inc., 1998: 14.

［5］Lettmayr, Christian F. On the way to 2020: data for vocational education and training policies: Indicator Overviews ［R］. Luxembourg: Publications Office of the European Union, 2013.

2. 期刊类

［1］Schaefer, Carl J. Policy research and vocational education ［J］. Viewpoints in teaching and learning, 1981（4）.

［2］Ka－Ho Mok. Globalization and governance: educational Policy Instruments and Regulatory Arrangements ［J］. International review of education, 2005（4）.

［3］Ingrid Helgoy, Anne Homme. Policy Tools and Institutional Change: Comparing education policies in Norway, Sweden and England ［J］. Journal of Public Policy, 2006（2）.

［4］Elizabeth Rigby. Same Policy Area, Different Politics: How Characteristics of Policy Tools Alter the Determinants of Early Childhood Education Policy ［J］. Policy Studies Journal, 2007（4）.

［5］Pansiri, Nkobi Owen. Improving commitment to basic education for the minorities in Botswana: A challenge for policy and practice ［J］. International Journal of Educational Development, 2008（4）.

[6] O Fimyar. Using Govemmentlity as a Conceptual Tool in Education Policy Research [J]. Educate, 2008 (1).

[7] Malle, Abebe Yehualawork. Inclusiveness in the Vocational Education Policy and Legal Frameworks of Kenya and Tanzania [J]. Journal of Education and Learning, 2016 (4).

[8] Akanbi, Grace Oluremi Akanbi, Grace Oluremi. Prospects for Technical and Vocational Education and Training (TVET) in Nigeria: Bridging the Gap between Policy Document and Implementation [J]. International Education Journal, 2017 (2).

[9] Busemeyer, Marius R. Li garritzmann, Julian L. Academic, vocational or general? An analysis of public opinion towards education policies with evidence from a new comparative survey [J]. Journal of European Social Policy, 2017 (4).

[10] Allison Mattheis. A mashup of policy tools and CDA as a framework for educational policy inquiry [J]. Critical Policy Studies, 2017 (1).

[11] Cynthia Groff. National-Level Language and Education Policies in India: Kumaunis as Linguistic Minorities [J]. The Ecology of Language in Multilingual India, 2018 (1).

[12] Le Van Loi. Policies on Support of General Education for Ethnic Minorities in Vietnam in the Current Content [J]. American Journal of Educational Research, 2018 (12).

[13] Raúl Alberto Mora, Tatiana Chiquito, Julián David Zapata. Bilingual Education Policies in Colombia: Seeking Relevant and Sustainable Frameworks for Meaningful Minority Inclusion [J]. Bilingualism and Bilingual Education: Politics, Policies and Practices in a Globalized Society, 2019 (1).

附录1 我国民族职业教育政策文本表（全）

政策编号	政策名称
1	《关于普通高等学校、中等专业学校和技工学校实行人民助学金制度的办法》
2	《关于中等职业教育改革的报告》
3	教育部、国家民委《关于加强民族教育工作的意见》
4	《中华人民共和国宪法》
5	《中华人民共和国民族区域自治法》
6	《中共中央关于教育体制改革的决定》
7	中共中央、国务院与批转《关于民族工作几个重要问题的报告》的通知
8	国家教委发布《普通中等专业学校招生暂行规定》
9	国家教委《关于教育事业"八五"计划和十年规划工作有关问题的通知》
10	劳动部下发《关于颁发技工学校招生规定的通知》

政策编号	政策名称
11	国务院发布《关于大力发展职业技术教育的决定》
12	《国务院关于进一步贯彻实施〈中华人民共和国区域自治法〉若干问题的通知》
13	《关于加强民族教育工作若干问题的意见》
14	国家教委发布《关于加强少数民族与民族地区职业技术教育工作的意见》
15	国家教委《关于加强民族散杂居地区少数民族教育工作的意见》
16	《全国民族教育改革和发展纲要》（1992—2000 年）
17	国家教委《关于进一步改革成人中等专业学校招生工作的通知》
18	国家教委《关于对全国 143 个少数民族贫困县实施教育扶贫的意见》
19	中共中央、国务院《关于中国教育改革和发展纲要》的实施意见
20	《城市民族工作条例》
21	《中华人民共和国教师法》
22	文化部、国家教育委员会关于印发《普通中等专业艺术学校招生暂行规定》
23	《中华人民共和国教育法》
24	《中华人民共和国职业教育法》
25	《关于加强中等职业学校教师队伍建设的意见》

续表

政策编号	政策名称
26	《面向 21 世纪深化职业教育教学改革的原则意见》
27	国家教委、国家经贸委、劳动部《关于实施〈职业教育法〉加快发展职业教育的若干意见》
28	国家教委《关于加快中西部地区职业教育改革与发展的意见》
29	国务院批转教育部《面向 21 世纪教育振兴行动计划》的通知
30	教育部《关于调整中等职业学校布局结构的意见》
31	《关于加快少数民族和民族地区职业教育改革和发展的意见》
32	《全国教育事业第十个五年计划》
33	教育部《关于"十五"期间加强中等职业学校教师队伍建设的意见》
34	中共中央办公厅、国务院办公厅关于印发《西部地区人才开发十年规划》的通知
35	《国务院关于大力推进职业教育的决定》
36	教育部关于学习贯彻《国务院关于大力推进职业教育改革与发展的决定》和全国职业教育工作会议精神的通知
37	《国务院关于深化改革加快发展民族教育的决定》
38	《2004—2010 年西部地区教育事业发展规划》
39	教育部、财政部《关于推进职业教育若干工作的意见》

续表

政策编号	政策名称
40	教育部《关于贯彻落实全国职业教育工作会议精神进一步扩大中等职业学校招生规模的意见》
41	《国务院 2003—2007 年教育振兴行动计划》
42	《关于进一步加强职业教育工作的若干意见》
43	国家民委、国家发展改革委、财政部、中国人民银行、国务院扶贫办关于印发《扶持人口较少民族发展规划（2005—2010 年）》的通知
44	教育部关于贯彻落实《国务院实施〈中华人民共和国民族区域自治法〉若干规定》的通知
45	教育部《关于加快发展中等职业教育的意见》
46	《关于大力发展职业教育的决定》
47	《国务院关于进一步加强民族工作加快少数民族和民族地区经济社会发展的决定》
48	教育部、中央统战部、国家民委《关于进一步加强教育对口支援西藏工作的意见》
49	教育部《关于大力发展民办中等职业教育的意见》
50	财政部、教育部《关于完善中等职业教育贫困家庭学生资助体系的若干意见》
51	《关于大力发展少数民族和民族地区职业教育的意见》
52	国务院办公厅关于印发《少数民族事业"十一五"规划》的通知

续表

政策编号	政策名称
53	中共中央办公厅、国务院办公厅印发《关于进一步加强西部地区人才队伍建设的意见》的通知
54	《中等职业教育基础能力建设规划（2005—2010年）》
55	教育部《关于进一步深化中等职业教育教学改革的若干意见》
56	《国务院关于职业教育改革与发展情况的报告》
57	《国家中长期人才发展规划纲要（2010—2020年）》
58	教育部《关于中等职业教育改革创新行动计划（2010—2012年）》
59	《国家中长期教育改革和发展规划纲要（2010—2020年）》
60	教育部、国家发展改革委、财政部《关于举办内地新疆中职班的意见》
61	《关于进一步做好新形势下国有企业民族工作的指导意见》
62	《国务院关于支持云南省加快建设面向西南开放重要桥头堡的意见》
63	国家民委、国家发展改革委、财政部、中国人民银行和国务院扶贫办联合编制的《扶持人口较少民族发展规划（2011—2015年）》
64	《关于"十二五"期间加强中等职业学校教师队伍建设的意见》
65	《关于进一步完善职业教育教师培养培训制度的意见》
66	《关于扩大中等职业教育免学费政策范围进一步完善国家助学金制度的意见》
67	《国务院关于加强教师队伍建设的意见》

续表

政策编号	政策名称
68	国家民委关于印发《少数民族特色村寨保护与发展规划纲要（2011—2015年）》
69	教育部等五部门关于印发《边远贫困地区、边疆民族地区和革命老区人才支持计划教师专项计划实施方案》
70	《少数民族事业"十二五"规划》
71	教育部《关于加快推进职业教育信息化发展的意见》
72	《关于推进新疆中等职业教育发展的意见》
73	教育部印发《国家教育事业发展第十二个五年规划》
74	《关于2013年深化教育领域综合改革的意见》
75	国务院办公厅转发教育部等部门《关于实施教育扶贫工程意见》的通知
76	教育部、文化部、国家民族事务委员会联合下发《关于推进职业院校民族文化传承与创新工作的意见》
77	教育部办公厅、财政部办公厅《关于做好2014年"三区"人才支持计划教师专项计划有关工作》的通知
78	教育部办公厅关于印发《全国民族教育科研规划（2014—2020年）》的通知
79	《国务院关于加快发展现代职业教育的决定》
80	教育部等六部门《关于现代职业教育体系建设规划（2014—2020年）》

续表

政策编号	政策名称
81	《中共中央关于制定国民经济和社会发展第十三个五年规划的建议》
82	《关于加强雨露计划支持农村贫困家庭新成长劳动力接受职业教育的意见》
83	国家民委《关于支持黔西南"星火计划、科技扶贫"试验区建设的意见》
84	《国务院关于支持沿边重点地区开发开放若干政策措施的意见》
85	教育部《关于深化职业教育教学改革全面提高人才培养质量的若干意见》
86	中共中央、国务院《关于打赢脱贫攻坚战的决定》
87	《关于建立完善中等职业学校生均拨款制度的指导意见》
88	《国务院关于加快发展民族教育的决定》
89	国务院关于印发《"十三五"脱贫攻坚规划》的通知
90	教育部、财政部《关于实施职业院校教师素质提高计划（2017—2020年）的意见》
91	教育部《关于加强"十三五"期间教育对口支援西藏和四省藏区的工作意见》
92	关于印发《中等职业学校国家助学金管理办法》的通知
93	国家民委、国家旅游局、全国工商联、国家开发银行《关于推进武陵山片区旅游减贫致富与协同发展的意见》

续表

政策编号	政策名称
94	教育部办公厅、国家民委办公厅《关于开展加快发展民族教育督查工作》的通知
95	《国务院发布加快中西部教育发展的指导意见》
96	教育部办公厅、国家民委办公厅《关于继续开展加快发展民族教育督查工作》的通知
97	国务院关于印发《国家教育事业发展"十三五"规划》的通知
98	中共中央国务院《关于全面深化新时代教师队伍建设改革的意见》
99	教育部办公厅《关于成立第二届全国民族教育专家委员会》的通知
100	教育部等六部门《关于印发职业学校校企合作促进办法》的通知
101	《教育部民族教育司 2018 年工作要点》
102	《深度贫困地区教育脱贫攻坚实施方案（2018—2020 年）》
103	国务院办公厅《关于印发职业技能提升行动方案（2019—2021 年）》的通知
104	中共中央、国务院印发《中国教育现代化 2035》
105	教育部、财政部《关于实施中国特色高水平高职学校和专业建设计划的意见》
106	《国家职业教育改革实施方案》

附录2　我国民族地区的职业教育发展数据资料

Ⅰ　1997—2021 年我国民族地区中等职业教育发展状况①

年份	学校数量/所	专任教师/万	招生人数/万	中等职业教育少数民族学生人数/万	少数民族学生占总人数比例/%
1997	—	—	—	32.84	16.35
1998	531	4.3	19.41	34.98	16.92
1999	517	4.32	21.78	37.67	17.3
2000	497	3.98	20.18	38.45	19.33
2001	462	3.86	18.34	35.7	7.8
2002	438	3.64	20.88	34.99	19.87

---

① 中华人民共和国教育部. 教育统计数据（1997-2021 年）[EB/OL].（2022-12-18）[2023-1-17].http：//www. moe. gov. cn/jyb_ sjzl/moe 560/2021/.
国家统计局. 中国统计年鉴（1999-2021 年）[EB/OL].（2022-06-25）[2023-1-17].http：//www. stats. gov. cn/sj/ndsj/.
宁波职业技术学院. 各民族省份高等职业教育年度质量报告（2016-2021 年）[EB/OL].（2022-05-30）[2023-1-17].https：//www. tech. net. cn/column_ rcpy/.

续表

年份	学校数量/所	专任教师/万	招生人数/万	中等职业教育少数民族学生人数/万	少数民族学生占总人数比例/%
2003	—	3.21	21.87	56.49	5.31
2004	1540	6.6	42.63	56.83	14.39
2005	—	6.71	54.05	61.7	13.82
2006	—	6.93	67.93	73.19	14.03
2007	—	7.56	83.58	85.72	15.28
2008	—	7.95	85.29	96.15	15.87
2009	—	8.23	98.43	107.21	17.23
2010	—	8.21	111.91	119.99	19.76
2011	—	8.44	93.16	126.64	22.34
2012	1481	8.58	90.36	123.99	22.37
2013	1440	8.65	96.43	121.41	23.74
2014	1403		91.61	121.86	25.7
2015	1367	8.94	88.97	122.12	28.13
2016	1337	8.98	85.96	122.15	28.81
2017	1323	9.11	83.77	125.98	29.71
2018	1286	8.99	82.39	131.88	31.73

续表

年份	学校数量/所	专任教师/万	招生人数/万	中等职业教育少数民族学生人数/万	少数民族学生占总人数比例/%
2019	1275	7.58	82.14	134.56	32.04
2020	1236	7.12	81.67	132.17	30.16
2021	1198	6.98	81.04	134.15	31.54

Ⅱ 2003—2021 年我国民族地区高等职业教育发展状况①

年份	学校数/所	招生数/万	高等职业教育少数民族学生数/万	少数民族学生占总人数比例/%	参与企业数量/所	参与占比/%
2003	—	—	12	9.51	—	—
2004	—	—	50.87	12.32	—	—
2005	220	23.54	62.15	16.05	—	—
2006	239	26.28	67.4	15.1	—	—
2007	243	26.53	70.06	14.86	—	—
2008	278	29.91	76.66	14.83	—	—

---

① 中华人民共和国教育部. 教育统计数据（1997-2021 年）［EB/OL］.（2022-12-18）［2023-1-17］. http：//www. moe. gov. cn/jyb_ sjzl/moe 560/2021/.

国家统计局. 中国统计年鉴（1999-2021 年）［EB/OL］.（2022-06-25）［2023-1-17］. http：//www. stats. gov. cn/sj/ndsj/.

宁波职业技术学院. 各民族省份高等职业教育年度质量报告（2016-2021 年）［EB/OL］.（2022-05-30）［2023-1-17］. https：//www. tech. net. cn/column_ rcpy/.

续表

年份	学校数/所	招生数/万	高等职业教育少数民族学生数/万	少数民族学生占总人数比例/%	参与企业数量/所	参与占比/%
2009	284	31.85	83.9	15.44	—	—
2010	289	33.36	88.8	16.25	—	—
2011	302	34.65	97.42	17.41	—	—
2012	—	33.77	112.23	20.09	—	—
2013	173	34.59	120.32	20.56	—	—
2014	185	38.53	127.46	21.39	0	0
2015	189	42.98	134.11	22.15	30	18.75
2016	201	45.44	144.49	23.84	46	25.41
2017	211	50.4	158.56	25.24	95	48.46
2018	219	53.62	174.88	25.87	105	51.72
2019	226	70.83	190.15	30.98	124	53.21
2020	237	72.75	216.34	32.76	144	56.32
2021	391	85.95	321.18	40.13	145	56.78

Ⅲ 2003-2021 年我国民族地区教育经费投入状况①

年份	国家财政拨款/万	社会团体和公民个人办学/万	社会捐资和集资/万
1998	23.40	1.84	11.52
1999	25.90	1.36	9.37
2000	288.82	3.04	7.19
2001	318.98	4.32	5.73
2002	398.25	7.13	4.99
2003	486.17	10.29	3.63
2004	568.64	14.81	3.45
2005	665.95	19.65	3.64
2006	788.78	24.05	4.74
2007	1043.77	6.58	5.97
2008	1369.57	6.30	7.56

① 中华人民共和国教育部. 教育统计数据（1997-2021 年）［EB/OL］.（2022-12-18）［2023-1-17］. http：//www. moe. gov. cn/jyb_ sjzl/moe 560/2021/.
国家统计局. 中国统计年鉴（1999-2021 年）［EB/OL］.（2022-06-25）［2023-1-17］. http：//www. stats. gov. cn/sj/ndsj/.
宁波职业技术学院. 各民族省份高等职业教育年度质量报告（2016-2021 年）［EB/OL］.（2022-05-30）［2023-1-17］. https：//www. tech. net. cn/column_ rcpy/.

续表

年份	国家财政拨款 /万	社会团体和公民个人办学 /万	社会捐资和集资 /万
2009	1672.31	4.01	7.15
2010	2092.32	7.56	6.63
2011	2649.92	8.66	5.60
2013	3540.33	10.10	6.92
2014	3830.26	11.65	6.97
2015	4387.49	22.26	7.66
2016	4766.33	18.38	5.11
2017	5229.42	24.63	5.46
2018	6596.68	36.99	8.99
2019	7101.56	41.14	11.92
2020	7594.36	31.21	14.27
2021	8299.64	35.99	16.56

Ⅳ　2019 年民族地区高等职业教育质量年度报告情况①

地区	高职学校/所	企业参与数量/所	就业率/%	生师比	"双师型"比例/%	年生均财政专项经费/元	生均企业实习经费补贴/元	生均财政专项补贴/元	生均企业实习责任保险补贴/元	生均财政专项补贴/元	年支付企业兼职教师财政专项补贴/万
云南	44	24	96.01	15.70	50.01	3513.43	364.13	23.19	22	12.72	30.00
新疆	25	19	86.05	16.58	56.94	6380.85	471.72	360.06	30.28	21.76	83.77
内蒙古	34	10	91.95	12.07	49.44	7402.65	841.25	33.87	21.24	17.64	14.98
广西	36	7	92.12	23.56	37.24	−	−	−	−	−	−
贵州	43	22	93.31	16.01	45.87	5842.97	520.97	0	40.78	0	23.54
西藏	3	1	−	−	−	−	−	−	−	−	−
青海	8	3	95	19	40	1.36	310.8	101.88	33.8	−	−
宁夏(2017)	10	19	97.28	15.45	38.29	6216.65	212.48	3.87	23.41	2.16	96.35

---

①　数据来源：主要从各民族省份的年度报告的计分卡、资源表、服务贡献表、落实政策表中整理得出。

V 我国民族地区高等职业教育（政策落实情况表）①

指标	单位	年份	贵州	云南	西藏	青海	宁夏	内蒙古	新疆
就业率	%	2016	—	92.99	—	98.83	92.6	88.25	91.85
		2017	95.38	91	29.4	96	97.28	91.18	94.46
		2018	93.31	96.01	80.62	95	—	91.95	86.05
生师比	—	2016	—	16.74	—	17	14.5	11.44	14.35
		2017	15.22	16.74	16.33	16	15.45	11.32	14.93
		2018	16.01	15.7	14.07	19	—	12.07	16.58
双师占比	%	2016	—	35.72	—	36	44.94	45.35	52.87
		2017	44.97	47	—	57.18	38.26	45.35	52.63
		2018	45.87	50.01	49.10	40	—	49.44	56.94
生均教学科研仪器设备值	元/生	2016	—	8776.84	—		18667.99	28443.75	15758.5
		2017	12768.62	14153.36	5547.06	20785.43	18519.42	21527.29	14719.9
		2018	9286.08	12632.15	4907.13	22442.8	—	20498.27	11989.3
全日制在校生人数	人	2016	—	196000	—	19131	32844	149250	—
		2017	247584	192800	3353	22275	34393	162455	114433
		2018	289123	230131	3826	24462	—	167031	149919
毕业生人数	人	2016	—	50209	—	5452	9964	41820	—
		2017	67927	55518	887	5690	11268	47915	30158
		2018	84239	71649	908	7797	—	52236	38229
年生均财政拨款水平	元	2016	—	10431.44	—	—	25249.58	—	—
		2017	12225.09	10952.79	27420.32	1.2	15556.14	17555.79	25804.44
		2018	13197.39	11748.54	141994.78	1.2	—	25120.33	12930.78

---

① 数据来源：主要从各民族省份的年度报告的计分卡、资源表、服务贡献表、落实政策表中整理得出。

续表

指标	单位	年份	贵州	云南	西藏	青海	宁夏	内蒙古	新疆
年生均财政专项经费	元	2016	—	4482.4	—	—	14292.06	—	—
		2017	6016.87	3989.66	—	1.18	6216.65	5013.51	5444.36
		2018	5842.97	3513.43	1428.94	1.36	—	7402.65	6380.85
教职员工额定编制数	人	2016		10482			2595		
		2017	16627	10469	300	1343	2894	14338	9132
		2018	19713	11384	300	1690	—	14372	10243
在岗教职员工总数	人	2016		12842			2909		
		2017	15914	14534	213	2112	3078	15335	9880
		2018	18636	16066	274	2623	—	15646	10564
专任教师总数	人	2016	—	9513	—	1124	1574	9274	—
		2017	12287	9631	197	1186	1731	9580	6536
		2018	13740	11224	206+277	1268	—	9819	7145
企业提供的校内实践教学设备值	万元	2016	—	—	—	—	500	—	—
		2017	9158.81	11285.07	—	62.02	500	15674.52	3096.7
		2018	20836.91	12635.85	—	74.72	—	11498.07	8613.85
年支付企业兼职教师课酬	元	2016	—	—	—	—	3560365	—	—
		2017	19404627.28	67960552.4	—	530.13	4821582	13311896.97	4287156
		2018	28698957.92	76482358.27	—	313	—	17647415.59	20831437.7
财政专项补贴	元	2016	—	—	—	—	368620	—	—
		2017	403972	181880	—	—	963500	1422870.17	1958368
		2018	2354368	300000	—	—	—	1498150	837688

注：我国民族地区高等职业教育（政策落实情况表）中，之所以没有广西，是因为官方公布的网站上找到该自治区的相关数据，且数据不完整，故没有放进去。

后　记

　　当我阅读别人的著作时，习惯性地关注其中的"前言"或"后记"，这样既可以领略作者的学术思想、学术观点和学术素养，也能欣赏到作者写作的心路历程，其间有不少作者的真情流露，别有一番滋味。

　　此书的写作就此暂告一段落，我怀着忐忑不安的心情对自己进行阶段性的总结。我之所以忐忑不安，主要有两方面原因：一是目前学界缺乏专门系统的民族职业教育政策方面的著作，此书则是一次尝试和探索，其中必有不少不尽如人意的地方，因为"始生之物，其形必丑"；二是博士研究生毕业后，由于各种因素所致，我有点"不务正业"，加上自己的学识浅薄，在学术研究上没有太大的长进。

　　蓦然回首，我自 2015 年 6 月博士研究生毕业后，入职广东技术师范大学至今已过 7 年。其间，2016 年，我成为职业技术教育学方向的硕士研究生导师，2017 年开始指导第一届硕士研究生。对于初为人师的我，基于研究生培养和学术研究的需要，开始思考如何指导研究生进行学术论文选题。于是，我结合学校作为民族学院的前身这一底色，加上邱佳同学来自云南的少数民族地区，以及学校"面向职教、服务职教、引领职教、特色发展"的办学定位和职业技术教育学的人才培养要求，便开始关注"民族职业教育"，并结合当时自己比较感兴趣的"职业教育扶贫"主题，和研究生一起撰写并发表了系列论文，从而更坚定了我继续围绕这个主题开展研究的决心。

　　2019 年至今，我从书稿选题的确定、研究视角的选择、基本框架的形成，到书稿的撰写，再到初稿的形成和书稿被反复修改，最终形成这个版本的书稿，先后经历了近4年时间。此书借助政策工具理论，采用量化的方法，对不同领域的政策文本进行量化分析，在教育研究领域也有较为丰硕的成果。我对职业教育政策，尤其是民族职业教育政策进行文本量化的分析，应该是一种较新的尝试和探索，有助于拓展民族职业教育政策的分析视角，也是民族职业教育研究的一种尝试性创新。该书既是我在指导第一个研究生的过程中形成的成果，也是我和研究生一起成长的阶段性成果。因为这是我和研究生共同学习的阶段，所以我也深知其中仍有很多不足，我还有很大的提升空间。唯有时刻正视自己的不足，不断向优秀的人学习，才能使自己获得更大的进步。"路漫漫其修远兮，吾将上下而求索。"

在此，我借机向曾经帮助过我的师友们表达诚挚的谢意。首先，感谢导师谢长法教授引领我步入学术研究的殿堂。在研究生期间，有幸领略老师的学术精神、学术态度、学术追求、学术品位和学术操守，他对学术的敬畏之心、热爱之情、执着之意、坚守之志，潜移默化地影响着我，并对我从事学术研究和指导学生产生深远的影响。其次，感谢我的老领导陶红教授，使我有机会进入现在的单位，并给我提供了很多学习的机会和成长的平台；感谢郭正涛教授对我的敦促，鞭策并勉励我要不断上进。再次，感谢邱佳同学的积极配合，总体上能按照我的要求完成相关工作，在我们的共同努力下，最终完成了书稿的撰写和修改；同时，也感谢向明洁同学协助我完成书稿中的部分工作。最后，感谢家人给予我无私的支持和帮助，尤其是爱人汤婷婷一如既往的支持、鼓励和包容，我们相识近10年，相亲相爱，同甘共苦，不离不弃。

此外，我在书稿的撰写过程中，参考和引用了诸多学者的研究成果，在此一并表达敬意和谢意。需要指出的是，我们虽然尽力把所有引用的文献都标注出来了，但难免会存在遗漏之处，对此，敬请谅解并批评指正。

2022年10月于羊城天河